陈嘉映著译作品集

第 5 卷

说 理

陈嘉映 著

商务印书馆
The Commercial Press

总　　序

商务印书馆发心整理当代中国学术，拟陆续出版当代一些学人的合集，我有幸忝列其中。

商务意在纵览中国当代学人的工作全貌，故建议我把几十年来所写所译尽量收罗全整。我的几部著作和译作，一直在重印，也一路做着零星修订，就大致照原样收了进来。另外六卷文章集，这里做几点说明。1.这六卷收入的，多数是文章，也有对谈、采访，少数几篇讲稿、日记、谈话记录、评审书等。2.这些篇什不分种类，都按写作时间顺序编排。3.我经常给《南方周末》等报刊推荐适合普通读者的书籍。其中篇幅较长的独立成篇，篇幅很小的介绍、评论则集中在一起，题作"泛读短议之某某年"。4.多数文章曾经发表，在脚注里注明了首次刊载该文的杂志报纸，以此感谢这些媒体。5.有些篇什附有简短的说明，其中很多是编订《白鸥三十载》时写的。

这套著译集虽说求其全整，我仍然没有把所写所译如数收进。例如我第一次正式刊发的是一篇译文，"瑞典食品包装标准化问题"，连上图表什么的，长达三十多页。尽管后来"包装"成为我们这个时代一个最重要的概念，但我后来的"学术工作"都与包装无关。有一些文章，如"私有语言问题"，没有收入，则是因为过于粗陋。还有一类文章没有收入，例如发表在《财新周刊》并收集在《价值的理由》中的不少文章，因为文章内容后来多半写入了《何为良好生活》之中。同一时期的不同访谈内容难免重叠，编订时做了不少删削合并。总之，这套著译集，一方面想要呈现我问学过程中进退萦绕的总体面貌，另一方面也尽量避免重复。

我开始发表的时候，很多外文书很难在国内找到，因此，我在注解中标出的通常是中译本，不少中译文则是我自己的。后来就一直沿用这个习惯。

我所写所译，大一半可归入"哲学"名下。希腊人名之为philosophia者，其精神不仅落在哲人们的著述之中，西方的科学、文学、艺术、法律、社会变革、政治制度，无不与哲学相联。所有这些，百数十年来，从科学到法律，都已融入中国的现实，但我们对名之为philosophia者仍然颇多隔膜。这套著译集，写作也罢，翻译也罢，不妨视作消减隔膜的努力，尝试在概念层面上用现代汉语来运思。所憾者，成就不彰；所幸者，始终有同好乐于分享。

这套著译集得以出版，首先要感谢主持这项工作的陈小文，同时要感谢李婷婷、李学梅等人组成的商务印书馆团队，感谢她们的负责、热情、周到、高效。编订过程中我还得到肖海鸥、吴芸菲、刘晓丽、梅剑华、李明、倪傅一豪等众多青年学子的协助，在此一并致谢。

陈嘉映

2021年3月3日

序

　　这本书的主线是道理与说理的关系,道与言的关系。很多想法已经断断续续在讲演中或论文中表达过。如今拢在本书之中,表述多半有所改变——很大程度上是由于连贯论理的特有要求。

　　老子说"道可道非常道",既然我已经在言说,所言说的就不是常道。书里的确没有什么不移的真理,这里那里对读者有点儿启发,我就满足了。我不知道能否做到这一点,用文字盘道,本来难免笨拙,而于我尤甚。

　　中国经典不立脚注,出处用方括号注在引文后。维特根斯坦的著作及相关二手研究著作不立脚注,用方括号里的缩写标出所从出的著作,参考书目中特立缩写对应的著作。柏拉图著作注出的是H. Stephanus 标准全集版的页码和分栏。外文文著的引文,我尽量用中译本的页码注出出处,但译文可能是我自己的。引著名作者的外文原著,脚注里的著者名字先写中文译名,辅以外文原名,如"罗素(Bertrand Russell), Human Knowledge……"。

　　很长时间,我打算只分节,不分章,虽然每一片多多少少有条主线索,但都内容庞杂,很难用一个章名来概括。但书太长,最后还是分成九章。如书中第四章第九节所建议的,章名如"看法与论证"最好读作"看法、论证及其他"。本书各章之间相互参照时,章名简称为穷理章、语言章、哲学语法章、论理词章、感知章、观念章、论证章、普遍性章、事实章。

本书获得国家社会科学基金及华东师范大学中国现代思想文化研究所资助，在此特表感谢。一向有些朋友和读者关心我的工作，成稿过程中以及此后再版，不断得到他们的批评指正，在此一并致谢。我的读者一直帮助我保持与这个世界的联系，并由此帮助我思考和写作。我像多数作者一样，很少会满意自己写成的东西。像以往一样，我希望从读者那里听到更多的批评、指点、建议。

目 录

第一章 哲学之为穷理 … 1

第一节 哲学是什么 … 1

第二节 好道与说理 … 2

第三节 行止与言说依乎道理 … 3

第四节 哲学大致就是穷理 … 4

第五节 默会道理与明述道理 … 5

第六节 道理在言说中成形 … 6

第七节 成形者与未成形者是同一个吗？ … 8

第八节 因事说理和离事说理 … 9

第九节 寓言 … 12

第十节 拈花一笑 … 14

第十一节 讲出了什么道理？ … 15

第十二节 同一个道理的不同表述 … 16

第十三节 命题不是道理的绝对表述形式 … 16

第十四节 同一者可言说吗？ … 18

第十五节 烹小鲜与治大国 … 18

第十六节 道与术 … 19

第十七节 道的位置 … 21

第十八节　凿与虚……………………………………… 22
第十九节　"按道理说"………………………………… 24
第二十节　大道立身……………………………………… 25
第二十一节　道、理、道理……………………………… 26
第二十二节　道理、理、道、说理这些词怎样译成英文？…… 29
第二十三节　道理不是自然规律………………………… 31
第二十四节　所以然或前因后果………………………… 34
第二十五节　机制还原…………………………………… 35
第二十六节　思辨理论…………………………………… 36
第二十七节　然与所以然………………………………… 38
第二十八节　哲学通过穷理达乎道……………………… 39
第二十九节　穷理与常理………………………………… 42
第三十节　自然理解……………………………………… 43
第三十一节　非常之事与非常之理……………………… 44
第三十二节　系统说理…………………………………… 46
第三十三节　贯通………………………………………… 48
第三十四节　建筑与网络………………………………… 50
第三十五节　体系需要生活世界的支撑………………… 53
第三十六节　统一思想就是没思想……………………… 55
第三十七节　哲学作为对话……………………………… 56
第三十八节　初级反思与哲学之为治疗………………… 59
第三十九节　中西哲学的区别…………………………… 61

第二章　哲学为什么关注语言？ 64
第一节　语言转向………………………………………… 64

第二节　语言或概念 vs. 事质 ………………………… 66
第三节　反形而上学 …………………………………… 67
第四节　"眼睛是什么?"有两层意思 ………………… 72
第五节　"语义学上的发现" …………………………… 73
第六节　语言中凝结着根本的道理 …………………… 76
第七节　在种种精神客体中,语言何以高标特立 …… 76
第八节　说话只是为了让人懂,行为不是这样 ……… 78
第九节　哲学检视我们怎样说到世界 ………………… 79
第十节　唯语言能论证 ………………………………… 80
第十一节　概念考察 …………………………………… 81
第十二节　概念考察的日常缘起 ……………………… 82
第十三节　概念考察之为知 …………………………… 84
第十四节　概念与道理 ………………………………… 85
第十五节　概念的广义和狭义 ………………………… 87
第十六节　概念考察与语词分析 ……………………… 88
第十七节　日常语言作为证据的优越性 ……………… 89
第十八节　概念考察之为"科学" …………………… 90
第十九节　不是"语言学转向" ……………………… 94

第三章　"哲学语法" …………………………………… 97

第一节　维特根斯坦使用"语法"一词的大致情况 … 97
第二节　维特根斯坦论语法与逻辑的区别 …………… 98
第三节　逻辑/语法 vs. 经验的两分与"中间地带" … 101
第四节　维特根斯坦评说哲学语法与普通语法之同 … 104
第五节　维特根斯坦评说哲学语法与普通语法之异 … 105

第六节　研究者论两者的区别 …………………… 107

第七节　形而上学与语法任意性 …………………… 110

第八节　任意性的限制，自治性 …………………… 114

第九节　工具与实践的自治性 ……………………… 117

第十节　复杂工具 …………………………………… 119

第十一节　对应与"负责" …………………………… 119

第十二节　自然事实的不同角色 …………………… 122

第十三节　使用者与研究者 ………………………… 127

第十四节　游戏规则 ………………………………… 128

第十五节　"规则"，烹饪与象棋 …………………… 131

第十六节　"用法"，棋规与棋理 …………………… 134

第十七节　约定与道理相交织 ……………………… 137

第十八节　哲学语法与普通语法（1） ……………… 140

第十九节　规则与道理 ……………………………… 142

第二十节　哲学语法与普通语法（2） ……………… 143

第二十一节　"深层语法" …………………………… 145

第二十二节　哲学语法与普遍道理 ………………… 148

第二十三节　本章小结 ……………………………… 149

第四章　论理词与论理 …………………………………… 152

第一节　长篇论理 …………………………………… 152

第二节　论理词 ……………………………………… 153

第三节　故事与论理 ………………………………… 157

第四节　移植词 ……………………………………… 160

第五节　大多数现代汉语论理词是移植词 ………… 163

第六节　移植词的汉化 ················· 164
　　第七节　移植词带来的困扰 ············· 165
　　第八节　移植词与"中国哲学" ·········· 166
　　第九节　论理词作为论题名称 ··········· 169
　　第十节　两个层级间的跳跃 ············· 171
　　第十一节　论理词用来明确标识两分 ···· 172
　　第十二节　论理用法更准确吗？ ········ 173
　　第十三节　新概念与旧语词 ············ 175
　　第十四节　新概念和旧词原来的含义是怎样联系的？ ······· 177
　　第十五节　真义，"知行合一" ········· 178
　　第十六节　改变本义或不改变本义 ····· 181
　　第十七节　"本真术语" ··············· 181
　　第十八节　被考察的语词和用来考察的语词 ············ 183
　　第十九节　语词考察和用语词来论理 ··· 185
　　第二十节　科学术语 ················· 186
　　第二十一节　语词的理论负载 ········· 187
　　第二十二节　论理词与日常语言 ······· 189
　　第二十三节　语词"真义"与唯一理论 ·· 191
　　第二十四节　一定要用论理词论理吗？ · 192

第五章　感知与语言分析 ················· 195
　　第一节　休谟与"感官感知" ··········· 195
　　第二节　感觉资料理论 ··············· 196
　　第三节　语言分析方法 ··············· 198
　　第四节　应对语言分析攻势 ··········· 198

第五节 "日常语言作为起点" ……………………………… 202

第六节 "过度概括"和"简单两分" ……………………… 206

第七节 自然语词与概括层次 ……………………………… 208

第八节 概括与说理 ………………………………………… 209

第九节 两分与分类 ………………………………………… 213

第十节 我们看见的是什么？ ……………………………… 216

第十一节 感知、"感官感知"、"五官" ………………… 218

第十二节 五官之觉 vs. 内感知 …………………………… 219

第十三节 视觉 vs. 触觉 …………………………………… 222

第十四节 感觉语词的错综联系 …………………………… 224

第十五节 看上去与实际所是 ……………………………… 226

第十六节 证据-结论模式 ………………………………… 229

第十七节 生理-心理感知理论与感觉资料理论 ………… 231

第十八节 看见图案的周边情况 …………………………… 236

第六章 亲知与观念 ……………………………………………… 241

第一节 有感之知 …………………………………………… 241

第二节 亲知的丰富性 ……………………………………… 243

第三节 浅知深知 …………………………………………… 244

第四节 two hundred and sixty thousand ………………… 244

第五节 知道与理解 ………………………………………… 246

第六节 你怎么知道她是你妈妈？ ………………………… 248

第七节 笼统所知 …………………………………………… 251

第八节 观念与观念体系 …………………………………… 252

第九节 缘虚假的观念行动 ………………………………… 254

第十节　何不跟着感觉走？ ………………………………… 256
第十一节　观念批判 ……………………………………… 257
第十二节　观念批判与概念考察 ………………………… 259

第七章　看法与论证 …………………………………… 261

第一节　μετὰ λόγου ἀληθῆ δόξαν ἐπιστήμην εἶναι ……… 261
第二节　说理-论证，证实，证明 ………………………… 263
第三节　为什么要带有说理-论证？ ……………………… 265
第四节　抬杠 ……………………………………………… 266
第五节　论证只是装饰？ ………………………………… 267
第六节　没有事先看法的推论 …………………………… 268
第七节　从自明者开始推论 ……………………………… 269
第八节　树上十只麻雀 …………………………………… 271
第九节　形式推论与框架 ………………………………… 273
第十节　直觉 ……………………………………………… 275
第十一节　灵感 …………………………………………… 278
第十二节　《静静的顿河》的作者 ………………………… 281
第十三节　看法与偏好 …………………………………… 285
第十四节　看法的厚度 …………………………………… 286
第十五节　论证的结构不是看法的结构 ………………… 288
第十六节　假如《静静的顿河》是外星人所著 …………… 289
第十七节　不被说服与终极理据 ………………………… 291
第十八节　改变他人主张的诸多途径 …………………… 293
第十九节　口服与心服 …………………………………… 294
第二十节　论证求取所以然 ……………………………… 296

第二十一节　威胁、欺骗、利益之争……298
　　第二十二节　不愤不启……300
　　第二十三节　申辩式说理……302
　　第二十四节　理据要多普遍？……303
第八章　普遍性：同与通……306
　　第一节　我们从不同的角度关心普遍性……306
　　第二节　Universal 和 General……307
　　第三节　理性的普遍性和经验的普遍性……307
　　第四节　相对主义……309
　　第五节　"普遍性寓于特殊性之中"……311
　　第六节　抽象普遍性……312
　　第七节　关系共相……313
　　第八节　稳定的共同点……314
　　第九节　"内在规律"……315
　　第十节　人必有一死……317
　　第十一节　普适性……319
　　第十二节　英语没有骈文……320
　　第十三节　翻译同一性……321
　　第十四节　从相通而不是相同来理解普遍性……323
　　第十五节　普遍性之为特殊性的注脚……325
　　第十六节　典范与本质……327
第九章　事情本身与事实……329
　　第一节　事实概念处在近代思考的核心……329
　　第二节　事情与事实……330

第三节	Happening	333
第四节	树林与木材	334
第五节	全部事实与相关事实	335
第六节	复杂事实与原子事实	337
第七节	从金星到星星不是确定事实	338
第八节	事实的"分解"	339
第九节	假象与事实	341
第十节	确定事实的办法多种多样	342
第十一节	"终极不可怀疑的事实"和"没有事实"	343
第十二节	有待解释的事实	344
第十三节	突兀事实与平淡事实的相互转换	346
第十四节	事实是独立的还是互相联系的？	346
第十五节	同一个事实的不同说法	348
第十六节	是不是同一个事实的边缘情况	349
第十七节	事实独立是指不依附于特定立场	350
第十八节	雪和白有联系	350
第十九节	概念联系就是事物的一般联系	351
第二十节	确立一个事实属于哪种一般事实	352
第二十一节	经验推理百密一疏，还需要证据	352
第二十二节	事实对理论中立	353
第二十三节	事实在情境中说话	353
第二十四节	事实的说话方式	354
第二十五节	减少语义联系	358
第二十六节	转向事实的说话方式不是"换个说法"	359

第二十七节　"成绩差"和"70分"哪个给出更多信息？…… 360

第二十八节　印象有时比事实还重要…………………… 363

第二十九节　理论上行与事实下行…………………… 364

第三十节　"事实判断"与"价值判断"…………………… 365

第三十一节　判断不是偏好…………………………… 367

第三十二节　工具性价值与价值本身………………… 368

第三十三节　墨迹作为赤裸裸的事实………………… 369

第三十四节　价值中立………………………………… 370

第三十五节　所知与知者相连………………………… 371

第三十六节　社会科学………………………………… 373

第三十七节　穷理尽性………………………………… 375

本书所引著作名称缩写表………………………………… 379

第一章　哲学之为穷理

第一节　哲学是什么

　　我读哲学、教哲学四十年，最常被问到的问题是：哲学是什么？哲学绝无一个属加种差之类的标准定义。我们今天在哲学名下所称的那些活动，既包括孔子的箴言，也包括弗雷格的概念文字。难怪，随便打开一本哲学导论，你立刻看到列举出来十几种关于哲学的定义，从"揭示世界的真相"和"探究最普遍的真理"到"反思自己生活的意义"。每个人还可以自己总结出另外几种。的确，可以用多种方式——当然是相互联系的方式——界说哲学。实际上，我们总是以多种多样的方式来看待哲学的，看到很多条路，有些路在游人熙攘的山脚下停下来，有些引我们到巉岩深谷，不期然而与另一条路交汇。

　　一种主要的方式是从"哲学"这个概念的历史演变来透视这个概念中包含的义理联系。"哲学是什么"这个问题的内容随时代变化。哲学本来笼统包括所有学问、知识、智慧，什么是哲学主要是在永恒知识与变易看法的对照中得到讨论的。依这种对照，哲学的任务有时可以被理解为：提供世界的整体图画或整体结构——从面上看,它是一个图画;从本质来说,它提供一个结构。

到中世纪,"哲学是什么"这个问题则是与神学或信仰对照获得其意义的。

18世纪以来,尤其是19世纪以来,"哲学是什么"这个问题具有了一种颇为不同的意义。这时,它主要是与科学对照提出来的。近代科学的出现对哲学的自我理解产生了根本的影响。例如,哲学怎么能提供世界的整体图景和整体结构,这件事就逐渐变得可疑了。到21世纪,那不再是可疑——太明显了,哲学不可能做这件事,如果谁还像我们的教科书那样说,哲学提供世界的图画,你会觉得那是在搞笑。霍金跟你说宇宙大爆炸,你可能不懂,但你信他不是在胡侃。要是哪个哲学家来告诉你宇宙这样发生那样发生,宇宙五十万年后是什么样子,你只当他在说梦。哲学本来就是哲学-科学[①],科学蔚为大国之后,"哲学是什么"这个问题逐渐成为一个尖锐的乃至致命的问题,成了哲学本身是否还有意义的问题。

第二节　好道与说理

哲学本来是西语词的译名,不过,我们早已习惯把中国传统中与西方哲学多多少少相应的那一部分称作"哲学"了。

从中国哲学来想,我想,把哲学理解为"好道"应是一个不错的起点。"好道"这个提法的一大好处是,我们不完全站在外面来概括哲学是什么,而是把这个问题跟哲学对我、对我们的意义连在

[①] 《陈嘉映著译作品集第4卷 哲学·科学·常识》,商务印书馆,2023年,第11页、71页。

一起来想。

不过,我们画画、下围棋、解牛、办实业、从政,也可能"所好者道也"。有多种方式达乎道。如果能把道和理分开来说,那我愿说,**哲学通过说理达乎道**。哲学的突出特点在于它关乎说理;这个特点把哲学与解牛、办实业等等区分开来,也把哲学与艺术、宗教等精神领域区分开来。

第三节 行止与言说依乎道理

月有阴晴圆缺,人有悲欢离合,上公共汽车有个先来后到,人往高处走,水往低处流。世上的事情,很多都是有道理的。也有人认为,天下的事情都是有道理的,王弼注《易经》说,"物无妄然,必有其理"。黑格尔说,"凡是现实的,都是合理的"。

我们起居行止劳作,春播秋收,婚丧嫁娶,待人接物,都要依循道理。若不依循这些道理,简直寸步难行;统治者做得不合理,据韩非讲,将"失其民人而亡其财资"[①]。说话更要合乎道理。张三偷了李四的钱,这话听得懂;张三偷了李四的牙疼,这话就听不懂。甚至不讲道理也得合乎道理地讲,"我是流氓我怕谁"够不讲理,但也不是乱讲的,要么他怎么不说"我是小学语文老师我怕谁"呢?"道"的一个意思就是"说话","道理"就此可以解作"说话之理",说话要让人听懂,就得合乎讲话之理。

怀特海说:"致力于一般地刻画我们的周遭世界,这是人类思

---

① 《韩非子·解老》。

想的罗曼斯。"[1] 我在这里要说的是，这些刻画包含着弄明白道理，人类思想总是致力于理解我们周遭世界的一般道理。有时候，道理明摆着；有时候，道理深深隐藏着，需要琢磨、分析、探索。

第四节　哲学大致就是穷理

我一上来引用了韩非子、黑格尔，翻翻书，还能找到很多类似的语录。这些话泛泛听着，没有什么不明白的，也都说得蛮对蛮好，但我们若停下来细想，却会生出一些疑问。天下的事情，究竟是有些合乎道理抑或统统合乎道理？窃钩者诛、窃国者侯合理吗？我们做事若不合情理便不容易做成，但是不是真像韩非所说的，统治者不合道理必定"失其民人而亡其财资"？"缘道理以从事者"真的"无不能成"？西班牙王后弄错了天文地理，她资助哥伦布发现了美洲。齐史坚持真理，被崔杼杀了。当然，真理最后胜出了，后人都知道崔杼弑其君，但对于齐史，这一天似乎来晚了。再说，我们谁都没活到世界末日，我们怎么知道合理的事情最后都能做成？

这类疑问，我们普通人也常会生出，王弼、黑格尔、韩非这些大哲想必不会不知道，他们仍说物无妄然，仍说缘道理无不能成，这只是由于哲学家有过度概括的陋习？也许应该像我们普通人那样说有些事情合理，有些事情妄然？但这么说似乎味同嚼蜡。抑或他们另有更深的道理，只是我们俗人眼皮子浅，看到这不合理那不合理，毕竟，在上帝的安排里，在物理学里，一切都井井有条。但物理学里一切井井有条，与人事的纷杂芜乱似乎离得太远，道理这

---

[1] 怀特海：《思想方式》，韩东晖、李红译，华夏出版社，1999年，第127页。

个词能够用得这么远吗？道只属于人事抑或遍盖万物？

什么道理，初说起来，都像是可以成个道理，稍加追究，却难免生出疑问，需要进一步澄清。这样从一个道理追向另一个道理，谓之穷理。所谓哲学，大致就是穷理。

在穷理途中，本节提出的几个疑问，当然还有此外种种，难免会一一牵连进来，很快会搅成一团乱麻。

第五节　默会道理与明述道理

先来后到不要夹塞儿，在葬礼上不大声喧哗，这些道理不一定要有人讲给我们，我们学着长辈做，把包含在这些做法中的道理学到了。"礼也者，理也。"[①] 万物生长各依其理，然而天何言哉？

我们平常懂道理，是在行止日用中懂道理。我们都听得懂汉语，会说汉语，这就是懂得汉语语法。我们行止、说话合乎道理，就应该说，我们懂得这些道理。柏拉图说："凡是能够在私人或公共事务中行事合乎理性的人，必定已经认识到了善的理念。"[②] 我们不一定要把或能把这些道理说出来，我们默会这些道理。

关于默会或默会知识，近几十年来多有讨论。初步说，默会知识是我知道但说不出或者不大说得出的东西。我知道这种咖啡的香味，一听就是黑管的声音，但我说不出这香味、这声音是什么样子的。与默会知识相对的是命题知识，我知道珠穆朗玛峰有多少米高，我一定能说出来。你不能说，我知道这道算术题的答案是多少，

---

① 《礼记·仲尼燕居》。
② 柏拉图：《理想国》，郭斌和、张竹明译，商务印书馆，2017年，第279页。

只不过我说不出来。行为中的知识也多半叫作默会知识。道德知识、语言知识，这些大半是默会的。

我不采用默会/命题这个提法，而采用默会/明述这个提法。一个原因是，"命题"不仅含有明述，而且包含严谨性、科学性。

默会似乎必定先于明述。你要说理，必须先已经默会地懂得了这个道理，否则你说什么？这一点不难想到。但事情似乎不止于此。细想下来，你说道理给我，不仅你已经明白这个道理，似乎我也得在某种意义上已经懂得这个道理；否则，你怎么能让我明白你所说的对不对，是否成其道理？在《美诺》中，苏格拉底引导一个家童一步步画出比已知正方形面积大一倍的正方形，他由此得出结论说，几何学的道理，实际上每个人心里已经知道。

但若说道理的人和听道理的人都已经默会地知道了道理，**为什么还要说理呢**？章学诚说，圣人向我们学习，"学于众人"。既然众人已经有道、知一道，还何劳圣贤宣讲？

第六节　道理在言说中成形

事情中蕴含着道理，把道理加以明述，其前提是道理已经在那里。所以我们说发现道理，不说发明道理。但道理的"已经在那里"，不像说，珍珠藏在珠贝里，我们撬开珠贝，把珍珠取出来，珍珠还是同一颗珍珠。如果那样理解道理，就是戴震所谓"视如有物"。说出与取出不同，**说出道理同时也是道理的成形**。米开朗琪罗说，雕塑家是把石头上多余的东西去掉，让石头里面原有的那个形象显露出来。他不是说，那个作品已经做好了藏在石头里面。海德格尔说，在牛顿之前，万有引力定律并不存在、并不"是"，大致也要这样来理解。

万事万物都可以体现道理、显示道理，但它们还不**是**道理，或者说，并非以道理本身的形式存在。尽管万事万物都能体现道理，但道理只在道说中获得其纯粹的形式。

说理的人，在一个意义上必定已经默会地知道了这个道理，但仍要付出说出的努力。我们会说汉语，在这个意义上懂得汉语语法，但让我们把汉语语法讲得明明白白，并不容易。庖丁深谙解牛之道，然口不能言。明述道理是一种特别的能力，没有这种能力的人，即使本来蛮懂道理，一旦尝试明白表述，往往说得一团糟。这一点，很多人说到过，我这里引维特根斯坦一段话：

> 很容易设想，有个人对一座城市了如指掌，就是说，很有把握从城市的每个地方找到去另一个地方的捷径——但仍然完全没有能力画出这座城市的地图。他要是试着画一张，画出来的东西就是完全错误的。(Z, §121)[①]

明述道理，不像在临摹一幅画，更像在山山水水间作画。就此而言，说出道理多多少少也是"发明道理"。这倒正是"发明"这个词的原意——发而使之明显，所谓"尧舜禹汤文武周公生而道始行，孔子、孟子生而道始明"[②]。听了子产放生的故事，若不是孟子

[①] 本书所引维特根斯坦著作版本，参见"本书所引著作名称缩写表"。——编者

[②] 黄幹：《徽州朱文公祠堂记》，转引自余英时《朱熹的历史世界》，生活·读书·新知三联书店，2004年，第16页。

如是说，我们不一定知道这个故事要告诉我们"君子可欺以其方"。蚯蚓在泥土里钻来钻去，若非荀子，谁想到那说明了用心宜专的道理？事情体现道理，包含道理，但究竟包含什么道理，还有待发明。

明述道理敞开了种种新的可能性，敞开了一个新的世界；唯在这个世界里，我们才能为要求、命令、政策提供理由，我们才可能公开议政、进行法庭辩论、讨论数字2的开方是不是无理数。

那么，听道理的人呢？无论什么新鲜的道理，只当连到他已经明白的道理，归化为他的道理，对他说理才有意义。这一点，我们在"论证章"还要详论。

第七节　成形者与未成形者是同一个吗？

成形者与未成形者是同一个吗？成形者与未成形者，在一个基本意义上，当然是同一者，否则就不能说是那个未成形者的成形；然而，成形者与未成形者的同一，不同于一颗珍珠从这个首饰盒拿去放到另一个首饰盒，它还是那同一颗珍珠。

这个同一也不意味着其中一者同一到另一者。默会的道理和明述的道理是同一个道理，并不意味着只有默会的道理才是真正的道理，所有明述只不过是这个道理的不同表现形式而已。我们从事情本身中默会到了什么道理呢？昭君出塞，是当年不贿毛延寿呢，还是她实在太美，意态由来画不成？水往低处流也许它告诉我们，上善若水，众流皆下，故能汇为江海而成其大；也许告诉我们，物质的本性是向下运动，与人正相反，所谓"水往低处流，人往高处走"；但它又可以告诉我们，有些物质有向下运动的自然本性，有些则否，例如气或火有向上运动的自然本性。本来,同一件事情可以隐含不同的道理。"孔子、墨子俱道尧舜,而取舍不同。"①

第八节　因事说理和离事说理

默会和明述是两个笼统的词。身教不一定永远一言不发,默会可以是点拨之后默会;反过来,即使道理说得很明白,可能仍依赖于一定的情境,此道理与此情境的联系,我们原有所默会。

在日常生活中,我们很少长篇大论说理。大家处在共同的事情之中,讲说道理多半只是三言两语的指点。我们不妨称之为因事说理或因事言道。孔夫子说理,多半是因某人就某事而论。子路和冉有都问"闻斯行诸",孔子答子路曰不可,答冉有曰可。《为政》篇里连着四章学生问孝,孔子给出四个相异的回答。这一点,历来研习者多所强调,说孔子的言教多为"有为言之",乃至于称圣人从来不离器言道。当然,因事说理并不意味着所言之理只是这件事的道理。修道路,是为了连接不同的地方,明白道理,是为了贯通不同的事情。孔子多因事说理,同时教导我们要举一反三:"举一隅不以三隅反,则不复也。"②

孟子时候,流行各种学说,他夸张地概括为"非杨即墨",为了伸张孔学,孟子多与别家辩论,虽然他自辩"吾岂好辩"。学说之间相互辩论,不仅会各自引征支持自家学说的事实,而且要把自家的道理讲得细密,讲得系统。传里一句"从道不从君",到荀子那里,

---

①《韩非子·显学》。

②《论语·述而》。

便写出《臣道》一大篇文章,"从命而利君谓之顺,从命而不利君谓之谄;逆命而利君谓之忠,逆命而不利君谓之篡"云云。在这种系统论理中,不仅说理的篇幅增加了,而且,道理互相勾连,仿佛形成了一个多多少少独立的道理世界。固然,孟子在讲四端或曰四心的时候,也讲到比较具体的事例,例如孺子将入于井,近旁的人自然会施以援手,但这与因事言道不尽相同,这里的"事"毋宁是理的例子。离事言道,荀子更典型些,《荀子》每一篇,就像今天所谓的一篇论文,论学、论乐、论王制、论臣道。我们也可以比照柏拉图,他的每一篇对话,大致有一个专题,论国家、论法律、论知识、论美。

因事说理的好处,叶适说得最好:"按古诗作者,无不以一物立义,物之所在,道则在焉,物有止,道无止也。……道虽广大,理备事足,而终归之于物,不使散流。"[1] 据此,离事说理就来了麻烦。我们平常理解道理是从具体事情开始的,是连着具体事情的,否则,道理听起来就很抽象。"无验于事者其言不合,无考于器者其道不化,论高而实违,是又不可也。"[2] 而且,我们的语言本来不是为专门说理准备的,而是为描述事情、打动他人等等准备的。我们平常说话,意思多半挺明确,给孩子分糖果,每人都得到平等的一份,小孩子都听得懂。可是像"人生而平等"这样的话,意思就不那么确定了。于是,歧义纷出,"好为异论以败经者将遂出其间矣"[3]。

那么,**为什么我们还会离事说理呢**?叶适对此有他的解释:"上古圣人之治天下,至矣。其道在于器数,其通变在于事物;其纪纲、

---

[1] 叶适:《习学记言序目》,下卷,中华书局,1977年,第702页。
[2] 《叶适集》,第三册,刘公纯、王孝鱼、李哲夫点校,中华书局,1961年,第694页。
[3] 同上。

伦类、律度、曲折,莫不有义,在于宗庙、朝廷、州间、乡井之间……周室既衰,圣王不作,制治之器丧失而不存,或其器仅存,而其数废阙不明……孔子哀先王之道将遂湮没而不可考……知其言语文字之存者,犹足以为训于天下也……又为之论述其大意,使其徒相与共守之,以遗后之人。"①后来章学诚所说的,大意相当:"天地生人,斯有道矣,而未形也……人有什伍而至百千,一室所不能容,部别班分,而道著矣。仁义忠孝之名,刑政礼乐之制,皆不得已而后起也。"②

道理本来在事情之中,在实践传统与器物制度之中。人们一群一群生活在较为稳定的传统里,这时候不大需要唠唠叨叨说理,人们做事情,在事情之中默会仁义忠孝。人群分散开来,不再那么紧密地通过共同实践相联系,或者,生存环境(一般说来是社会环境)迅速转变,道理存于其中的生活形态崩解,或者,来自不同传统的人们不得不生活在一起,这些时候,说理就变得重要起来,或者要继承或恢复从前的道理,或者要探索当前生活形态中的道理。

看来,离事说理有它不得已之处:我们不再像前人那样生活,那些道理所依附的生活形态消失了,甚至连制治之器也丧失而不存,于是不得不把道理较为抽象地表述出来。

所谓"不得已",听起来等而下之,古时候人本来倾向于把在先的视作更好的;不过,叶适和章学诚这些话同时却也提示,因事说理有它不及之处。其中比较明显的一点是,因事说理行之不远,行远了多生误解。孔子本来为桓司马言"死之欲速朽",为南宫敬叔

---

① 《叶适集》,第三册,刘公纯、王孝鱼、李哲夫点校,中华书局,1961年,第693—694页。

② 章学诚:《文史通义·原道上》,叶瑛校注,中华书局,1985年,第119页。

言"丧之欲速贫",不在事中的人却可能把这些话听成了一般道理。有若善思,感到困惑,去问曾参,最后由言偃(子游)解释清楚。这事情大概发生在孔子去世不久,当事人都是孔子的亲炙弟子,我们今天读孔子,贸贸然当作教条而实际上完全读拧了的还不知有多少!宰予睡了个午觉,夫子就骂他粪土之墙,号召学生群起而攻之,毋宁太过?想必这话另有什么我们难以复原的背景。这本来是常识,但确有必要提醒。因为孔子时候,教学主要通过口传,而不是要著书立说以传后人,我们不可以今人读书的常识去读孔子。学生问孔子管仲这个人怎么样,一段里回答:"管氏而知礼,孰不知礼?"又一段里说,"如其仁!如其仁!","微管仲,吾其被发左衽矣"。可以想见,孔子这些评论,都是有上下文有针对的,不宜用今人的眼光断言孔子说话颠三倒四。

第九节　寓言

　　因事言道的一种常见方式是叙述一件事情,同时也说出一些道理,甚至,讲一个故事,目的只在说理。通过叙事说理的典型体裁是寓言。寓言是引向特定道理的故事。我们从小都听过狼来了的故事,狼吃小羊的故事。蚯蚓无爪牙之利、筋骨之强,却上食埃土、下饮黄泉,为什么呢?用心一也。这种说理方式也与寓言相似。

　　什么时候是在讲事儿,什么时候是为了说理,多半能分出来。水往低处流,"冰,水为之而寒于水",一听就知道是要说理了——这些是人人都知道的事情,若不为说理,讲它做甚?岁寒然后知松柏之后凋,这是个事实,不过,说这话不是要告诉我们一个事实,而是要告诉我们一个道理。

事情包含道理、隐含道理，以叙事方式说理，可以先讲事儿，然后把道理明说出来。你先讲个郑人买履的故事，然后说宁信度毋自信的人真可笑。孟子讲了个子产遣人把鱼放生的故事，引出结论"故君子可欺以其方"，不讲，听者可能并不知道言者讲这个故事要说明什么。有时候，事儿讲了，道理已经十分显豁，不必再说什么。把画蛇添足的故事讲完了，若再加上说"画蛇添足的人真多此一举"，那就是画蛇添足了。"鹪鹩巢于深林，不过一枝；偃鼠饮河，不过满腹"，下面就不必唠唠叨叨说些人该怎么安身立命的大道理了。实际上，再怎么讲，恐怕也讲不确切，难以尽达这短短一句已经说出的。

我们可以一般地区分叙事与说理。见到好吃的，见到美女，眼睛一亮，是描述；食色性也，是说理。"族秦者，秦也，非天下也"，这是明述道理。多行不义必自毙，是在更一般的层面上讲述道理。不过，叙事与说理是就两个极端而言。"秦爱纷奢，人亦念其家"这话是叙事还是论理？只好说，介于叙事和说理之间。

同样可以泛泛说，叙事之说理与说理之说理有隐彰之别，叙事之说理是显示道理，说理，当然是说出道理。但也不过是泛泛而言罢了。常说到"春秋笔法"，只记事，不评论，据说已经把治国的大道理都讲清楚了。"偃鼠饮河，不过满腹"也许把道理说得足够明确了。"不识庐山真面目，只缘身在此山中"，虽然不是论文体，说理时的引用率却甚高。说理并非越接近命题（proposition）就越明确，用悖论的方式说：不是说得越明确就越明确。

论文体的发展自有其道理，但没有什么道理要求我们只能用标准的论文体说理。实际上，很多卓越的论理者都寻求适应于自己的特殊说理形式。是学术官僚体制造就了论文体一统天下的局面，而这种情势深深地伤害了"活泼泼的天理"。

第十节　拈花一笑

　　单只把事情讲出来，道理就已经显豁了，这，当然可以说，因为事情本身就含有道理。但事情又是什么样的呢？一只胖胖的小动物，跑到河边喝水，喝啊喝啊，喝得肚子满满的。这件事情含有何种道理？事情这样叙说，看不出其中有什么道理，那样叙说，道理便显豁了。固然，尽器则道在其中矣，但怎么才算尽器？

　　单单叙事，道理就可能已经显豁。有时，连叙事都不必，拈花一笑，道理就显现了。

　　对于已经准备好懂道理的人，给出恰当的环境，这的确可能，否则，我拈一朵花，对你笑笑，这提示什么道理呢？我跑到你面前，把嘴张开来。这提示所有道理，或什么道理都不提示。

　　我把嘴张开来，你甚至不知道你看见了什么。你说，我看见牙已经掉了，舌头还在，这时你已经在朝一个特定的方向看了。但这离开硬的先折、软的长存还有一段距离。禅宗的偈子、公案，多半是悟者自悟，糊涂的永远糊涂。

　　拈花一笑，明白人就明白了道理。也许，对于最明白的人，连拈花都不必，连把嘴张开来让你看牙齿和舌头都不必。

　　所谓默会，并不是一上来就用自己的沉默面对世界的沉默，多半说的是从行事中、从叙事中、从器物中默会。道理首先在亲近的人的、前人的行为举止中，在周遭的器物之中，在叙事之中。但更要紧的是，只有对能够叙事的生物、能够制造器物的生物、有传统的生物，世界才能显现其道理。默会，因为你能够言说。你固然可能面对斗转星移，面对苍茫宇宙，默默了悟穷通之理，但你已经把它叫作斗，叫作宙，叫作移转。没有语言的生物，也能应对世界，甚至比我们应对得更成功，比如蟑螂，但它不能明理。

第十一节　讲出了什么道理？

岁寒然后知松柏之后凋告诉我们一个道理。我们能不能问：告诉我们的是什么道理？我们也许说得出讲的是什么道理，也许说不出。你告诉一个小学生，岁寒然后知松柏之后凋这话的意思是，在艰危的环境下坚毅的品格和友情才最能体现出来。然而，他也可能问：岁寒然后知松柏之后凋怎么就说明了"在艰危的环境下坚毅的品格和友情才最能体现出来"？也许，你会说，岁寒而知松柏之后凋是个比喻。这似乎没带我们走多远。小学生仍可能问：岁寒然后知松柏之后凋怎么就比喻了"在艰危的环境下"云云？

这里的问题是一整套问题中的一个分支。一个词是怎么意谓的？一句话是怎么意谓的？这个事实怎么就引出了这个结论？这个公式怎么就得出了这个得数？这个实验怎么就证明了这个理论？从"是"怎么跳到"应当"？我不在这里全面讨论这些问题，只愿大致说，在周边环境①都合适的时候，"youqing"这个声音就是

---

①　这里，周边环境是个广泛的用语，包括例如听话人的理解力等。

"友情"这个意思，事实就显现价值，岁寒然后知松柏之后凋说的就是它所说的道理。

第十二节　同一个道理的不同表述

你解释说岁寒然后知松柏之后凋这话的意思是"在艰危的环境下坚毅的品格和友情才最能体现出来"，这并不意味着，"在艰危的环境下"云云是岁寒然后知松柏之后凋那句话的意义，现在你把这个意义赋予或结合到原来那句话上了。这里的情况是：一句话他听不懂，你改说一句他能够听懂的话，而这两句话的意思相同，或，相通。与其说"在艰危的环境下"云云是岁寒然后知松柏之后凋的道理，不如说"在艰危的环境下"云云和岁寒然后知松柏之后凋是同一个道理的两种表述。

索求解释的人，总得有什么无须解释就能听懂的东西，同时，需要听得出他现在听懂的东西跟他刚才没听懂的东西相同或相通。当然，"解释总有到头的时候"；当然，有时候怎么解释都解释不通，比如，你向一个刚学会说话的孩子解释岁寒然后知松柏之后凋这话。这里还缺乏使解释生效的适当条件。

第十三节　命题不是道理的绝对表述形式

你从庐山下来，感叹说，不识庐山真面目，只缘身在此山中。你观棋，看着下棋人走出奇怪的昏着，感叹说，当局者迷。这两种经验里隐含的是同一个道理吗？我们从不同的事情悟到、习得同一个道理，这里有"同一个道理"的标准；两句不同的话说出了同一个道理，这里有一种相似但不尽相同的"同一个道理"的标准；明述默会的道理，这里有"成形者与未成形者同一"的标准；逻辑上等值，有特定逻辑系统规定的标准。各种同一性的辨析，对我们有基本的重要性。上面说到默会与明述，因事论理和离事论理，寓言说理与直白说理，下面说到道同与道通，以及很多其他论题，都与此相关。后面我们还将不断地来到这个问题。最后，这个问题将在"普遍性章"做一总论。

无论这些同一的标准是什么，它们都不同于两份杂拌糖中有一些同样的糖块。两份杂拌糖中都有大白兔奶糖，把其他的糖拿掉，两份中就剩下了同样的东西。我们却无法把两句话里不同的东西拿掉让它们剩下同样的东西。

上面说到，这个同一也不是把其中一者同一到另一者，不是把所有明述的道理视作默会道理的不同表现形式。反过来，也没有一个命题那样的东西，给出某个道理的绝对标准的陈述。说理，把事物中、语言中、叙事中显示的道理明说出来。但若以为我们能洗净一切显示达到纯净的说出，那就错了。不仅说出摆不脱显示，而且，优秀的说理在明说之际充分携带显示的力量。

现代语言哲学中所谓的命题是通俗理解的理式的一个翻版，仿佛命题表达了所有相关语句中的共同的东西。旧时对理式的质疑，同样可用来质疑这种命题观念。**命题并不是在所有其他表现形式之外的绝对表述形式**，命题本身也是一种表述，是各种表述中的一种——固然，我们可以为某种特定的目的把某种表述形式设立为标准的表述形式。

第十四节　同一者可言说吗？

我们说，一个哲学家只思一事，甚至说，千古哲人，所思皆为一事。我们问，有没有一个中国传统？孝道在孔子那时和在今天还是不是同一个孝道？你说孝道或孝这个概念发生了很大改变，他说孝道还是那个孝道只是表现不同了，孰是孰非？

若问题停在这里，我们无法回答，我们等你继续说下去。

那么，真正的同一者是不可言说的了？"既已为一矣，且得有言乎？"然而，"既已谓之一矣，且得无言乎？"①关于同一者的不可言说，我们已经说得太多；而这往往是由于我们仍然把它理解成某种现成物，希望通过绝对的方式来言说它。非要定于一言，定于命题才为可说，那就只能是不可说了。所以释迦在《金刚经》里，动辄随说随扫。而因缘方便，则譬喻言辞，皆可成说。"于一法之中，持一切法；于一文之中，持一切文；于一义之中，持一切义。"②

第十五节　烹小鲜与治大国

道理有它特定从属的领域。打仗有打仗的道理，治理企业有治理企业的道理，立二拆三，逢断必长，这些是围棋里的道理。

然而，我们从一件事情悟出道理，这个道理总不只限于此一事；

---

① 《庄子·齐物论》。
② 《佛地经论》卷五。

道理总是超出具体事例的，一个领域里的道理，总多多少少相通于另一个领域里的道理。我们说，无论什么企业，其治理之道总有相通之处；也常听人进一步说，绘画的道理与音乐的道理是相通的；下棋的道理与做企业的道理是相通的，治理企业和打仗的道理也有相通之处。只要有两个眼，一片棋就活了，这个道理是专属于围棋的，眼、活棋这些在这里都是围棋的术语；但论者不妨用这个道理来讲军事、讲政治。"以无厚入有间，恢恢乎其于游刃必有余地矣"，可以是解牛的道理，也可以是养生的道理。就此而言，任何道理都可说无远弗届，烹小鲜的道理也是治大国的道理。我们了解了人体的构造，便可由此议论国家的构造、宇宙的构造。事情可以差得十万八千里，可**道理相同**。灯火辉煌的豪华商厦里，大老板一掷千金给小美人买了个钻石戒指，阴湿幽暗的丛林里，公蜘蛛给母蜘蛛送来一点营养品，也许这两件事情背后有同样的道理。

第十六节　道与术

我们总是在特定的经验、事例、领域中明白道理的，这些道理相通于另一些道理，求其贯通，即是求道。烹小鲜的道理直通于治大国的道理。

不过没谁认真以为，特级厨师一定能干好总理的活儿，只要把围棋下好了，企业也一定办得好，打仗一定成好将军。事涉实际活动，除了道，还有术；不，主要是术。

道理这个词经常可以与道这个词通用，但也可以把特定领域里的道理视作处在术和道之间，**上行而求其贯通为道，下行而求其落**

实为术；或不如说，向外延伸求其贯通为道，内敛求其落实为术。

建筑师懂得建筑的道理。他有时从这些道理出发去思考"建筑哲学"，有时从这些道理出发去改进建筑的技术。他给外行讲他从建筑行业悟出的道理，时常会涉及一些建筑方面的知识，比如罗马立柱和希腊立柱的区别，爱奥尼亚立柱和多利斯立柱的区别，等等。这些事情，也许大家本来就知道，即使不知道，某些要点也不难领会。建筑师讲到这些一般的知识，不是为了让我们学会建筑，而是要从这些知识出发，讲说一般的道理，讲说建筑与权力的关系、与环境的关系等等。他在建筑系课堂上也会讲到爱奥尼亚立柱和多利斯立柱的区别，从那里出发，他接着讲这些立柱在建筑史上的起源和发展，讲它们的支撑能力、视觉效果，讲它们和各种不同材质的关系等等，讲我这个外行不知道该讲什么的那些内容。

有人性好术，有人性好道。有人格物，是为了应用，有人格物，则为了求道。庖丁解牛的技术了得，但他不愿人把他视作解牛的技术专家，"臣好者道也"。专家格物求术，求技术性理解，专门研究一个确定领域中的道理。他们是精通棋理的棋手、电脑专家、烹调专家、力学专家。术着眼于用。求其应用，须掌握确定领域确定事物中的沟沟坎坎。着眼于道理的普遍性来探索这些道理，是所谓君子、圣贤、哲人、哲学家。前文说，哲学是什么，从"好道"着眼来想，应是一个不错的起点。我们可以从这个着眼点来区分历史学与历史哲学、语言学与语言哲学、心理学与心理哲学、物理学与物理学哲学、政治学与政治哲学等等，哲学包括历史学原理、心理学原理，即所有学科中非专门学科的部分。我们也可以在历史学内部做道术的区分，例如，宏大历史叙事多求道的内容，考证史实则要求更扎实的技术。物理学并非就是术,我们也许可以说,相对于工程学,理论物理学是道。哲学内部也有技术性较强的部分。

不过,我们把道理这个词和道这个词混用并非没有道理,说到"道理",我们是大致就其向道发展而言。或者说,在道术之间,道理偏于道。当然,道理也"有用",勿贪得,欲速则不达,不妨含含混混说这些道理对实践有指导意义。若这样说到道理的"有用",我们也宜说运用一个道理,不宜说应用一个道理。我们说应用规则、通例、技术、术,不说应用道理。立二拆三是一个通例,下围棋的知道应当怎样应用,实际上它已经是从应用着眼来说的。应用者,已经规定了适用的范围。好道者从立二拆三、立三拆四来到本固而势张,这个道理的运用千变万化,结果像岳飞说的那样,运用之妙,存乎一心。

第十七节　道的位置

上行达于道、下行落于术这个提法稍有以辞害意之嫌。一个缘由在于"上下"难免含褒贬;老子以水的意象来形容道,水处下,但还是要说"上"善若水,不过,"江海之所以能为百谷王者,以其善下之"毕竟有助于我们不拘执于单一的道在上观念。道不是高高在上坐好在那里等我们去达到,道甚至根本不在上,而就在我们的层面上,在各界之间融会贯通。我将在本书多处表明,在一个基本意义上,道理不在上不在下,而在事之间。

日本近代教育区分学与术,中国清末引入这一区分,今天的学术一词,笼统地指学理,但细究,两者仍有区别,不妨说学是上行求道的,术是下行掌握专门技能的,在一界之内做更落实的工作。

达于道是件好事，落于术却并不应当贬低。学与术以多种多样的方式互相支持，不学无术者，既不求道，又不掌握实际本领；学术者，倚靠专业本领求道。不过，凡人颇难两全，难免或偏于求道，或偏于握术。我们每个人，自须依自己的爱好、机遇做自己的事，而明乎道术之间的关系，则无论求道还是攻术，都有益处。

在前现代观念体系里，求道被赋予更金贵的地位，儒生格物致知，不是要知道怎样操作，而是要通过格物去穷理，数术方技则为士大夫所耻言。当代研究思想史的学者中，也鲜见像李零那样力求从数术方技见道的。这种观念，保留在道术、求道这些语词中，虽然现实已经发生了根本的改变。不过，我们今天也不必多为术正名，在我们这个平民时代，社会最看重的是掌握专门技术。求道者希。

第十八节　凿与虚

我们可用虚/实来谈论道/术。术是实实在在的本事，道则玄妙虚无。

求术的人，因其实而容易凿。"君子不器"这话即对此而发。人们有时更进一步说，若不通于道，术也难于精通，从顶尖的棋手到顶尖的物理学家，都是好道的。这话有道理，但不可太当真。很多高度程式化的技术，无须好道，也能精通掌握。这话尤其不可反过来说，仿佛通了道理就无所不能。术总是需要专门学习训练才能掌握。

但就当今的哲学而言，显见有技术遮蔽道的倾向。罗素一方面赞扬逻辑实证主义者对数学、逻辑及传统哲学问题的语言方面的重视,一方面指出,所有这些问题"已经变得如此专业化,如此易于具有准数学的确定性,以致几乎不能把它们视作属于从前所谓的哲学"。因此,"存在着一种技术的危险:它不是有助于解决问题,而是隐匿了问题"。①

求术,病在凿;求道,病在虚。为道日损,损之又损,以至于空空如也。孔子所求是大道,但他"多能鄙事",其教学方法也以因器言道为主。朱熹一派的道学,反复强调求道须自格物始。道虽是虚的,求道却是实实在在的努力。"道无形,因术以济人。"一味上行,以理证理,这样盘道,难免盘空。你也许颇通欲速则不达之理,但何时算过快,何时是适当的快,颇难判定,乃至于最后全靠自家体会。

我们固然不能要求哲学家生活经验最为丰富,专业知识积累深厚,但至少我不会去听大学生讲授人生哲理,不会听不谙历史的人谈论政治哲学。没有什么道理是完全抽象的,不跟任何经验、任何知识相关联。我们学哲学的,虽然没多少专门知识,但不能完全没有知识、没有经验,只会凭空论理,论空洞之理。

现今好哲学的年轻人,未经过事,且没有学过物理也没有学过历史,所习常多空言,白白耽误了青春。求道者,即使没有多少为事的经验,至少须博识广闻。"闻见不足以尽物,然又须要他……若不闻不见又何验?"② 但究竟需要哪些知识准备?天下的物事没谁格得尽,天下的书没谁读得完。对求道之人,该格多少物,该读多少

---

① 伯兰特·罗素:《逻辑实证主义》,载于伯兰特·罗素,《逻辑与知识》,苑莉均译,商务印书馆,1996年,第450—451页、462页。

② 《张载集》,章锡琛点校,中华书局,1978年,第131页。

书，原无一定之规。"穷理如一事上穷不得，且别穷一事，或先其易者，或先其难者，各随人深浅，如千蹊万径，皆可适国，但得一道入得便可。"[1] 这层意思，在宋儒那里，会用互相矛盾的说法说出来，一时说，"格物穷理，非是要尽穷天下之物，但于一事上穷尽，其他可以类推"[2]，一时又说，"人要明理，若止一物上明之，亦未济事"，"须是今日格一件，明日又格一件，积习既多，然后脱然有贯通处"[3]。话说得互相矛盾，但在我们的上下文这道理倒不难解。

第十九节 "按道理说"

从自家出门，附近的道路我都熟悉，到哪里该走哪条路不是问题；到个陌生地方，有时难免要根据残缺不全的资讯来选路，资讯不全之处，就得按道理来想，或者说，按照一般情况来考虑。无论你怎么见多识广，总有时候你不知道实际情况是什么样子的，而你仍必须做出判断、开始行动。按理说，事情会是这样，我们就照一般道理来做吧。过去的事情，有些再努力也调查不清楚了，将来的事情，更不大可能洞若观火。

有的人逻辑能力强，善于按道理想，有的人了解更多的情况，更富经验。按道理想包含多种内容，例如怎样把一件事情分成各个可以清楚加以考虑的方面，以及这些方面是怎样相互联系的。这些当然都是可贵的能力，不过，我们都知道，日常生活琐琐碎碎，一般

---

[1]《二程集》，王孝鱼点校，中华书局，1981年，第157页。
[2] 同上书，第157页。
[3] 同上书，第188页。

道理不一定行得通。你计算了几条路线的里程，还考虑了公路的等级等多个方面，确定应该选路线甲，但了解情况的人告诉你，"是，按道理说，应当走甲路线，但甲路线正在修路，而且，刚刚路况信息报道，那条路上发生了事故，车堵了好几公里"。理有固然，势无必至；在办理日常事务的时候，了解很多琐琐碎碎的信息，富有经验，往往比逻辑能力高强更重要。考上进士，分配到县里当领导，道理是懂得最多的，但具体办事，还要靠熟谙当地细故的师爷。

富有经验与广集信息并不相同，经验里含有道理，我们原本就是从具体经验悟出道理的。乃至"按经验说"跟"按道理说"这两个短语有时意思颇为接近。凭经验做事不同于机械重复，我们的经验里包含着某种理解，我们把以往经历中领悟到的东西，延伸到眼前面对的事情上。不过，在另一个意义上，我们也把经验和道理分开来说，推到极端，一端是经验主义，一端是唯理主义、教条主义。道理浸淫在经验里，是厚实的道理，但因其厚重，这些道理就不能延伸至离开原本经验较远的领域。把经验中的道理梳理出来，道理变得明晰了，但也变得单薄了，明晰的道理可以远行，但离开原本经验的领域远了，道理就变得愈加稀薄。

第二十节　大道立身

明白小道理，为了做事，明白大道理，是为了立身。上行至道，即上行至我们立身行事的原则。

"按道理说"里的道理，主要是就通常情况、通常经验来说的，与当下面对的实际情况互相调整。道却并非如此，道笼罩现实，是现实整体的呈现方式。以素食求健康者，若其健康状况需要吃荤腥，他便吃荤腥了；以素食为道者，即使在我们看来，其健康状况需要荤腥，他也不为所动，因为在他那里，何为健康是连同他的道得到理解的，所谓"只见道理所当止处，不见己身之有利害祸福也"①。

第二十一节　道、理、道理

我们在分辨道理、道、理这些词的时候，免不了要参照这些词从前的用法，参照古人对这些词的解说。这些词在中国思想史上的流变，则有中国文史专家做过研究。

钱穆在《中国思想通俗讲话》②中讲了四题，第一题即为"道理"，开篇即称，"我们可以说，中国思想之主要论题，即在探讨道理……中华民族，乃一极端重视道理之民族"（第1页）。题目虽然是连在一起的"道理"，不过，在这篇演讲里，他大半是分着讲道和理，对着讲道和理。首先他指出，以东汉以上魏晋以下分界，"大体言之，中国古代思想重视道，中国后代思想则重视理"（第2页）。这一点，前人如戴震早经指出："六经、孔、孟之言以及传记群籍，理字不多见。"③ 张君劢也说："自从宋儒以后，'理'成为中国哲学的基本概念，正如'道'是孔子和老子的基本观念一样。"④ 杨国荣考证说，

---

① 朱熹：《答董叔重》，《朱子全书》，上海古籍出版社，2010年，第22册，第2374页。
② 钱穆：《中国思想通俗讲话》，生活·读书·新知三联书店，2002年。
③ 戴震：《孟子字义疏证》，卷上，何文光整理，中华书局，1982年，第4页。
④ 张君劢：《新儒家思想史》，上册，张君劢先生奖学金基金会，1979年，第23页。

"道理"这个说法,先秦文献中就有,如《韩非子·解老》中有道"夫缘道理以从事者,无不能成",又道"夫弃道理而妄举动者,虽上有天子诸侯之势尊,而下有倚顿陶朱卜祝之富,犹失其民人而亡其财资也"。杨国荣说:"上述语境中的'道理'实质上是指'道'、'理',与作为复合词的'道理'涵义有所不同。"[①] 杨国荣接着说:"作为复合词的'道理'一词究竟首先出现于何时,现已难以考定,但至迟在宋代,它已较普遍地被使用……其涵义也近于现代所说的'道理'。"他举例说,二程曾批评王安石,认为"介甫不知事君道理",又如,"悟则句句皆是这个道理"。

钱穆那篇讲演把道和理对着讲,自然侧重这两个概念的分殊。从内容上说,道是所然,教人该怎样,理是所以然,告诉人必这样;道行之而成,可以创造,理本然存在,绝对不变。道联系于实践,偏于多,几条道可以并行不悖,理则是唯一的。理规定一切,道完成一切。大致上,道近于宗教而理近于科学。钱穆所论多有启发,例如可以由"理规定一切,道完成一切"来思考理论与实践,并细致领会"明道""穷理"这两种搭配。

不过,钱穆说到最后,又说,道即理,理即道。(第17页)于是乎道与理贯通融会,胜于西方人要么走向宗教的极端,要么走向科学的极端。

杨国荣的文章又有发明。据他考察,"道"相对于"理",往往更多地体现了普遍的法则,《老子》将道视为宇宙的本源,《庄子》肯定道通为一,侧重的都是道的普遍涵盖性。并引《韩非子·解

[①] 杨国荣:《说"道理"》,原载《世界哲学》2006年第2期。本书引文引自杨国荣惠寄给我的电子文本。

老》:"道者,万物之所然也,万理之所稽也。""万物各异理而道尽稽万物之理。""理"较多地涉及分殊;也引《韩非子·解老》:"凡理者,方圆、短长、麤靡、坚脆之分也。故理定而后可得道也。"杨国荣的这种理解有大量文献根据。郑玄注《乐记》"乐者,通伦理者也"曰:理,分也。许慎《说文解字·序》曰:"知分理之可相别异也。"戴震更详细说到这一点:"理者,察之而几微必区以别之名也,是故谓之分理。在物之质,曰肌理,曰腠理,曰文理。得其分则有条而不紊,谓之条理。"[①]

大致言之,钱穆主要从知行着眼谈道与理的区别,杨国荣主要从普遍与特殊着眼。沿着自己的思路,杨国荣接着说,在"道理"中,"道"所体现的普遍法则与"理"隐含的具体规定彼此融合,展示了实践境域中普遍性与特殊性的统一。

杨国荣与钱穆的着眼点不同,似乎引向了不同的结论:钱穆说道是多、理是一,杨国荣说理是分疏、道是统一。两位学者都是中国思想史的专家,都有文献根据。我们该听信哪个?

道和理,本来是两个接近的词,当然,两者有区别,把两者对立起来说,例如,一者偏向实践一者偏向论理,一者偏向普遍一者偏向特殊,有助于我们把这些区别看得更清楚。把道和理对着说,若说得好,自会说出些什么,但对举是为了说明点儿什么,并不意味着道和理处处形成对照,可以把两个词的内容列出一份两两对照的表格,仿佛道这个词总是站在实践或普遍性一边,理这个词总是站在理论或分殊一边,或仿佛我们可以从"中国古代思想重视道,

---

[①] 戴震:《孟子字义疏证》,卷上,何文光整理,中华书局,1982年,第1页。

中国后代思想则重视理"推出前古重视实践而中古重视科学。在某种意义上,道是一,在某种意义上,道是多。

至于"道理"这个双音词展示了普遍性与特殊性的统一,在我听来,就像钱穆所谓道与理贯通融会一样,说得轻易了,仿佛道当真成了普遍性的代词,理即是特殊性的代词,仿佛把这两个字合成一个词,就形成普遍性与特殊性相统一的概念,仿佛"道理"在更高的层面上结合了道和理。道、理、道理,是几个意思接近的、意思互相联系的平行的词儿,谁也不是谁的上阶统一体。"分分合合"像分和合一样,各自有它们合适的语境,汉语里有"分分合合"这个词,并不表明分和合在中国思想里是个统一体。实际上,我恐怕"分和合在中国思想里是个统一体"这话是个什么意思,也说不大清楚。

第二十二节 道理、理、道、说理这些词怎样译成英文?

现代汉语的论理词,多半从西语移植而来,人们在思考汉语论理词时,难免要考虑它们与西语论理词的关系。但道理、理、道、说理这些词都不是移植词,很难把它们跟西语词一一对上。

Logos 多译作道,反过来,logos 大概也是道的最佳译名。道和 logos 多重吻合,尤其突出的是,两个词都同时兼指言说和道理。

也有人建议把 logos 译作道理。[①] 那么,反过来,道理就可以译作 logos。我们也经常可以用来自 logos 的 logic 来翻译道理。

---

① 例见詹文杰:《倾听 Logos:赫拉克利特残篇 DK-B1 诠释》,载于《世界哲学》,2010 年第 2 期,第 17 页。

Logic 的标准译名是逻辑，逻辑与道理意思很接近，但也有区别。

然而，如果我们想在英文中显示出道、理、道理这几个词有区别，就不能把它们都译成 logos。

最常用来译理的是 rationality 和 reason，虽然反过来我们常把这两个词译作理性。相应地，说理有时可以译作 reason-giving，给出一个看法或主张的理由，有时可以译作 reasoning，推论、提供理由。说理在很多场合也可以译作 argumentation、argument。Argument 这个词既可以是说理过程，也可以是说理的内容，即论据、道理本身。不过，argumentation 比较凸显争论这一层意思，而说理不一定是争论，至少并不突出争论这层意思。说理比 reason-giving 也更宽泛，reason-giving 一般指给某个特定的看法或主张提供理由，"物极必反""人难免一死"，都说出了某个道理，这是穷理达到的一个道理，不一定是在给特定的看法或主张提供理由。Reasoning 更偏向于推论，推论与提供理由有精微而重要的区别，这一点我们到论证章再谈。

说理当然可以适当地视作理性的活动，例如，它有别于胁迫，也有别于通过创造某种形象使人感动。不过，理性这个词有太多的含义，实在不如说理含义确定。至于理性主义就更差得远了。说理是到处出现的活动，和主义没什么关系。即使穷理，依我的理解，也不是要达到某种主义。相比而言，rationality 较近于理性主义的理性，而 reason 更较接近于平日的理性。平日的理性并不完全突出理，倒更多在于合情合理，相应的英文是 reasonable。讲理不仅是讲述道理，讲理还用来描述一种态度，一种合情合理的态度，being reasonable。从讲述道理来想，合情合理要求我们就特定的情形来说理。鲁迅跑到新生儿家里去说"人总是要死的",单说这个理并不错,但显然不算合情合理。

最后再说说系统说理或穷理。这一层意思,reason-giving、reasoning、argumentation 这些词都不适合。我建议译作 dianoesis 或 systematic dianoesis。διανόησις 来自 διάνοια,διάνοια 的原意是心智、心智活动、深思。διανόησις 突出依道理循序深思这层意思,与直觉相对照;英文通常用 discursive thinking 来表示相当的意思。依道理循序深思相当贴切地刻画了穷理活动,把穷理与其他好道的方式区别开来。

我们无法把道理、理、道、说理这些词跟英文词一一对上,恐怕只能依特定上下文译成英文。但若要给出关键词译名表,我倾向于采纳这些译名:

道,Logos;

理,logos;

道理,reason;

说理,reason-giving;

穷理,systematic dianoesis。

第二十三节　道理不是自然规律

道理不是自然规律。今人说到真理,多指掌握事物的客观性状、客观规律之类。客观规律的一层基本意思是:它无论是否得到认识都存在在那里,而道理则总是就它与我们的理解相连而言的。哲学旨在明理,这个理,初非客观规律,现成摆在一个与我们无关的世界里。哲学总是联系于我们怎样看待世界来关注世界。①

"自然规律"这话是随着近代科学产生的,这类观念几乎不见于古代。古人也知区分自然与人为、无生命与有生命,也会在近代意义上努力发现自然规律或事物生灭的机制,但说到道理或道,则不只是说事情如何如何,而总是从事物的如何如何那里听取对我们的指引。道理贯通自然和人为,把事物和我们联系在一起,or better,唯当我们和事物尚未分开,才说得上道理。天圆地方,好花不长开,它们不只是单属于事物的性状与规律,它们是一般道理。不妨说,规律是从外部说到事物,道理是从内部说到事物。

画家研究骨相,研究年龄和内眼角间距的联系,研究颜料的性质、线条的表现力,明知或默会地归于如何画。对事物的研究同时也含着画理。研究星星,哪个民族都是从星相学开始。道路不仅摆在那里,它有方向,有指向。明白小道理,为了做事,明白大道理,是为了立身。

所谓天人合一,这个提法也许很富中国特色,但从古代的一般世界观来说,无论中国外国,"世界是如何的"都对"我们应如何"有指引作用。这背后,是宇宙之为家园的一般观念。我们到人家做客,到一个新社区落户,需要知道那里的种种规矩,知道那里的 way of life,才能在那里合情合理地生活。在很大程度上,世界是我们的乡土,因此,需要了解世界里已有的事物是怎样生息变化的,我们才能安居乐业。

正是在这个意义上,道与德紧密相连。你跑到人家的地盘上,

---

① 参见本书第九章第三十六节。

不守人家的规矩，倒行逆施，那就叫缺德。你生于天地之间，顺乎自然之理生活，则有德。不言道，就说不上德。自然规律这样的观念取代了自然之理，道德就变得无根基了。

或质疑说，你不过是在重弹不分割主客观的老调。我们知道得清清楚楚，主观和客观是两回事，天人合一这种话，不过是浪漫主义编织的神话。"道理"这个词不区分主观客观，这并不说明主观客观就没有区别，较真的话，我们倒干脆要问：有没有道理这种东西？就像你若说，上帝创造的世界中一切都很美好，但我们并不能因为有了这话就闭眼不见世上的苦难和邪恶，认真想来，我们倒要问：有没有上帝？

天人合一，消除主客观对立，的确已成了时髦的陈词滥调。我们并没有笼统的办法摆脱这些陈词滥调，只有真切地审视、描述人类生活和人类理解的实情。我们描述我们从万事万物中习得道理的实情；我们在语言中听取指示，指出在"冷热大小"这些用语中不分物我的实情；我们考察我们使用"道理"一词的实际情形；我们刻画什么是事实观念的内容，看一看"纯粹客观性"是怎么确立起来的；我们研究自然规律观念是怎么形成的；等等。

在很多传统说法里，鸿蒙开辟时，天地未分。把自己要说的道理投射为所设想的远古历史，是古时候表述道理的一种基本方式——远古的也是更纯正的、更合理的。但我们不再相信上古黄金时代——历史学、思想史、人类学、考古学并没有发现一个天地未分、尚未绝地天通的时代。儿童天真烂漫，初民相信感应，我们不再是那样。然而，我们现在这样子，却只能从当时那样子中生长出来。我并不是在主张，物我不分是更正确的认识，然而，物我不分在某种意义上的确是理解的源头。我们需要探索的，是物我分离的过程。这个探索过程也将表明，主客分离的思路为什么终于大行其道。我们的兴趣在于求真，不在于弘扬天人合一的认知状态。

第二十四节　所以然或前因后果

所谓上行至道，最粗浅的理解是对经验做高度概括。例如，把世上的种种现象概括为阳与阴，把世上的种种活动概括为友爱-吸引和憎恨-排斥。这样的概括，来得极容易，也极索然无味。所谓求道，不是这样的概括，而是探究事物的所以然。

天下的事情，有些是有缘故的，有些只是偶然发生。你开车追尾撞了别人的车，这多半只是个偶然事故，追尾当然是你的责任，该道歉道歉，该赔偿赔偿，但若交警问你："你为什么撞人家的车？"你张口结舌无言以对。考试做错了一道简单的算术题，忘记钥匙放在哪儿了，一时失言冒犯了一位客人，这些事情只是偶然如此，没有什么特别的缘故。当然，你也可能是有意撞人家的车，或有意冒犯客人，这些事故背后就有可以探究的缘由。历史上发生的事情林林总总，历史学家爬梳历史事实，略过那些无关紧要之事，发现那些意义重大的事情，勾勒出历史发展的前因后果。

我们会想，探究物价变化的原因是经济学家的工作，探究行星如此这般运行的原因是天文学家的任务，都跟哲学没什么关系。不过，这是今人的想法，从前，人们并不严格区分一个一个学科，凡探究重大事物背后道理的工作，笼统视作哲学。这倒不是古人分不清何为经济、何为天文，而是因为天下的事物尽管五花八门，但它们背后却可能有着同样的道理。

实际上，尽管今天很多学科都获得了极强的独立性，然而在一个基本意义上，一个学科的基本概念仍然要超出这一学科才能获得理解，我们仍把对这些基本概念的思考称作哲学思考。

第二十五节　机制还原

我们在多种多样的意义上问一件事情的所以然。若问钟表的指针为什么转动，我们得打开表盖，查看里面的齿轮发条，这里问的是钟表的机制；我们问武松为什么杀死潘金莲，问的是他的动机。前面说，你开车追尾，交警不会问你为什么，因为你并没有追尾的动机，但是交警可以在另一意义上问为什么，比如车速过快或刹车失灵。究竟有多少种为什么，至少得写一篇博士论文来加以讨论，不过，粗说起来，我们大致可以把为什么分成机制和理由。顾城把妻子杀了，就算刑侦人员把他怎样实施谋杀的每一个细节都调查清楚，甚至我们设想生理学家把顾城当时的内分泌变化都调查清楚，我们可能还是不明白他为什么会做出这样的事来。

古人追问事物的所以然，并不把机制和理由分得清清楚楚，这多多少少是由于，在古人看来，事物之所以具有这样那样的机制，本来是有理由的。这有点儿像我们在研究生物机理时的想法，长颈鹿为什么脖子这么长？我们是在问长颈鹿脖子越来越长的机制，但这个机制背后还有一个进化论的理由。

由伽利略、笛卡尔、牛顿等新哲人发展起来的近代科学对所以然的理解发生了根本的改变。伽利略明确宣称，科学只问事物的怎样,不问事物的目的和理由,前人把这两种所以然混在一起,结果,对世界的认识始终含含混混,不可能取得实质性的进步。

从前,天下形形色色的道理是通过理由连成一片的,现在,科学放弃了对理由的追问,但科学并非退回到零零星星的所以然。科学也追求整体性,不过,这个整体不再是网络式的融会贯通,而是建筑式的层层还原。世界这个大机制的最基础的一层是量子物理学,其上是化学,其上是生物学,其上是生理学,其上是心理学。每一个层次的所以然,由下一个层次的所然来解释。粉笔为什么是白的?因为粉笔是由碳酸钙做成的,碳酸钙吸收红外波段和紫外波段的光线,不吸收可见光,所以,各种可见光都从粉笔反射回来,合在一起就是白色。为什么碳酸钙只吸收不可见光呢?因为原子和分子所吸收的光子的能量必须与它们自身能量级别之差相应。为什么原子和分子的能量级别是离散的?这要用描述原子和分子行为的波函数方程来解释。这一层一层构成了世界的整体机制,世界就是这样一个大机器,这个世界机器没有目的。天下的事情不再被分成有些事情有缘故有道理而有些事情只是偶然如此,在一个层面上偶然如此的事情,从更基础的层面上看,其实"必然如此"。你好像偶然忘记钥匙放在哪儿了,但我们可以在潜意识里找到遗忘的原因。

第二十六节　思辨理论

通过"按道理说",通过合乎道理的推衍来探索事物和世界的机制,是谓思辨理论。希腊流行的放射流视觉理论,柏拉图的三角形元素,亚里士多德的五十五层天,五行宇宙论,这些都是典型的思辨理论。弗洛伊德心理学在我看来也主要是思辨的。

近代物理学建成之后，思辨理论获得了明确的目标，其目标就是把自身转变为实证科学，于是，思辨理论成为从穷理盘道向实证科学的过渡。本来，任何实证理论都是从"按道理说"开始的，有了大致的设想，才有的可实证。每一门实证科学发轫之处，都见到身兼哲学家和科学家的大人物，伽利略、笛卡尔、莱布尼茨、弗雷格、索绪尔、韦伯等等。

向实证的发展中，有的理论成功了，有的理论被抛弃了。笛卡尔的漩涡宇宙论现在看来是个思辨理论，而牛顿宇宙论则是正宗的实证科学理论，但这两个理论在当时看来性质上没有这样截然的区别。

西方哲学始终有强烈的思辨理论冲动，近代科学产生于西方，在很大程度上要从西方哲学的这个突出特点来理解。分析哲学一开始主要在穷理，而近几十年来，大批分析哲学转向认知理论，出现了一批思辨理论，如 J. 福多明确称其表征理论为思辨理论。[①] 像维特根斯坦那样纯粹活动在穷理盘道范围内而有意识地抵制向实证理论发展的，在分析哲学传统中倒是例外。在科学主义当道的今天，不少人把发展思辨理论及进一步从思辨理论发展为实证理论视为穷理盘道的唯一意义，把哲学理解为尚未发育的实证科学。而在这背后的一般观念则是：思想的终极目的是建立关于世界的理论。

发达的思辨理论构成了西方哲学中极富意趣的一个部分。按说，思辨理论不仅不伤害盘道，倒能够丰富盘道的内容，然而，把

---

① 福多（Jerry Fodor）在 *The Language of Thought*（Thomas Y. Crowell Company, Inc. 1975）的序言中就表征理论的思辨和假说性质做了相当切实的论述。

哲学理解为尚未发育的实证科学的一般观念却对穷理盘道产生了正面的危害。正是针对哲学的这种自我理解，维特根斯坦强烈主张哲学要与思辨理论划清界限。的确，关于事物机制的思辨从来不是哲学的主体。所谓根本原理，不能理解为最基础的机制。实际上，在例如亚里士多德的《形而上学》里，我们更多读到的是关于基本概念的探究。穷理而达乎理的统一，在于各种道理通过这些基本概念相互联系。我们从原因追到理由，从理由追到动机，从动机追到欲望，从欲望追到利益，复又可能从利益追回到原因和理由的区别。原因、理由、动机、欲望、利益，它们是些各司其职的概念，但追索下去，就发现它们互相交缠，互相联系。这情形有点儿像我们查字典，一开始看似不断引入新词，但到头来那些新词还要用旧词来注释，逐渐形成一个互相勾连的系统。

科学对于机制的研究，我在另一本书里做了较详的讨论。本书讲到所以然，主要不是讲机制，只在无伤主旨之时，也会以机制为例。

第二十七节　然与所以然

"道者，万物之所然也，万理之所稽也。"[①] 你知道很多历史掌故，却不一定知道历史兴亡的缘故，知道每个月物价的变化，不一定知道物价为什么会发生这些变化。知识多的人博闻强识，但只有懂得道理，知其所以然，才算得上真知。当然，知其然是知其所以然的基础，要懂得事物的道理，先要知道事物实际上是什么样子。

---

① 《韩非子·解老》。

大哲学家尽是些博学君子。先哲有时也强调得鱼忘筌，甚至声称为学日益、为道日损，不过，这并不当真是说无须了解世界就能明理，只是在强调哲学旨在明理不在博学。

明白所以然，是理解的核心含义。在这里，"事实胜于雄辩"这话没有用武之地。你用大量实验的办法得到了三门问题的答案，但你可能仍然不明白结果为什么是这样的。你可以摆4排每排6根的火柴，然后数一数，得出4×6得多少的答案，但你很难用摆火柴的办法数清4563×654是多少。在讨论芝诺关于万物不动的论断时，西诺卜的第欧根尼在学生面前走来走去，有一个学生对这个反驳感到满意，却遭到了他的训斥。黑格尔这样复述此间的理由："教师既然用理由来辩争，他也只有用理由去反驳才有效。"[①]

第二十八节　哲学通过穷理达乎道

传曰"从道不从君"，何也？荀子《臣道》的一大篇文章，就是回答这个"何也"。孔子提倡了半天仁义道德，天下的仁义道德水准怎么不见提高反见降低了？可能是因为越提倡仁义人就越不讲仁义，当然也可能是因为人们都不讲仁义所以就有人出来提倡仁义了。何者为因何者为果？要澄清这个疑惑，除了考察历史演变，还须考察什么是因，什么是果，对因果本身做一番分析。分析因果，难免引出先后、原理、理由、动机等等，动机又跟心理、欲望、利益缠在一起。

---

① 黑格尔：《哲学史讲演录》，第一卷，贺麟、王太庆译，商务印书馆，1959年，第313页。

如此追问,谓之穷理。理何时而穷?追问直至根本道理、至理。"必使学者即凡天下之物,莫不因其已知之理而益穷之,以求至乎其极。"① 我们说到哲学,大致即指**追索根本的道理**。当然,什么样的道理算得上"根本道理",还有待思考。这里只提及一点:"根本道理"不是抽象程度最高的道理,倒更接近深层道理、理后之理、理中之理。亚里士多德在《形而上学》一开始就阐明了这样的观点:哲学探索原因和原理,αιτια 和 ἀρχή 是最高的智慧。形形色色的几何证明依赖于同样的定理,定理又依赖于公理,从而,公理成为在上的、首位的真理,形形色色的几何图形附属于定理与公理,成为原理的例子。

不过,如前所说,上行至道的意象常多误导。在一个基本意义上,原理不是先于事物的源头,原理之为原理,在于事物通过原理互相联系。原理不是作为在上的概括提供同一性,而是作为居间的中介提供了统一性。

我们通过种种活动达乎道,艺术、政治、解牛。**哲学通过穷理达乎道**。通过穷理达乎道并非与其他种种达乎道的方式平行的一种方式,而是达乎道的高标特立的方式。因为道与言说紧密交织。②

说理是日常生活的一部分,是到处可见的活动,哲学之区分于一般说理,在于穷理。穷理多多少少是一种特殊的兴趣。"盖人心之灵莫不有知,而天下之物莫不有理,唯于理有未穷,故其知有不尽也。"③ "哲"这个字,原意主要是明理、懂道理,"哲学"所称的,

---

① 朱熹:《大学章句》,《朱子全书》,第 6 册,上海古籍出版社,2010 年,第 20 页。
② 详见本书语言章。
③ 朱熹:《大学章句》,《朱子全书》,第 6 册,上海古籍出版社,2010 年,第 20 页。

主要不是明此一理彼一理，更在于从此一理彼一理为端去追索道理向之汇集的原理。穷理这项特殊兴趣，使得哲学带有某种专业性质，成其为"学"。我们不妨宽泛地把哲学视为一项专门活动，一个"专业"。不过，哲学之为"专业"，与化学或南亚学不同，有化学知识，有关于南亚的知识，哲学却没有一个专门的知识领域。所以，把 philosophia 译作"哲学"，多有可商量之处[①]，现在称作"某某学"，多半是指对一个专门知识领域的研究，哲学却不是此类。译作"爱智"，过于宽泛。创造"哲学"一词来翻译 philosophia 的日本人西周把哲学理解为"专讲理之学"，认为因此也可把哲学称为理学、穷理学、理学理论。Philosophia 在一般说理中关注所以然，关注道理向之汇集的原理，我们可以用古人所说的"义理之学"来理解 philosophia。借用"理学"这个词来做译名，本来也好，但"理学"已有特定指称。毕方济译作"格物穷理之学"，傅汎际、李之藻译作"穷理致知之学"，以及西周的"穷理学"，庶几近之。当然，我们不可能只靠译名或对译名的讨论澄清 philosophia 这个概念。这里主要想说明，"哲学"中的这个"学"字，是动词性的，而非一门学问的意思。哲学旨在穷理，是一种活动，穷理活动。发过议论，我还是沿用"哲学"一词。

穷理活动最鲜明地刻画了我们称之为"哲学家"者。普通人心目中的哲学家，多半是引领思潮者，伏尔泰、萨特是典型。他们是引领思潮的领袖，但在哲学发展上贡献不多，盖由于他们在穷理一事上未做出特殊的贡献。

[①] 陈启伟曾详考汉语"哲学"一词的来历，见陈启伟：《"哲学"译名考》，载于张丰乾主编，《哲学觉解》，中山大学出版社，2009 年。

第二十九节　穷理与常理

所谓哲学家，喜欢刨根问底，追索理后之理。随着穷理的进展，他们会问出古怪的问题来，得出古怪的结论来。但他们的出发点，就是我们平常讨论的那些事情：张三幸福还是李四幸福？金钱是否能让人幸福？母爱和情爱那么不同，为什么都叫作爱？怀孕三个月做人工流产是谋杀吗？对平民进行自杀式袭击是献身正义还是恐怖活动？所谓"哲学问题"，不是哲学家的问题，而是人人的问题，或至少，来自人人的问题。如杜威所说："哲学若要恢复元气，它就不能再是专门讨论哲学家的问题的一套办法，而必须成为讨论人人的问题的方法——由哲学家悉心照料的方法。"[①] 日常思考是穷理的源头活水。

穷理有时达乎异于常理乃至悖乎常理的结论——万物皆静，人不能两次踏进同一条河流，万物皆备于我，知即行，地球绕太阳旋转，只有解释没有事实，将来不晚于现在……有些穷理者偏好用悖谬方式提出自己的思想。这部分是由于悖谬之言往往有警醒之功。这些悖谬命题形形色色，宜在不同上下文分别讨论，这里要说的是，它们都是作为反思或穷理的结论提出来的，就此而言，并不像句子表面看来那样直接与常理冲突。"万物皆备于我"似乎是个奇怪的主张，但把"万物皆备于我矣，反身而诚，乐莫大焉"这一整句读下

[①] John Dewey, "The Need for a Recovery of Philosophy", in *John Dewey : The Middle Works, 1899-1924*, vol. 10, ed. Jo Ann Boydston, Carbondale and Edwardsville : Southern Illinois University Press, 1980, p.46.

来,已经比只读那半句更贴近常情。"人不能两次踏进同一条河流"背后跟着一整套道理,"地球绕太阳旋转"背后有一整个理论支撑。结论古怪,所依的道理并不古怪,异常之理连在常理之上,连系于我们原来知道的道理。你要把我引向我还不明白的道理,但你用以说服我的道理,你所依据的道理,则是我已经接受的道理。我们可以通过常理的延伸,理解在何种意义上人不能两次踏进同一条河流,在何种意义上知即是行。

第三十节　自然理解

常理,也称常识。常识的一层意思是差不多人所共知的事实、关于一些简单而基本的事实的知识。烹调小常识是凡烧菜做饭的都知道的或应该知道的,说出来写出来给那些要学烧菜做饭的人学习。常识的又一层意思是这些基本事实中包含的道理,即所谓常理。接着这层意思,常识又指自然而然的理解,以及依于这些理解而生的基本的判断力。[①] 常识总括了解寻常事实、懂得寻常道理、自然而然的理解这些内容,整体上与了解不寻常的事实、懂得高深道理相对而言,尤其是与理论知识、理论体系相对而言。

事实和道理的区分一开始并不判然,朽木不可雕也,鼹鼠饮河不过满腹,既是事实也是道理。所以无足怪,常识一词既指寻常事实,也指寻常道理。我们所认的常理,本来就是寻常事实培养起来

[①] 汉语的常识通常与英文的 common sense 互译。但这两个用语不尽相同。相对而言,汉语的常识一词偏重于明面的事实,英语的 common sense 一词则偏重于事实里所含的道理。

的，知道了一批事实，自然而然就会领会这些道理，具有基本的判断力。我知道了麻雀是鸟、乌鸦是鸟、鸵鸟是鸟，也就明白了它们为什么是鸟的道理，下一次见到丹顶鹤，虽然我从前没见过这种生物，也没有人教给我它是哪类生物，我自能判断它属于鸟类。我背住了九百句英语，差不多也就学会了英语语法，虽然我没有专门学过语法。这种基于寻常事实的寻常理解，来得自然而然，我常称之为自然理解。

事实中包含着道理，这在很大程度上是因为我们确定事实的方式是一代一代前人传给我们的。换句话说，我们以如此这般的方式确定事实，本来就基于某些道理。这一点，从我们的语汇看尤其清楚。麻雀是鸟，乌鸦是鸟，确定这样的事实，有赖于我们有"鸟"这个词，我们有鸟这个词，是因为前人把动物分成鸟兽鱼虫，而不是把动物分成稀奇古怪难以识辨的类别。很多道理包含在前人传给我们的语词之中，包含在前人设置的各种实践活动的定规之中。孩子学钢琴，按老师的指示保持这样的手形，采用这样的指法，他也不问为什么，照此练习，渐渐明白了弹琴的道理。世上大多数事情是可理解的，且无须谁有特别强大的理解力。这是因为，前人通过语词，通过各种各样的活动定式，把他们曾经艰苦努力获得的理解一代代传给了我们。

第三十一节　非常之事与非常之理

常理，顾名思义，是些明显的道理。鲸鱼归在鲨鱼一类而不归在老虎一类，道理是明显的。太阳、月亮独一无二，金星、木星、天狼星、牛郎星都归在一类，都是"星星"，其中的道理也是明显的。

常识所关的既然是简单而基本的事实和道理，所以通常无须证明，也不用解释。常识是说：事情就是这样。我们看到水往低处流、火带来热、太阳东升西落，那就是水往低处流、火带来热、太阳东升西落。妈妈告诉我眼镜蛇会致人死命，老师告诉我仁读如人，那就是眼镜蛇会致人死命、仁读如人。我不去证明眼镜蛇会致人死命。没有特别的理由，我不怀疑妈妈和老师告诉我的事情。

不过，世上并非只有常情常理。万里无云，月亮圆圆，却来了月食。善有善报，却也不少见善良的人遭受无妄之灾。这些事情需要解释。何况，常与非常原无确定的界线。太阳东升西落，偏有人要问为什么不是西升东落，要问太阳落到哪里去了。君君臣臣父父子子，偏有人要问帝王将相宁有种乎。

所谓解释，就是要说出个道理来。道理从哪里来？如上所述，寻常事实之中已经包含着道理。我们搜索常识中的各种道理，看看哪一种能够应付相关的情形。世上有形形色色的常识，其中包含着多种多样的道理。这一种道理解释不通，就用另一种道理。爹娘都是大个子，怎么生出这么个小个子来？小时候没吃的。爹娘个子大，孩子也个子大，是常情；营养不良长不壮大，这也是常情。这一类解释，是所谓常识解释，其最通常的办法，是把反常的事情转归到另一种常情之下。

但总有不少事情，常识无能为力。为什么会出现月食？月亮被天狗咬了。这个解释依赖一点儿常识：月饼被谁咬了一口，就会缺掉一角，月亮被咬了，自然也缺一块。但这距离完整的解释还差得远。天狗是为日食月食特设的，平常不知道它还在干些什么。再说，它为什么每次咬了一口月亮，过一会儿一定又把它吐出来？磁石为什么会吸引铁屑？可以解释说，因为磁石有灵魂。这里依赖如下的常识：灵魂无须接触就能起作用。只不过，有灵魂的东西一般有动作有表情，磁石却没有这些。单因为磁石能吸引铁屑而赋予它灵魂，这种解释和没解释差不多。常识行之不远，常识本来就解释不了怎么看都反常的事情。

细致、系统观察到的现象，仪器观察和实验所产生的结果，更是常识难以解释的。水往低处流，可是在虹吸管里，水却升了起来。行星与恒星的步调不一致，这需要解释；更系统细致的观察发现，行星有时会逆行——相对于恒星，它不是从东向西走，而是从西向东走，这更加难以解释了。如何解释行星的特殊运动曾是古代天文学发展的动力。常识本来是在日常经验中培养起来的，而系统观察和实验却会发现很多与日常经验相异的事情。常识不知道这些事情，当然更谈不上因由这些事情形成理解。

日食月食、行星逆行、指北针、虹吸现象、人的无常命运，这些现象诱惑着好奇多思的心智。这些多思的心智，不自囿于常识解释，而是通过对形形色色道理的组织，发展出系统论理，进一步发展出理论，要对所有现象提供一揽子的整体解释。

第三十二节　系统说理

前面曾引用叶适的话说："物有止，道无止也。"他担心道理汗漫无际，建议我们"终归之于物，不使散流"。穷理却似乎是发散的；尝试穷理的学子，谁不曾有过迷失在汗漫无际道理中的经历？

不过，**所谓穷理，并不是一味发散**，而是向深一层去探究事物的所以然。所以然正是事物的拢集之处。我们关于世界的东鳞西爪的知识，通过对所以然的追问，收归原理的统辖之下，形成一个系统。希腊人所说的ἐπιστήμη，我们译作"哲学-科学"，便是在原理统辖之下形成系统的知。

亚里士多德把古希腊的四元素说加以发展，土向下运动，火向上运动，水和气在土、火之间运动，这四种元素的本性说明了世上万物的运动。四元素理论不只是物理学理论，希波克拉底把四元素说改装成四种体液的学说，用来解释人的生理、心理、病理。古人相信，人理和物理是相通的。直到哥白尼，自然的道理仍和人世的道理掺在一起，他论证日心说，所列的一条理由是：低卑者环绕尊贵者转动才合道理。

近代科学继承了这种系统性。重物抛到天上会落下来，火星环绕太阳转圈，地球是圆的而不是方的，尼罗河和大西洋的潮起潮落，这些事情看似毫不相干，但在牛顿力学里，它们都由同一个万有引力理论得到说明。

据此想来，只要我们向更深的道理追问，各种事物的所以然就会连成一片，"故自统而寻之，物虽众，则知可以执一御也"[①]。哲学-科学的最终目的并非探究此一事的所以然、彼一事的所以然，而是要通过探究这些具体的所以然最终达乎世界的深层原理，究其极以通万殊。实证科学之"极"，在于发展出"终极理论"，这个我们不谈。在哲学体系里，此一事彼一事的所以然，归宗于形而上学。形而上学

[①] 王弼：《周易注》，《王弼集》，党圣元、陈民镇注说，河南大学出版社，2018年，第141页。

研究统摄万事万物的最高原理。亚里士多德哲学是个无所不包的大体系，《物理学》研究自然界的根本原理，《伦理学》和《政治学》研究人和社会的根本原理，《形而上学》则研究两者共享的根本原理。

然而，当真能有什么原理贯通于万物万事吗？

第三十三节　贯通

把零星道理连成一片，使之贯通或一致，是论理自然而然产生的进一步要求。

我们格这一物悟出一个道理，格那一物悟出一个道理，这些道理，也许互相支持，也许"并行而不相悖"；也有可能，东一处西一处的道理，本来都言之成理，放到一起，却互相抵牾。《列子·汤问》里面有"两小儿辩日"：一个小孩说太阳早上出来的时候挺凉的，到了中午就热起来，热的东西当然是离我们越近越热，可见太阳在中午离我们近些；一个小孩说，太阳刚出来的时候那么大，到了中午就变小，什么东西都是离我们越远就越小，可见太阳中午离我们远些。两个孩子各自所持的道理都是再自然不过的常理，这个故事妙在找到一个焦点，让两种显然各自成立的道理互相冲撞。

穷理的基本努力在于贯通道理，把不相连通的道理连通，找出矛盾的症结，把它松解。陆九渊批评朱熹，说他不是见真道的功夫，今日格一物，明日格一物，便支离了。这个批评偏颇。朱熹原是以贯通来解说格物致知的，"所谓致知在格物者……一旦豁然贯通，众物之表里精粗无不到，吾心之全体大用无不明"[1]。一个没有把种

---

[1] 朱熹：《大学章句》，《朱子全书》，第6册，上海古籍出版社，2010年，第20页。

种道理融会贯通的哲学家叫什么哲学家呢？

在系统说理的努力中，穷理者最需要培养的一种敏感，是觉得出何时道理贯通，何时只是面子上把话说圆。自圆其说、把话说圆这些话有双重含义。正面的意义是把道理贯通。另一个是贬义，大致是说"仅仅把话说圆了，道理没有圆"，相当于说，天花板渗水，我不去修补天花板，只是抹上一层白灰让我们看不见水渍。想当然地在图纸上把道路都连在一起，不等于道路已经连通。道理的贯通并非只是在道理世界中连通，融会贯通，是要让道理在事中贯通，所要贯通的是事理，即世界的道理，并把这些道理融会在我们的经验、情感、行为之中。唯融会贯通的道理才是真道理，否则成了没有体悟的"从概念到概念"。①

系统说理通过一套原理贯通各种具体问题。一部论理著作，洋洋洒洒数十万言，读者有时觉得，其中心思想可以用五百言说清楚。不少作者的确啰唆，经常，啰唆是由于问题没想清楚，这些且不去说他。但洋洋数十万言不一定都是啰唆。根本的道理，也许三言两语就说尽了，甚至不说也罢。难倒难在碰上具体的困惑，那套原理怎样来解惑。原理在它解释具体困惑的范例中呈现其力量。道理原从事上才真切理会得到，所以，**穷理必依乎格物**；"耻一物之不知"这个要求也许过高，但确实可说"非真积力久，与多学而识，则固

---

① 关其侗翻译杜威的"Knowing and the Known"（《认知与所知》，载于《资产阶级哲学资料选辑》第十一辑，上海人民出版社，1965年，第240—242页），把transaction译作"贯通"，杜威在那里谈的是认知与所知之间的transaction（交通），并特地谈到transaction当今的主要用法：商业交易，包括交易双方、交易的物事，以及支持个别交易的更广大的环境。个人及其各种活动，包括认知，都须在这种"社会性"中来看待。后世哈贝马斯的交往理论、麦金太尔的叙事理论都可由此生发。

无所据为一之贯也"①。原理并不是几个现成的句子,原理的力量端在于打通这处那处的困惑:"故必推极其虚灵觉识之知,以贯彻无间于天下公共之物,斯为儒者之学。"②今日格一物,明日格一物,确有支离的危险,但若不面对这危险,必流于些空道理。独自关在屋里想得头头是道,一片得道之感,到了实际生活中,事事不得其道,学儒以为治道在胸,不知钱米,学佛超乎色相之外,遇事慌张焦虑。贯通不是顺顺溜溜发展,而是克服。

贯通起步时,是用已经确实明白的道理来解释尚不明白尚不确实的,"学者即凡天下之物,莫不因其已知之理而益穷之"③,但已经确实明白的道理并非现成不变,它只有在贯通的进程中才变得更加明白,更加确实。贯通和格物循环往复,周行不殆。要把一个棚子搭建结实,一开始立下的木桩必须比较牢固,但唯当这些木桩经由整个构架连成一体,它们才真正立牢,不再摇摇晃晃。我们努力贯通各种理解,各种理解的互相支持使得每一种理解更加确实。

第三十四节　建筑与网络

论理写作时,我通常先把有关同一个话题的笔记集中到一起。成文过程中,常碰到这样的情况:几段话,都有所见,但它们连不起来;不是它们互相矛盾,而是,着眼点相差很远。把它们连起来,

---

① 章学诚:《文史通义·原道下》,叶瑛校注,中华书局,1985年,第140页。
② 黄宗羲:《明儒学案·甘泉学案六》,《黄宗羲全集》,第16册,浙江古籍出版社,2012年,第1122页。
③ 朱熹:《大学章句》,《朱子全书》,第6册,上海古籍出版社,2010年,第2374页。

所费的力量远大于写出这几段话。你会问：为什么非要追求体系性？并列放着不好吗，硬行连到一起多人为啊。然而，系统说理本来也是说理的一种自然倾向。并列放着当然也好，但连在一起，展现不同端绪不同旨意之间的联络，使得原本的旨意获得一种新的意义，惊鸿好，水滨也好，惊鸿照影，别一幅景象。

系统地说理，把零星道理连成一片，是一项有其特点的工作，需要专门的努力才能有所成就。我们平常人都能东说出一种道理，西说出一种道理，但只有尽心于说理之业，才能把道理连成一片。所以，尽管人人都会说理，系统说理却像是个专业。

系统性是区分哲学-科学家和感想家的一个重要标志。系统性的简易标志是体系文体。柏拉图开始了这种文体，亚里士多德进一步发展。此后，从卢克莱修到康德、黑格尔到维特根斯坦的《逻辑哲学论》和海德格尔的《存在与时间》，哲学家通常采用体系文体。

最典型的体系文体是建筑式的。在一个体系建筑中，我们可以明确地或依稀地区分出最高原理、次级原理、再次级原理等等层次。《纯粹理性批判》是这种建筑模式的典型，康德在该书中且有专章讨论体系的建筑术："我在建筑术名下所理解的是（建构）体系的艺术……建筑术是关于我们一般认识中的科学性的东西的学说……在理性治下，我们的一般认识绝不可以构成一首狂想曲，而必须构成一个体系。"[①] 胡塞尔接过了康德的理念。据他认为，在他之前，哲学还"根本没有任何学说体系。这里的一切都是有争议的，任何一个表态都是个人信念的事情，都是学派见解的事情，都是'立场'

---

① 康德：《纯粹理性批判》，B860。

的事情"。现在，胡塞尔要来（如果从哲学史上说，是又一次来）为"未来哲学体系"奠定基础，"以一个确定无疑的基础开始，像任何一座出色的建筑物一样，自下而上地耸入高空"。[①] 历史上有那么多哲学家（更不知有多少无缘"进入历史"的哲学爱好者），认为此前的所有哲学都是从头错起，于是立志为哲学从新奠基，每一个都相信，从他开始，哲学将获得稳固的基础。怀抱此澄清宇内理想的，胡塞尔大概是伟大哲学家中最后一位。

20世纪，海德格尔、维特根斯坦等哲学家，在很大程度上依于对哲学和科学的相异性质的理解，越来越意识到这种建筑模式的体系形式扭曲了穷理的努力。他们放弃了体系构造。后期维特根斯坦采用的方式尤接近于散点透视，他在《哲学研究》序言里曾说明采用这种方式的理由。建筑模式的体系形式的式微反映了现代思想家对哲学的新理解。

放弃体系文体并不意味着放弃了穷理的系统性。帕斯卡尔的随感录并不是感想汇集，其中的洞见体现出对世界的一种整体的、结构性的理解。孔子、尼采、后期维特根斯坦也一样。人类理解有穷理倾向，有寻求连贯、融贯的倾向，但这种倾向不一定要向"建筑学"发展，它也可以向网络发展。网络式的体系的基本思想是，哲学固然追索原理，但并没有唯一一套固定原理，每一个道理与其他道理互相交织。实际上，康德体系，胡塞尔体系，如果不从外观而从实质看，本来就更近于网络而非建筑，在这个体系里，有些部分交织得紧密，有些部分松散相连。不仅每一个哲学体系是一个网

[①] 胡塞尔：《哲学作为严格的科学》，载于胡塞尔，《文章与讲演》，倪梁康译，人民出版社，2009年，第5—6页。

络，而且，各个体系也不像一座座并立的建筑，而作为各有特色的网络编织在更大的网络之中——康德体系的一部分与休谟编织在一起，一部分与卢梭编织在一起，一部分与沃尔夫编织在一起，后起的黑格尔体系，又有大片大片与康德体系编织在一起。各个体系不同而相通，通而不同。

近代哲学曾十分关注"从哪里开始"、从何种原理开始的问题，然而，网络没有开端。我相信，穷理必定是循环式的，而非线性的发展，相应地，从哪里开始是教育的艺术，而非逻辑的必然。

与网络式相比，建筑式更倾向于把系统性视作发明。因此，针对康德这段话，胡塞尔争辩说，哲学的系统性，或用他的话说，"科学的系统性"，不是发明的，而是发现的、发掘的。关于发现道理还是发明道理，前面已经论及，大意是说，一般说来，穷理在一个意义上是发现，在一个意义上是发明。实际上，网络观念恰恰适合来说明这一点。随着不同的基本洞见转变，依乎不同的大道，各种道理会有不同的组织，呈现不同的面貌。一批线条，这么看形成这样一幅图案，那么看形成那样一幅图案，都是发现，但这里，"发现"不预设原理的现成性和系统的唯一性。哪些道理是大道，哪些事情是最重要的事情，孰轻孰重，孰彰孰隐，固然并非全无标准，却没有普遍接受一成不变的标准。道理在哪里拢集，原理就在哪里。

第三十五节　体系需要生活世界的支撑

在系统论理中，论理者的源始经验变得浅淡了。理固然不能还原为经验，但一个论理系统不可能脱离论理者的经验世界。康德重这个理，轻那个理，不是和他的经验、他所读的书、他所承接的传统有关吗？不妨称之为偶然因素。脱离了所有经验，理就空洞了。肤浅的哲学史把主要精力用来寻找时代与思想的联系，但也没有哪本哲学史能反过来从零开始讨论一个哲学家。论理从不能完全离器言道，道理之间的联系断断续续，它们部分地由作者的生活世界连结在一起。道理相连而成为一套道理，并不只是由道理的内在联系支持的，而在相当程度上是由实际生活世界支持的。民重君轻的道理和忠君的道理是那么互相冲突，但在实际生活中，这些道理的冲突被大大缓解了。从逻辑结构上说，功效主义理论建基于其快乐概念，而它的快乐概念支离破碎，但功效主义并不因此毫无道理，尤其在边沁、密尔等人的社会改革实践中显出很多优点。

有些道理较为系统地互相支持，有些道理更多依赖生活世界的支持。这些生活世界，随地域随时间不断变易。荀子、柏拉图、亚里士多德，他们并非就事论事发表议论，他们心有系统，其体系包罗万象，但总有一些他们所讲的道理，还有他们的很多论证，我们今天读来，觉得完全不能接受了。没有哪个哲学系统完全从理到理，形成一个无所不包处处严密缝合的系统。没有哪个哲学体系是完全自洽的，无论多么伟大多么严格的哲学家，研究者总是会指出你在何处自相矛盾，你在何处不能自圆其说。

就此而言，康德是过于自信了。康德在《纯粹理性批判》第二版序言中说，就实质内容而言，他"没发现（对第一版）有什么要修改的地方"，这在很大程度上是缘于"纯粹思辨理性的本性，它包含着一个真实的结构，其中的一切都是有机器官"，因此，哪怕一个小小的缺陷，"在应用于整体运作之际，都不可避免地暴露出来"。康德据此认为"这个体系今后也将长远保持这种不变性"。① 众所周知，两版《纯粹理性批判》在实质内容上有极大的差异，后世也鲜有谁把康德体系原封不动地接受下来，"保持其不变性"。对于系统说理来说，有机体是个过强的比喻。这个比喻常用在艺术品上，在何种意义上一件卓越的艺术品当真完美得动不得分毫，还待探讨，但我们承认艺术作品有时臻于完美，我们却从来没见过这样的说理系统。

第三十六节　统一思想就是没思想

前面曾问：当真能有什么原理贯通于万物万事吗？哲学努力贯通道理。但没有哪个体系贯通了天下所有道理。谁要是认为他能够提供一套生活的完全自洽的道理，他的野心就偏高了。即使你完全自洽，生活中还有那么多其他的道理、道路。或曰，以圣人之理为准。你有你的圣人，耶教、释教另有圣人。孔子还说道不同不相与谋呢。

庄子说，道术将为天下裂，其实，大道一经明述，必至乎此。理知时代不是观念统一的时代，而是观念分歧的时代。汉武帝后所谓独尊儒术，不可当真，统治集团王霸杂用，思想观念领域中，道家、佛学、阴阳谶纬，从不曾让儒学一家独行，就算那点儿思想观念的有限划一，很大程度上也是皇朝政治力量所致，而不是学术争论最后统一到了孔孟。麦金太尔面对当代观念公说公有理婆说婆有理的局面，于是幻想希腊人或中世纪人如托马斯曾经提供一套逻辑上自洽的道理。然而，希腊像我们的先秦一样，道术何尝不为天

---

① 康德，《纯粹理性批判》，BXXXVIII。

下裂？亚里士多德在中世纪后半被称作 the philosopher，部分由于古希腊的思想纷争大一半尚不为中古学者所熟悉，也由于人们那时生活在宗教文化中，对定于一尊不以为忤。"统一思想"这样的话，本来就是矛盾用语。统一思想就是没思想。

第三十七节　哲学作为对话

我们每个人从自己特有的经验悟出一些道理，如果你是某个行业的专家里手，例如，是个建筑师，不少道理会是从建筑行业悟到的。但建筑师不一定只关心建筑这个行当内部的道理，他也可能关心建筑与权力的关系，建筑与神、与人、与环境的关系等等。他是从建筑行业悟到的这些道理，与他的建筑技术和建筑知识连在一起，但他若要向外行讲这些道理，就不得不尽量使它们与专业技术和专业知识脱离开来。不同专业的人能够**对话**的道理是这些一般的道理。如果建筑师单讲建筑学专业里面的事情，那就不是对话，而是给外行上课，外行只有听的份儿，像小学生那样。

不妨说，对话依赖于对话者的共同经验。不过，若细说，引起我们兴趣的并非我们的共同经验，倒是依栖于我们的共同经验让自己的特殊经验得到理解，以及对别人的特殊经验获得理解。

一个建筑师和一个古音韵专家，坐在一起，他们讨论道理，争论道理，所讨论所争论的是那些超出专业领域的道理。他们既是专家，也是好道者。所谓"道"，指的是超出切身利益、超出特定行当的比较一般的道理；庖丁说"臣好者道也"就是这个意思。就哲学之为好道言，我们每个人身上都有一个哲学家。没有人完全不关心切身利益专业领域之外的一般的道，只不过有人兴趣更浓烈些，有人寡淡些。我一向认为，**唯因我们每个人身上都有个哲学家，哲学才是一项有意思的活动**，如果只有职业哲学家谈哲学，哲学就会变得很无聊。

那么，我们要职业哲学家干什么呢？首先我想说，哲学不是一个专业知识领域，哲学家没有专业知识。我以前在西语系读书的时候，别的系的同学会说，噢，你是没专业的。后来到了哲学系，更没有专业了。哲学不是化学或者建筑学那样的一门专业，什么是哲学生的专业知识？哲学本来只是理，不是知识。我们常听到，哲学与物理学的对话，哲学与建筑学对话，这些提法误导，好像哲学是与建筑学等等相平行的专业。建筑学家与经济学家的对话，可说是学科间对话，他们大概会谈论建筑和财政的关系等等。建筑学与哲学的对话，意思大概是说，建筑学家现在要在哲学的层面上说话，不是学科间对话，是超学科对话。建筑学家现在不是要讲课，不是要讲建筑学内部的知识和道理，而是要从建筑学出发讲一般的道理。建筑学家与经济学家的对话，也可以是超学科的对话，谈的不是建筑和财政的关系什么的，而就是在谈哲学，讲一般的道理。这种对话，就是哲学层面上的对话。在这个意义上，哲学也是一个单独的领域——从各个领域开展的穷理活动在这里相遇、交汇而形成的领域。

说到一般的道理，如前面讲到过的，若把它想成无所不包的大道理，最抽象最普遍放之四海而皆准的道理，如一分为二之类，一般道理就成了最没意思的道理。我会说，一般道理是使各种局部道理贯通的道理。再通俗一点儿：一般道理就是那些外行能够听懂的道理——建筑学家、经济学家、化学家、楚辞专家在一个沙龙里可以共同讨论的那些道理。

从前,各个行当都还没有高度分化,每个人各有所长,但大家能够交流的东西很多。17、18世纪的欧洲,哲学家、神学家、研究物理的、研究音律的、好学的公子王孙,济济聚在同一个沙龙里,互相启发。学者都是半个专家,半个哲学家。如今,每个专业都有太多太多专门的东西要学,专家和哲学家分开了,很多专家,出了自己的专业,不知道怎么对人说理。一个优秀的建筑师,在建筑学课上不一定是最好的教师,更不一定长于把建筑学的道理延展到一般的道上。另一方面,哲学家很难在哪个领域有扎实的专业知识。

哲学家没有专业知识,但他就没有一点儿长处吗?有的。首先,他的长项是在穷理方面。哲学家往往不是最富生活经验的人,不是某个专业中的专家(不过,像前面说到过的,我们还是希望哲学家多懂一点儿,多一些生活经验,多一些知识);如今生活花样繁多,专业分得精细,尤其如此。有生活经验的人好道,专家里手好道,他们先在道上跑了起来,哲学家接过他们的思想继续跑。在思想的接力跑中,哲学家往往不是跑第一棒的。其次,穷理的训练有助于提高一般论理的能力,更确切地说,各种特殊道理之间的翻译能力。我从别的地方领会的道理,也许可以与建筑学中的某些道理会通。不懂建筑的人能不能谈建筑的道理?庖丁是解牛大师,庄生不是,但庖丁也许时而愿听庄生谈谈解牛。各种特殊经验特殊知识领域之间就一般道理展开的对话,就是哲学交流,而会通各种特殊道理的翻译能力有助于维护展开这种交流的平台。这时候,我们可以把哲学家视作公共论理平台的维修工。

穷理与通过参与公共讨论来维护公共论理平台是相互联系但各有所趋的工作。可以维特根斯坦为前一种趋向的代表,以哈贝马斯为后一趋向的代表。这两种趋向之间同样处在不间断的对话之中。

最后,哲学作为对话,还有一重最重要的意义。依前所论,并没有哪个哲学体系以唯一的方式贯通天下之理,那么,哲学家(包括或主要是指每个人身上的哲学家)之间,永远处在对话关系之中,而非哪一个体系兼并另外的体系。自由主义和保守主义之间,有可通之处,可以对话,却不能像硕士生写论文,最后总结说,自由主义是一片面,保守主义是一片面,真理在于两个片面的结合或统一。怎么一来那些大思想家各自片面而这学生倒成了全面?你的统一在"更高层次"上看仍是一片面?那么我们在通俗黑格尔主义的路子上不断升高,最终来到绝对的统一或综合?想想谁实际上通过这条路子达到了至高无上别无分店的统一?自由主义是一贯通,保守主义是一贯通,如果你竟跳出自由主义、保守主义而有所贯通,你也是一贯通,但也仍然是一种贯通,与自由主义、保守主义相并列的贯通。

第三十八节　初级反思与哲学之为治疗

我们平常说理,是在具体事境中说理,哲学好像摆脱了具体的事境,转变为纯说理,进入了纯粹的道理世界。在这个转变中,我们都有犯一些特定错误的自然倾向,可称为"初级反思的自然趋向",例如过度概括、简单两分、把单一隐喻理论化,例如视理如物,视政治哲学为帝王术,视幸福为主观感觉,例如我们无法知道他人的心的自我理论，例如抽象共相理论，语词意义的指称论和心理意象论，人皆自利的伦理学理论。本书要较详讨论的感觉资料理论是另一个突出的例子。初级反思的总体态度是把哲学思考的目的视作获取哲学结论，仿佛哲学的归宿是由一系列结论组成的理论。然而，初级反思获得的诸多"哲学命题"，原是概念思考的牙牙学语，在一个意义上构成了哲学的开端：哲学是对这些初级反思的质疑与批判。

指出初级反思中的错误，比哲学理论之间的互相争辩更为基本，更富意义，因为它们是我们人人身上的哲学家所犯的错误。当然，"初级反思的自然趋向"和大哲学家持有的理论通常交织在一起。大哲学家之为大，我猜想，恰在于他们是在阐发我们人人身上的哲学家想阐发的东西，包括犯下我们身上的哲学家要犯的那些错误。[1]

我们都知道，维特根斯坦常把哲学视作智性治疗。实际上，这是个其来有自的思想传统。柏拉图把哲学比作药物。塞涅卡有本书的题名就是"哲学治疗"[2]。尼采在很大程度上要把哲学从提供普遍真理转为对错误观念的诊断。

哲学的治疗意义应该是明显的，但我以为，曲曲折折之后，才能说哲学的主要意义在于智性治疗。"哲学之为穷理"也许容易掩盖哲学之为治疗。但这在很大程度上是由于我们把道理视作摆在那里等待我们发现的东西。天下的道理多多，多到无限；需要讲述的是那些道理——它们针对讲错的道理，针对经常被误解的道理。

---

[1] 奥斯汀说："毕竟，哲学被用作替罪羊，它展现的错误实际上是每个人在犯的错误。" J. L. Austin, *Philosophical Papers*, Oxford University Press, 1961, p.239.

[2] 塞涅卡：《哲学的治疗》，吴欲波译，中国社会科学出版社，2007年。

王小波讲述的那些道理，在美国读起来意思不大，在我们这里则可能振聋发聩。我不会跑去告诉你我发现男人容易喜欢漂亮的女孩，"男的不坏，女的不爱"却是个有意思的道理，因为我们傻人一直以为像自己这样善良才能讨女孩喜欢呢。这一层，在穷理活动中变得不那么明朗了，因为穷理似乎离开了日常的争点。实际上，我们的确读到很多哲学论文，兢兢业业地争论着什么，只是不明白争它作甚。然而，根本道理像普通道理一样，不是摆在那里等待我们发现的东西。穷理也是有争点的，是批判性的。一般说来，穷理的批判矛头所针对的是初级概念反思几乎不可避免会落入其中的那些错误，简单地说，一般被我们称作哲学的东西恰恰就是哲学所要治疗和批判的。于是，"哲学"这个词就有双重意义。初级反思也是对常理的反思，这种哲学通过反思超脱常理，上升为理论；进一层的哲学解构这些哲学理论，实际上，尼采、海德格尔、维特根斯坦都在双重意义上使用哲学这个词，他们一方面把哲学当作要被批判的东西，一方面把自己的工作称为哲学工作。

第三十九节　中西哲学的区别

中国有没有哲学？西学东渐以来，就断断续续有这方面的争论。可惜，这些争论中情感多、义理少，核心情感大概是，西方人有的，咱们都有，要说中国没有哲学，就是贬低了中华文明。

以哲学为穷理、系统说理，中国当然是有哲学的。孔子讲了一套道理，墨子讲了一套道理，老子讲了一套道理，都是事关华夏文明何去何从的要紧道理。哪套道理是真道理？哪套道理是最要紧的道理？庄子、孟子、后期墨家、荀子，一面继承了某位前贤的大思路，一面要驳斥别家的道理，自然要辨析各种道理，发展出更明确的系统。魏晋玄学辨名析理，宋明儒学格物穷理。至于中国的佛学，我以耳闻之知，敢说它一向长于穷理。

但西方思想史家多认为哲学完完全全是一种西方传统。哲学是个舶来词，理应首先由西方思想传统来界定。不消说，这个传统极其复杂，但还是能大致指出几个突出的特点。西方思想的核心是探求必然真理，这种探求在西方产生了形而上学、神学、自然科学、逻辑学，并且使得数学在西方文化中一直占有显赫的地位。与之相连，西方思想长于提供各个特定存在领域的思辨理论。最简化地说，西方思想营建哲学理论，形成了哲学-科学传统。

对照以西方思想，中国思想不大在意对必然真理之为必然的论证，不认真建构各存在领域的理论，没产生逻辑学。

西方人有的，我们也有；万一我们没有，就得问我们为什么没有；这条思路我曾反复质疑。西方思想传统本来像其他传统一样，是个特殊的思想传统，为什么它有的我们就该有而不是反过来？胡塞尔在《欧洲科学的危机和超验现象学》中自问：欧洲人自身是否担负着一个绝对理念，而不是像中国思想或印度思想那样仅仅是经验的人类学类型？他自己倾向于回答 yes，我倾向于回答 no。西方文明近代以来事实上遍及全球，并在很多方面提供了典范，在这个背景下，我们会问为什么有的东西西方人有而我们没有。至于西方有绝对理念，这的确是西方的一个特点，但在我看，它是这样一个特点：西方思想围绕着绝对理念的观念创造了一种特殊的思想传统，一种特殊的"经验的人类学类型"。

中国和西方都通过说理达道,差别在于托住道、使得盘道不至于盘空的东西是什么。西方有关于自然的思辨理论,即自然哲学,这一部分却是中国思想所不关心的。就此而言,中国并没有西方思想意义上的 metaphysics。Metaphysics 我们译作形而上学,这是个很不错的译名。但像其他基本概念的译名一样,带来的遮蔽也不少。简单说,中国没有自然哲学-物理学,因此就不会有 metaphysics,元自然哲学-物理学。但若说中国没有形而上学,显然是说不通的,"形而上"本来是个汉语词嘛。

在中国思想传统中,盘道极少与物理学相关,它没有走空,依赖于它与现实政治的联系。余英时在《朱熹的历史世界》里问,道学"究竟是属于哪一类的学问?"[①] 他在那本书里,反复强调,他并不想把宋明理学归结为政治学说,但他的实际取向则相当明显:盘道穷理寄托于修齐治平。西方汉学家注意到相似的特点。马恺之说,"中国哲人几乎从来不重视严谨的方法或体系",中国思想"几乎没有任何纯粹理论活动的痕迹",儒家圣人关心的,始终是政教制度问题。[②]

我还愿提到中国思想与西方哲学的一个重要区别。中国一向没有确立的宗教传统,于是,中国"哲学"在很大程度上承担了宗教在西方精神世界中的任务。

这些议论,大而化之,我姑妄言之,本书各处,会对这里所说的做出呼应。

---

① 余英时:《朱熹的历史世界》,生活·读书·新知三联书店,2004年,第9页。
② 马恺之(Kai Marchal):《中国的施特劳斯思想旨趣》,载于《中国图书评论》,2008年第10期,第80页。

第二章　哲学为什么关注语言？

第一节　语言转向

哲学穷理求道，道与言说关系密切。这从道和 logos 这些语词就已经透露。孔子的学说以正名始。老子开篇说"道可道非常道"，虽然在说常道说不出来，却恰在这个开端处强烈提示了道与言说的密切联系。20 世纪西方哲学的"语言转向"，更明确地提出"全部哲学都是'语言批判'"（维特根斯坦，TLP, 4.0031）。

语言转向所取的方向经常被概括为：所谓哲学问题，其实是语言问题。我后面将对这个提法提出质疑，眼下，我们可以从这个简单的着眼点来看看一些大哲学家的阐论。

威廉·詹姆士在《实用主义》第二讲中讲了个小故事。詹姆士与一些朋友去郊游，朋友们为一个"形而上学"问题起了一场争论。他们设想，树上有一只松鼠，游人张三站在树的另一面，他想看见那只松鼠，就绕树转过去，但他转，松鼠也绕着树转，无论他怎样转，松鼠总在树的另一面。现在的问题是：张三是不是在绕着松鼠转？朋友们请詹姆士裁决，他裁决说，答是或不是，要看你**实际上**说"绕着转"是什么意思：若它是说顺次处在某物的东南西北，那么应该答"是",若是说顺次处在某物的正面、左面、后面、右面,则应回答"否"。

詹姆士那个故事挺平俗的,但他是要从这个故事引出实用主义的根本旨意:只有造成实践后果差别的概念差别才是真正的概念差别。所以他在"要看你**实际上**说'绕着转'是什么意思"这句话里特特把"实际上"这个词加了重。詹姆士又把这个故事跟对传统形而上学的批判连在一起。在詹姆士看来,世界是一还是多,是命定的还是自由的,是物质的还是精神的,这些问题都与是否绕着松鼠转同类。于是,他就可以主张用这种"实用主义方法"来解决争执不下的形而上学问题了。①

罗素在评论苏格拉底方法时说:我们讨论"什么是正义"这样的问题,并不是因为我们对所讨论的事情缺少知识从而不能达到正确的结论,而是没有找到一种适当的逻辑来讨论我们已经知道的事情,要确定什么是正义,所需考察的是我们使用正义这个词以及某些相关词的方式。"我们所作的只不过是一桩语义学上的发现,而不是一桩伦理学上的发现。"②

维特根斯坦的表述可说更加精细:

> 我们不分析现象(例如思想),而分析概念(例如思想的概念),因而就是分析语词的应用。(《哲学研究》,§383)

---

① 詹姆士:《实用主义》,陈羽纶、孙瑞禾译,商务印书馆,1979年,第25页及以下。

② 罗素:《西方哲学史》,上卷,何兆武译,商务印书馆,1963年,第130页。

蒯因所谓的语义上行（semantic ascent）也是一例。语义上行的要点是把关于事质差异的讨论转变为关于语词差异的讨论。在蒯因看来，语义上行策略有助于我们避免很多无谓的争论。例如，关于外部世界是否存在的问题曾在哲学史上争论不休，而且似乎也争不出什么结果，但若我们转而讨论我们是在什么意义上在何种系统中使用存在这个词，问题就容易得到澄清。

第二节 语言或概念 vs. 事质

上面几位哲学家大致都在谈论一种两分，一边是语言或概念，另一边是事质。维特根斯坦说：

> 必须问的不是：什么是意象（Vorstellung），或具有意象的时候发生的是什么；而是"意象"一词是怎样用的。但这不是说我要谈论的只是语词。因为，若说我的问题谈论的是"意象"这个词，那么在同样的程度上追问意象本质的问题谈论的也是"意象"这个词。而我说的只是，这个问题不是可以通过指向什么东西得到解释的——无论对于具有意象的那个人还是对于别人都是这样；这也不是可以通过对任何过程的描述得到解释的。意象是什么这个问题所询问的也是一种语词解释；但它引导我们期待一种错误的回答方式。(PU, §370)

我们要问的不是意象这种东西，而是意象这个词、这个说法。哲学不是事质研究，而是语言研究（概念研究）；我们必须问的不是什么是意象、感知、意识、思想、实在、真理、时间,而是意象、感知、意识、思想、实在、真理、时间这些词是怎样用的。

我首先想说明,维特根斯坦在这里并不是提出一个建议或命令,而是在说明哲学实际上在做什么、能做什么。要解决人权问题上的争论,得弄清很多事实,比如说中国的人权记录有哪些内容,是否可靠,这个你要去做调查研究,要去查档案。这不是哲学工作。但这个争论也可能涉及人权这个概念,要去澄清人权概念,连带要澄清权利、幸福等概念。我们怎么"研究"真理呢?真理不是一物;不像白鱀豚,我们可以捉两条来,养在拦住的江湾里,就近观察它的活动、习性,甚至解剖它,查看它的五脏六腑。但你不可能这样研究真理,你不可能把"真理"拿来观察、实验。所谓"研究"真理,只能是说,研究在种种情况中,我们是怎么确定某物某事为真的。而这话似乎又可以说成,我们在哪些情况下正当地使用"真"这个词。

概念层面上的考察和事质层面上的考察的两分当然是极其粗略的,关于这一区分的更多内容,关于两者之间的交织,后文还将逐步展开。

第三节 反形而上学

在维特根斯坦看来,区分语言研究(或概念研究)和事质研究,与反形而上学紧密相连。维特根斯坦说:

> 哲学研究:概念研究。形而上学的根本之处:没弄清楚事

实研究和概念研究的区别。形而上学问题总带有事实问题的外表,尽管那原本是概念问题。(RPP Ⅰ,§949)

西方思想一直追求必然真理,哲学或ἐπιστήμη区别于δόξα,大致就在于前者追求必然的、永恒的知或知识,后者则是些偶然的、变幻不定的看法。形而上学揭示事物的必然的、不移的真理:一切物体无例外地都有广延,2+2=4,白色是最浅的颜色,等等。可在维特根斯坦看来,它们并不是关于世界的命题,它们之为真来自语言自身的设置方式,来自我们的概念方式。换言之,它们是些语法命题。简单地可以这样说:我们只把具有广延的东西叫作物体,就像我们只把有长度的物体叫作棍子,一切物体都具有广延之为"必然真理",恰似每根棍子都有长度之为"必然真理"。

一切物体都具有广延,白色是最浅的颜色,人不能两次踏进同一条河流,这些命题都不是关于事实的,虽然它们看起来非常像是,容易被认为是关于物体的、关于颜色的、关于河流与变易的命题,被认为是关于这些东西的知识或真理,而且是关于这些东西的必然的普遍的真理。而这种误认,在维特根斯坦看来,正是形而上学的根源。

哲学不是关于世界深层结构的研究,而是关于陈述方式的研究,是语法性的考察——

> 我们的探究面对的不是现象……我们思索我们关于现象所做的陈述的方式。因此奥古斯丁也在思索关于事件的持续,关于事件的过去、现在或未来的各式各样的陈述。(这些当然

不是关于时间、过去、现在与未来的哲学命题。)

因此,我们的考察是语法性的考察。(PU,§90)

有时,事情相当明显,一经点明,我们就会看到每根棍子都有长度、妻子都是女的所涉及的是我们陈述世界的方式而不是在对世界做出描述;有时候,这一点需要通过繁难的分析才显现出来。哲学工作主要就在于进行这些繁难的分析。通过适当的分析,我们将能看到,白色是最浅的颜色,人不能两次踏进同一条河流,命题的一般形式是:事情如此这般,2+2=4,等等,也都是语法命题。很多谬误的哲学命题,例如,语词的意义在于它指称的东西,感觉语词指称私有感觉,理解是一个心理过程,也不是关于事实的错误,其为谬误无法通过考察事实加以揭露,所需要的是通过语法分析揭露其为谬误。在分析过程中,维特根斯坦澄清了一系列语法:我有疼痛不同于我有藤椅,我疼和他疼有不同的语法结构,意谓不是行动动词,wissen(知)一词的语法与können(能)的语法接近,等等。这些分析都是对语法的分析,这同时表明,这里的哲学谬误根本上源于对语法的错误理解。

事质研究和语言研究(概念研究)的区分,进一步说,是科学与哲学的区分。近代哲学的很多根本问题在科学与哲学分野的大背景下来看才能看得更清楚。这是因为,philosophia 曾为一切知识的总称,在牛顿革命之前,我们现在称作科学和哲学的这两样东西始终是混在一起的。今天,哲学与科学各司其职。例如,从前,人们会说,哲学提供世界的整体图画或整体结构;今天人们不会这样说了,人们要想知道哪些星星离得远哪些离得近,要想知道宇宙一开始是什么样子，怎么发展到今天的样子，他们去问霍金，不去问维特根斯坦。即使今天仍然没有完整的生理心理学感知理论，但我们大致知道生理心理学以何种方式工作来研究感知。科学家要确定感觉是什么，不只是总在那里考虑感觉及其相关概念，科学家研究感知的生理-心理过程、机制，他或者通过更细密的观察，或者设计一些实验，寻找新的事实，用仪器去记录实验结果；他提出假说，建构理论，从外部来说明这些事实，通过对机制的掌握来说明这些事实。这些事情，哲学家干不了，他如果也研究感知，他不是研究视网膜、神经传导等等，他研究看、看见、看作、错觉、幻觉这些概念之间的分合，研究看、听、感知这些概念及其联系。哲学家是要澄清我们说到感觉，是在哪些意义上说的，例如感觉与理解是什么关系，理解与思想、与意义是什么关系。哲学所考察的，是我们有所使用的概念。哲学关心的是包含在自然概念之中的道理。它们结晶着我们的自然理解。我们普通人会正确使用这些概念，例如感觉这个概念，就此而言，我们已经知道包含在这个词里的道理，但我们不知道怎样明述这个道理，明述我们在使用中已经知道的东西。这种探索不可能指望脑神经科学更加发达之后就有了答案。在脑科学出现之前，我们早就有了感觉这个词，早就在用感觉这些词说话。哲学问题如果有答案，现在就有答案。当然，如果脑科学改变了我们对感觉一词的用法，如果我们的感觉概念改变了，对感觉的概念考察就会是另一个样子。不过，这并不是通常出现的情况。脑科学会重新定义感觉，但它提出的是技术性的定义，从而创造了一个新概念，一个科学理论概念。自然语言中的感觉概念并没有被取代，而且甚少改变。脑科学并不对老的概念问题提供回答。

维特根斯坦所说的"没弄清楚",指的是把概念研究误当作或混同于事质研究,以为哲学可以通过思辨把握世界的一般结构和法则。阿尔斯顿总论说:"传统上人们总是觉得,概念分析的工作无论怎么重要,那毕竟是一项初步的工作,哲学家的终极任务是获取对世界的基本结构的充分理解、获取关于人类活动和社会组织的一套充分的标准。"但是在我们的时代,人们已经不再相信这些任务可以由哲学家坐在沙发上完成,也许还只有概念分析适合于哲学家去做。[①] 生理-心理学不是通过语言分析来研究感知的,实际上,如果我们的语言不敷用,科学家就创造他们自己的语言。

宽泛地说,科学是事实研究或事质研究,而哲学家若把自己的工作即概念考察误当作或混同于事质研究,那么,他不是把哲学变成了科学,而是幻造出了一种东西:形而上学。例如,"什么是正义"本来是个语言-概念问题,形而上学却把正义视作某种像银河系那样现成存在在那里的东西,仿佛它是宇宙中的一种存在物,仿佛我们是在研究这种存在物,掌握它的本质和属性等等,并力求获得关于这一存在物的终极的、唯一的真理。我们问:"实在是什么?"然后就跑到世界中去查看,什么是实在的,什么是不实在的;把实在的东西挑出来,然后研究"实在"有什么性质,就像我们从动物中挑出哺乳动物,然后开始研究哺乳动物。

常听说,现代哲学反对形而上学。人们对"形而上学"有多种理解,所谓反对形而上学也有种种意义上的反对。上引维特根斯坦

[①] William P. Alston, *Philosophy of Language*, Prentice-Hall, Inc, 1964, pp.6-7. 这段话简明地概述了语言转向的要义,我唯一愿意评论的,是他过于从"剩余工作"方面来刻画概念考察了。

的理解只是其中的一种,但在我看,它的确是澄清形而上学概念的一个深刻视角。

第四节 "眼睛是什么?"有两层意思

蒯因把语义上行称作一种"策略",我们自然会问:我们该在什么场合采用这种策略?显然,只有涉及概念语词的时候才谈得上语义上行,涉及名称时就没有语义上行一说。我说我在研究直接性,那么,我差不多肯定是在研究直接及其相关语词,如果我说我在研究白鱀豚,那么我差不多肯定不是在研究白鱀豚这个词,而是在研究这种动物。

直接性和白鱀豚是两个极端,两者之间有一系列过渡。感觉似乎就处在两者之间。一方面,感觉像直接性一样,是个概念,研究感觉,即是研究我们怎样使用有关感觉的表达式;另一方面,感觉似乎构成了一类对象,在某种意义上,感觉就在那儿,可以通过观察、实验、反省对它进行事质性研究。人们很少会把"直接"当作一种东西,也不会在研究白鱀豚的时候要求语义上行。但在中间情况下则容易产生混淆。在前引那段话里,维特根斯坦取用的例子是Vorstellung。这类"感觉语词"处在阶梯的中间,最常引起混淆。

然而,尽管骡子是个典型的名称,但"什么是骡子"这个问题仍可能有两个意思,即,在询问两个不同的问题。一个接近于"骡子这个词是怎样用的?"一个则要求对骡子进行动物学研究。一个大婴孩问"眼睛是什么",他也许不知道脸上哪个器官叫眼睛,一个成人问"眼睛是什么",他是在问眼睛的构造等等。从这里回过头来看"必须问的不是'什么是意象'而是'意象'一词的用法",我们会发现,这个提法在不同场合其效力不同。"眼睛这个词是怎样用的?"这个问题不能代替对眼睛的生理学研究。但这两个问题也交织在一起。"电化学反应是什么"这个问题,要求研究电化学反应时发生了些什么,同时也就是在确定哪些反应叫作电化学反应。

一般的阶梯大致是这样,首先是奥斯汀实际上从事分析的那些概念,如 real、really、direct 等副词;然后是抽象名词,真理、实在、本质、现象——杜威建议不要把这类词视作名词,而是视作形容词或副词;然后是观念、意志、感知、感觉——在这里出现了两种可能:我可能在研究感觉及其相关语词,但也可能在研究感觉这种东西,例如,是在进行生理-心理学的感觉研究;然后是金属、哺乳动物;然后是金子、白鱀豚。金子和白鱀豚像是完全确定的物,金属和哺乳动物则多多少少牵涉我们怎样在概念上为它们划界。

第五节 "语义学上的发现"

语言转向包含了重要的思想转折,包含了很多有益的尝试,它引导我们区分语言研究(概念研究)和事质研究,区分哲学与物理学,使我们更加自觉语言与哲学思考的内在关联,因而意义重大。然而,语言转向也带来了一个基本疑问:既然所谓哲学问题、形而上学问题,其实是语义问题,那么,哲学岂不是应当化归于语言学了?让我们回过头来再看看本章开始所引的几段语录。

上文说到詹姆士的裁决,其大意是,"绕着转"有(至少)两种含义,澄清此点,我们就不会再为"张三是不是在绕着松鼠转?"这种问题起无谓的纷争，与此相似，也不再会为"世界是物质的还是精神的"这类"形而上学问题"起无谓的纷争。这似乎意味着，大量甚至所有哲学问题，可以靠查字典加以解决，或最多是要求我们编一本更完备的字典。

罗素说，苏格拉底追问"什么是正义"，最后得到的"是一桩语义学上的发现，而不是一桩伦理学上的发现"。然而，除了苏格拉底那样的追问方式，我们在伦理学中还能有什么其他的追问方式呢？如果没有，是否意味着，所谓伦理学，其实只是一些"语义学上的发现"？除了语言学为正义所下的定义，哲学能提供另一种定义吗？蒯因认为不能："定义不是唯独语言学家才有的活动。哲学家和科学家常常有必要给一个难懂的词'下定义'"，他们的定义工作与语言学家的定义工作性质并无不同。① 艾耶尔倒是明确区分哲学家的任务和字典编纂，后者是要寻找语词的"明述定义"，前者则在寻找"用法上的定义"。然而，无论 explicit definition /definition in use 这组用语，还是艾耶尔为此提供的"简短说明"②，都丝毫无助于澄清我们面临的问题。

维特根斯坦说，我们必须问的不是"什么是意象"，而是意象一词是怎样用的。他接着说："但这不是说我要谈论的只是语词。"然而，谈论"意象一词是怎样用的"怎么区分于"谈论的只是语词"？

以上这些问题互相关联，我们可以把这些问题笼统概括为：哲学如何区别于语义学或语言学？20世纪哲学家倾向于把自己的研

---

① 蒯因：《从逻辑的观点看》，中国人民大学出版社，2007年，第26页。
② 艾耶尔：《语言、真理与逻辑》，上海译文出版社，1981年，第63—66页。

究称作逻辑语法、哲学语法,但逻辑语法、哲学语法怎样区别于普通语法?

这些疑问或问题,本来就是一些需要探讨的问题,只是,由于发生了语言转向,厘清哲学和语义学的区别就变得格外重要。因为,从上面所引的一些重要语录来理解语言转向,难免会觉得,语言转向转到头来,似乎只是要把哲学化归于语言学。那么,所谓语言转向,实为语言学转向;实际上也的确常有人把 linguistic turn 译作"语言学转向"。

语言转向之前,容易混淆的是哲学与物理学类型的科学,语言转向之后,哲学和语言学却似乎变得难以区分了。霍金在他那本无人不知的科普著作中引用了"本世纪最著名的哲学家"维特根斯坦的一句话——"哲学剩余的唯一工作就是语言分析",并且评论说:在18世纪,哲学家将包括科学在内的整个人类知识当作他们的领域,并讨论诸如宇宙有无开端的问题,而今天,"哲学家如此地缩小他们的质疑的范围","这是从亚里士多德到康德以来的伟大传统的何等的堕落!"[①] 霍金对哲学的现代发展也许理解不深,但他的看法颇有代表性。实质的问题当然在于:哲学为什么与语言关系密切?万物之道与言说之为道在何处合一?"全部哲学都是语言批判"虽是维特根斯坦贯彻始终的主张并为当代很多哲学家所接受,却并非不言自明之事。

语言转向引导我们更明确地把哲学与物理学区分开来,然而我们又面临一个新的问题:怎么把哲学与语言学区分开来?

---

① 霍金:《时间简史》,上海三联书店,1993年,第154页。

第六节　语言中凝结着根本的道理

若哲学旨在追索根本的道理，哲学为什么要与语言纠缠不清？

这个，我们可以分两方面说。一方面，语言中凝结着人类对世界的基本理解，凝结着根本的道理。另一方面，用语言来讲述道理，说理，不同于道理的其他表现方式；道理在说理活动中采用了论证的形式。这两个方面是紧密相连的。

语言中凝结着根本的道理，这与万物万事之中都有道理、万事万物都体现道理不同。前面说，道理不是自然规律，道理总是就它与我们的理解相连而言的。语言不是与我们无关或可以与我们无关的对象，语言中包含的道理，不是单属于对象的道理；语言总是和我们的理解相联系，其中的道理是反身的道理，包含着我们是怎样理解世界的。

第七节　在种种精神客体中，语言何以高标特立

语言，以及我们的行为，我们的工具、器物、制度、习俗、仪式等等，都体现着我们对世界的理解。

工具、器物等等，这些东西是客观存在的，但同时它们是理解的产物。这些，古典哲学称之为客观化的精神或精神客体（精神对象）。不过，我不是说它们为了体现理解而存在，恰恰相反，它们各有用途，而不是为了体现理解。恰恰因此，恰恰是不竭的使用，使

它们格外充分地体现着我们的真实理解。就像不为证明某事而存在的证据是最可靠的证据。

语言是一种工具。人们对"语言是一种工具"这个命题已经提出不少有益的质疑和补充，但很多情况下，错不在这个命题，而是人们对工具理解得不够。关于语言之为工具的自治性，下章会稍详谈到。这里要说的是，语言这种"工具"首先是"理解的工具"。卡西尔说：人"是如此地使自己被包围在语言的形式、艺术的想象、神话的符号以及宗教的仪式之中，以致除非凭借这些人为媒介物的中介，他就不可能看见或认识任何东西"。由是，他像很多论者一样建议把人定义为"符号的动物"。[1] 这里我要强调的是，我们不仅制造工具，我们也被自己的工具塑造着。

但是，语言与其他工具和制度又有不同。**语言伴随着几乎所有人类活动**，无论你下棋、做木工、做买卖、解牛，通常都一边做一边说；围棋的道理、杀牛的道理，都会进入到语言之中，进入到关于围棋和杀牛的种种说法之中。与此相连，语言是人人都用的，围棋不是人人都下。换言之，在同一个语族中，语言是公用的、通用的。你我都很懂围棋，你我想说明什么道理的时候，往往喜用围棋来说，借用围棋来说会说得格外清楚。但不下围棋的人就不容易明白我们在说什么。

与这些相连，语言代代相传，具有更高的稳定性——与解牛的传统方式相比，与政治建制相比，**语言是各种传统中最稳定的传统**，

---

[1] 卡西尔：《人论》，甘阳译，上海译文出版社，2004年，第36—37页。艺术的想象等等，卡西尔都归在符号之列。符号比语言宽，但这不影响我们眼下的论旨。

最不可能剧烈地改变。不妨说，别的精神客体有点儿像这个公司那个公司发的代用券，语言则是一种通用货币。而在我们的所有工具中，语言最系统最稳定地体现着我们的理解，凝结着最通用、最根本的道理。

与所有这些特点相联系的根本之点在于，如索绪尔指出，语言是个**纯符号系统**，它除了用于理解的交流之外，别无他用。这使得语言具有格外鲜明的逻辑（或曰语法），以及表征方式的系统性，最系统地体现着我们是怎样理解世界的，换个哲学家更爱使用的说法，即最系统地体现着我们的概念方式。考古学要了解一个古代民族的自我理解，找到并破解那个文明所使用的文字是最重要的。社会学家要解释行为，"最终不得不以这样或那样的方式问：'你为什么这样做？'"[①]。

第八节 说话只是为了让人懂，行为不是这样

我们可以拿话语和行动对照来理解"纯粹的符号性"。说话只是为了让人懂，活动却不是。说话是人之间的对话、交流、理解。**说话只是为了让人懂**。所谓合道理，就是从另一个方面说：能让人懂。行为不一定旨在交流，并不一定要让人懂。张三贪污，李四宠爱孩子，王五手淫，他们并不是要让别人明白他们在做什么。

当然，我们可以尝试理解张三的行为。他要达到某种目的，获

---

① S.布鲁斯：《社会学的意识》，蒋虹译，译林出版社，2010年，第12页。

得某种结果,他的行为有前因后果,这使得他的行为可被理解。我们甚至说:他的所作所为合乎逻辑。但他的行为并不合理或合情合理。我们在因果关系方向上研究贪污行为。我们可以在因果关系也是一种道理的意义上说张三贪污的行为"合乎道理";我们也只能在这个意义上理解王弼所言万事万物都合乎道理。但这显然不是我们平常所说的合理或合情合理。

大多数行为不仅要达到效果,而且要求理解,更确切地说,大多数行为只有在相互理解中才能展开,才能取得效果。手淫不要人懂,做爱则是在不断的互相理解中进展。行为若要让人懂,就必须合乎道理。这时,行为同时是一种语言。有些行为,专意于交流,干脆就是语言的一种特殊形式,比如拈花一笑,比如暗送秋波。

从行为的交流意义来研究行为,与从因果性来研究行为,是行为研究的两大方面。不消说,这两个方面纠缠在一起。尽管要求理解构成了行为研究的一个根本维度,甚至可以从这个维度来为不同行为分类,但无论如何,行为都不是专意于让人理解。而说话则专意于让人懂,失去了逻辑(语法),语言就失去了存在。在语言这里,**道说之道与道理之道合而为一**。

第九节 哲学检视我们怎样说到世界

哲学联系于我们怎样看待世界来关注世界,这种关注的最显要的方式是检视我们怎样说到世界。

我们当然不只通过分析语言来讲说道理,万事万物都包含道理,我们通过万事万物说理。不过,引述那些不包含我们自我理解的事物来说理，例如引述蚯蚓上食埃土、下饮黄泉，说理具有比喻性质。引述我们的经验，引述人的行为，引用其他人类建制，则更多是分析性的。而依据于语言的逻辑来论理，则具有最高的分析性。

传说老子用"牙已经掉了，舌头还在"来说明硬的先折、软的长存。这在特定的事境中，也许是个道理。但一般说来是软的长存还是硬的长存？如果软的长存是我们对相关事项的一般理解，我们就可以期待，这种理解会结晶在我们的语词里。例如，高雅这个词结晶了高和雅的联系。用比喻来说理，自有对境而生动的优点，但要了解我们对世界的一般理解方式，从我们的语言中寻找线索要可靠得多。

所有哲学家都对语言深感兴趣。而我们愈明确地区分自然事物和包含人类理解的精神客体，论理就愈向语言"转向"；穷理愈专门，语言就获得愈加重要的地位。

第十节　唯语言能论证

万物万事之中都有道理。因此，也可以说，我们不仅用语言陈说道理，万物万事都在陈说道理。天有天道，然而，天何言哉？甚至我们自己说理，也不一定要用语言，佛陀拈花一笑，迦叶尊者心领神会。

然而，只有用语言来讲述道理，说理才可能具有论证的形式，才可能发展出 discursive thinking。这一点，我们到论证章详谈。

第十一节　概念考察

依据于语言的逻辑来论理，被称作语言分析、概念分析、概念考察、概念反思等等。

我们谈论世界离不开语词，但我们平常并不考察这些语词。从两三岁起，我们就会说跑跳动静，就会问为什么，三四岁后，这些词就再没有用错过，但若现在我们停下来一分钟，试着给跑跳动静下个定义，试着讲清楚哪些情况下问为什么才有意义，我们马上会发现那实在不是一件容易的事情。

我们平常是用概念进行思考、说理，而哲学是对概念本身进行思考。概念考察是反身性的，对哲学有个通俗的说法，"思想的思想"（thought about thought），也表明哲学的反身性质。

哲学的核心工作是概念考察；这若不是哲学家们的共识，至少是很多哲学家的主张。黑格尔早就指出："哲学是概念性的认识。"[①] 换言之，"整个哲学的任务在于由事物追溯到思想，而且追溯到明确的思想"。[②] 在《大希庇阿斯篇》里，苏格拉底问希庇阿斯：你能告诉我什么是美吗？希庇阿斯说：一个年轻小姐是美的。苏格拉底不满意，他说，我要问的是：什么是美？而不是问：谁是美的，什么东西是美的？苏格拉底追问的东西，可以用好多说法来表示，比如：什么是美的本质？美本身是什么？美的定义？等等。《大

[①]　黑格尔：《小逻辑》，贺麟译，商务印书馆，1980 年，第 327 页。
[②]　同上书，第 230 页。

希庇阿斯篇》里,希庇阿斯和苏格拉底尝试了好几种关于美的定义,例如美的就是适当的,美的就是有用的,美的就是令人愉悦的,但苏格拉底又一一予以驳难,最后得出的结论只是:美是很难解的。这样来追问美这个概念本身,就是概念考察或概念反思。柏拉图的多数对话都采用相似的形式,每一篇对话追问一个问题:什么是正义?什么是美?什么是善?什么是知识?哲学家还追问:什么是感觉?什么是物质?什么是运动?什么是时间?什么是幸福?什么是原因?亚里士多德的《形而上学》是本概念词典,是概念考察的典范。

这一类工作有很多名称,本书主要采用概念考察这个提法。概念考察并非站在概念外面对概念加以考察,而是像黑格尔所说的那样,是概念的自我反思。这一点,在后面的阐论中会逐渐变得清楚。

第十二节　概念考察的日常缘起

我们通常用概念说事情而不是谈论概念本身,不过,说着说着事情,我们可能就被引向对概念本身的思考。你我一开始可能是在讨论张三和李四哪个更幸福。要能够讨论下去,你我都得知道关于张三李四的很多事情。你说李四幸福,我不同意,我可以告诉你一些你所不知道的关于李四的事情。但有时候,不是你我知道的事情不同,你我知道的是同样一些事情,但你我的看法还是不同。比如李四当了官发了财,可是成天需欺上瞒下,甚至对老婆孩子也得装成这样那样,这样的人幸福吗?这时候,是幸福这个概念本身成了问题。谈论哪种生活更快乐,哪种人最幸福,差不多总免不了要对快乐、幸福这些概念本身作一番梳理。什么是幸福？幸福和快乐是不是一回事？金钱是否能让人幸福？幸福是个人的感觉还是要有社会公认？等等。我做这件事情是出于自利，做那件事情是出于爱，这大多数情形下是挺明白的，但是，有时，妈妈一心顾她孩子的利益，既损害了自己也损害了别人，这时候她的爱是不是一种自利呢？推而广之，妈妈对子女的爱算不算自利呢？母爱、对父母的爱、情爱、战友之爱、对民族的爱，这些都叫作爱，但它们似乎是些不同的爱，它们和私欲、自利等等的关系是不同的。这时候，我们就不得不停下来，要把爱呀、自利呀这些概念本身弄得清楚些。这些都是概念反思，是"哲学问题"。追问概念本身，并不是哲学家多事，我们的日常议论本身会把我们引向概念考察。日常生活中会碰上概念问题，书本上就更多了，文艺批评，即使是针对某件特定的作品而发，也几乎离不开对某些概念的上层考察。现在所谓文化批评更差不多是从概念到概念了。

对平民进行自杀式袭击是献身呢还是恐怖活动？怀孕三个月做人工流产是谋杀吗？这是我们都会争论的问题，而这些问题都不是仅只把事实弄清楚就可以回答的，它们都牵涉概念考察。前面说到，"哲学问题"并不来自哲学家，而是来自人人都会讨论这些问题。哲学作为概念考察，并不是说有些哲学家站在外面来考察我们的概念，概念反思自身是有意义的，在于人们在日常思考中时不时要对概念本身进行思考。当然，在日常会话中，概念考察是附带的，以能够推进本来的话题为限。

第十三节　概念考察之为知

概念考察的目标**不是提供新知识，而是澄清概念的意义**。这个区分很重要，也相当清楚。知道更多事实和知道这些事实中包含的道理之间的区别，古人早谈了不少。庄子说："天下皆知求其所不知而莫知求其所已知者。"老子甚至说："为学日益，为道日损。"知道更多的事实，这个不是哲学家的特长，哲学家在已知的事情里求道理。要弄清楚张三做这件事情是出于爱还是拿着爱当幌子满足他的私欲，牵涉的主要是一些个别事实，张三做这件事情的很多细节，这件事情的前因后果，张三的一般人品，张三的一贯行事方式，等等。在这些事情上，哲学家不比别人知道得更多。但若谈到爱和私欲这两个概念之间的分分合合，哲学家应该更加敏感，更加善于梳理——这本来就是哲学的本职工作。

也可以反过来说，如果我们的讨论需要某些我们尚不知道的事实才能进行下去，例如依赖于确定光的传播是否需要时间及需要多少时间，需要知道脑神经是怎样工作的，那就是哲学止步的地方。

这当然**不是说概念考察可以罔顾事实**。什么是人权，一般说来是个概念问题而不是事实问题，但不谈论各种各样的人权状况，我们还怎么考察人权概念？梳理概念不是一项从概念到概念的概念游戏，要弄清楚爱和私欲这两个概念之间的分分合合，你就必须对爱和私欲有所经验，就需要知道好些涉及爱与私欲关系的事实。概念考察并非从概念到概念。如果没有对现实的真知灼见，把各种概念东连西连，一堆排列组合有什么意思呢？只不过，这些事实可以来自任何地方,不是非要了解这个或那个具体事例。我们向来就知道关于中国的人权状况、美国的人权状况的很多事实,知道关于人权的很多一般事实,否则我们一向怎么知道怎样使用人权、权利这些词?概念考察一般并不依靠发现新的事实,而是依靠我们已有的经验,我们向来已经知道的事实。我们是在讨论应当怎么描述我们已经知道的事。关于人权的概念考察照样是谈论各种各样的人权事实,但我们这时的目标不是确定这些事实,而是要通过对这些事实的反思式考察,努力澄清人权概念。也可以说,通过对这些事实的反思式考察,弄明白这些事实所说明的道理。

人们会说哲学家专尚空谈,并不能提供新知识。**意义的澄清也是知**,一种极为重要的知;但它的确不是通常所称的知识。概念反省改变我们对世界的理解——我们更加明白自己是怎样理解世界的,从而加深我们对世界的理解。

第十四节　概念与道理

在前面的讨论中,我们一时说到语词,一时说到概念。从前,哲学家很喜欢说概念,语言转向之后,人们不大愿意说概念,更愿意说语言、语词。主要缘由,我想,概念比语词要难把握得多。什么是一个词?容易回答。什么是一个概念?概念这个说法偏于内在,偏于"主观",容易堕入心理的领域。[①] 语词则大致有人人同意

[①] "一个词项的意义是一个概念,这一成说带着这样一种意味:意义是某种心理实体。"(普特南:《意义与指称》,载于《语言哲学》,A. P. 马蒂尼奇主编,剑桥大学出版社,1996年,第284页)弗雷格仍然用概念作为关键词,同时坚持他所称的概念是某种客观的东西。

的用法——你我对人权有不同的概念,但人权这个词的用法,你我并无分歧,否则连"你我对人权有不同概念"这话都没意义了。而且,你不谈"意象"这个语词,你如何来谈这个概念?概念和语词的关系问题让不少哲学家感到头痛。本书不就这个问题展开讨论,只从名称与概念的区别入手,查看概念与道理的联系。

马是个名称,骘是个概念。马奇蹄、善跑,这些是关于马的事实,这些事实之间没有一般联系(或没有内在联系),奇蹄如貘就不善跑。骘是成年公马,成年与性别有一般联系(或内在联系)。不妨说,马之为一个类,是自然派给我们的事实,而骘之为一个类,是我们根据道理做成的。

语词有多种多样的内容,例如,有些字词押韵。我们说到概念,则专指其中的一种内容,即语词所包含的道理。这些道理包括,骘这个字里包括的成年与性别的联系,大和小的反义关系,巨大和硕大的近义关系,等等。

专门论理的文章倾向于选用概念因素突出的语词,或者单就其概念因素来使用语词。我们平常说到市场,热热闹闹的、吵吵嚷嚷的,而在经济学专论中,市场一词洗去这些"形象因素",成为一个清楚定义的概念,只保留下与其他经济学概念之间的可折算的关系。在论理时,我们倾向于说货币而不说金钱;说到自利,单就其对自己有利的含义上使用,而尽量避开自私自利的评价色彩。

论理中常使用的概念联系一语,大致说的就是在道理上相通、通过道理相联系。例如,"法治国和民主之间存在着一种概念关系或内在联系,而不仅仅是历史的偶然的联系"[①]这话,其中的概念关

[①] 哈贝马斯:《在事实与规范之间》,童世骏译,生活·读书·新知三联书店,2003年,第685—686页。

系和内在联系，在我看，用道理上有联系可以说得更加简洁易解，至少对不那么熟悉学院语汇的读者来说应是这样。

第十五节　概念的广义和狭义

概念有广狭不同的用法。广义上，马、门、汽车、毛巾、煮都是概念；狭义上，我们只把语言、经验、事实、世界、心灵、国家、正义、运动、美、命题这类词称作概念。这类词是我们在穷理的时候差不多必然要用上的，它们包含着我们理解世界的一般道理。我把它们称作论理词。① 所谓概念考察，通常指的是考察语言、经验、世界这一类概念，而不是去考察灯、门、汽车、毛巾、煮这一类概念。老师给小学生讲作文，有时会讲解一个词本身，例如讲解家具和器皿的区分。这种区分依据一定的道理，或不如说，这种区分是有一定道理的，但是这个道理可能单属于一种语言，属于一个局部的理解，没有连到根本的道理之上。它带有强烈的约定色彩，只对区分少数语词起作用。而语言、经验、世界这一类概念则是联系一般道理的枢纽。

柏拉图对话中考察的都是这类概念。黑格尔《逻辑学》中从 Sein 开始直到 Idea，也都是这类概念。维特根斯坦有一句常被引用的话："只要'语言''经验''世界'这些词有个用法，它们的用法一定像'桌子''灯''门'这些词一样卑微。"（PU，§97。至于语言、经验、世界这类论理词在何种程度上有个用法，后面还将专题讨论。）维特根斯坦这段话，旨在通过强调语词的意义在于用法来

---

① 关于论理词的详细讨论见论理词章。

反对"超级概念",离开了这个上下文,这话容易误导。概念考察是穷理的一部分,核心部分,它考察那些穷理难免用到的概念。

第十六节　概念考察与语词分析

哲学旨在探入一些根本的道理;这话大致也可以说,旨在澄清一些基本观念或基本概念,例如澄清正义概念、真理概念、时间概念。考察时间,不能像研究哺乳动物那样去做,所能做的是考察时间这个概念。时间概念与时间这个词是什么关系?当然,时间这个概念用时间这个词标明。然而,考察时间概念却不只在于分析或考察时间这个词的含义或用法。时间在这里倒更接近于一个题目,在这个题目下,我们考察之前、之后、从前、现在、将来、马上、很久、永恒、持续、期待、回忆、的、了等等很多语词,考察一个词族,或考察动词的时态用法,过去时、进行时,考察与时间概念相关的种种说法。简便起见,我们不妨说,所谓概念考察是在考察正义、真理、时间这些论理词,但具体分析时,我们恰恰不停留在这些"大词"上,而是探入与这些大词相连的种种实际说法。万德勒对 good 这个词做了一番考察,临到末了,他说这番考察对澄清善好概念帮助有限,对善恶的概念考察,主要并不在于考察 good 和 evil 这两个词。在《感觉与可感物》中,奥斯汀与艾耶尔争论的是"感知问题",但他只用了很少篇幅讨论 perception 这个词,而且几乎满足于指出人们在日常言谈中很少像哲学家那样使用这个词,绝大篇幅则用于讨论看见、听见、look、seem、direct、really 这些有稳定用法的语词。不明就里的人也许觉得奥斯汀有点儿别出心裁甚至避重就轻,然而，在我看，这是概念考察的正途。甚至，我们用本体、本质、原因这些词儿表达的概念，在希腊哲学中，常常本来是用小词组成的词组来表示的。

反过来，我们分析的是小词儿，考察的是些平常的说法，但我们是由大概念大观念引领的。我们考察之前、之后、将来、了这些词，为的是澄清关于时间的大道理，澄清我们究竟是怎么理解时间的。考察论理词，是为说理服务的。"辨名析理"这个熟语表明了这一点。引导我们的是各种观念中盘根错节、互相抵牾的东西。最后要连到根本的道理之上，或曰，互相贯通而成就其为根本道理。

第十七节　日常语言作为证据的优越性

作为说理活动，哲学为它的洞见提供论证。论证的基本方式是把尚不明白的道理连到常理之上。一种最通常的强有力的论证是连到我们既有的说法和语言用法。我们是这么理解世界而不是那样理解世界的，其中一大批基本的、重要的证据，就在我们的语言里边。语言中包含的道理是最典型的常理，我使用这种语言，我就接受了积淀在这种语言中的道理。我们都说这种语言，都已接受这种语言得以工作的道理。概念考察通过彰显语言中包含的道理为我们实际上这么理解道理提供证据，表明我们的的确确就是这么理解世界的。

前面说到，语言是公用的、通用的。这一点也意味着，我们的语言允许哪些说法、不允许哪些说法，我们原则上不争论。这指的不是论理语言，而是我们平常使用的语言，自然语言。论理语言服务于穷理，一般哲学文著是穷理之间的对话，是在争论道理的引申是否在理，不过，这类争论的一大类判据，落实到语词分析，落实到对实际用法的分析。

这里说到包含常理的语言，不仅泛泛地指自然语言（相对于专业语言），而且尤其指日常语言。重要的常理包含在最日常的语词用法里，对我们的观念具有普遍意义的差别总是体现在常用词中，而不体现在冷僻的语词中；愤懑/怨怼也有微妙的语义差别，优秀作家总是对这些微妙差别十分敏感，只不过这些差别通常并不连通到更普遍的道理那里。重要的论理差别更不"体现"在哲学家和科学家创造的概念中——哲学家和科学家创造的术语，本来（部分地）就为了明述这类差别。万德勒说，考察实际用法，不是考察哲学家塞进或规定的内容。就概念考察而言，日常语言本身有特殊的分量。[①] 哲学家考察语词的用法，从来都是在考察常用词，这并非出于"日常语言学派"的偏好。

作为证据，"种种说法"有不同的力量。一般说来，越少包含反思的说法是越强的证据。对于说理人所要讲说的道理，语言中包含的道理是中立的、中性的，正因为它们不是为某种特殊的道理而设，所以具有格外有力的论证力。

第十八节　概念考察之为"科学"

对于哲学家所要申说的非常之理，语言中的道理是中立的、中

[①] 汉语里有日常语言和自然语言的区别，虽然这两个用语往往是同一个西语短语的译名。这里强调日常语言，不仅是自然语言。

性的。正是这一点，使得概念考察、对语言用法的考察成为哲学中的"科学"。"是尔心动"这话无所谓对错，只在你悟到或没悟到。我们是否直接感知到事物？你说是，我说不是，奥斯汀会说，你能够不直接地闻到一股气味儿吗？其他的道理另讲，我先要承认：间接闻到一股气味儿这话说错了。

可以说，概念考察是通过语言来说理，但须与另一种"通过语言来说理"加以区别；这后一种是：把语言学的道理加以延伸，就像通过围棋说理一样。概念考察不同于类比等延伸道理的说理方式，而是分析式的说理，是最典型的论证。不消说，概念考察与引用前贤的"权威说法"来论证也不相同。不妨说，论证的硬度不同；类比是一种软论证，用我们已有的说法和语言用法来论证是硬论证。我们是这么理解世界而不是那样理解世界的，其中一大批基本的、重要的证据，就在我们的语言里边。没有哪个哲学家不引用我们实际已有的说法来进行论证。更硬的证据则在语词的用法之中。维特根斯坦说："我们要的是安安静静地权衡语言事实，而不是躁动纷扰地进行猜测和解释。"（Z,§447）这话说出了概念考察这种工作方法的核心。

正是这种"科学性"使得概念考察的工作表面上十分接近语义学工作。人们一般不会把庖丁解牛式的说理混同于语义学；而进到概念考察，即进入哲学的核心工作，其与语义学的区分就变得相当精微。不过，我希望现在我们已经能够看到，两者其实有根本的区别。哲学家埋头处理细微的语义问题，只因为这些语义问题涉及一般道理的澄清。奥斯汀对 seem 和 look 之间微妙的语义差别做了一番"篦头发丝"式的分析，这些分析揭示了某些基本道理。泛泛称说或指责分析哲学家笾头发丝,只是表面文章。要紧的是笾过头发丝之后,我们看到了还是看不到有意义有意思的东西。在"哲学语言学"[①]中,**语法考察和语义分析是为概念考察服务的**,我们分析之前、现在、将来、了等等很多语词,考察关于时间的种种说法,是为了弄清时间概念。而**所谓澄清时间概念,就是澄清我们究竟是怎么理解时间的**,或曰,时间是怎么得到理解的。

因此,把概念考察解说为对某些概念进行考察,很容易误导。我们须把"概念考察"理解为"概念层面上的考察"。例如,在概念层面上考察时间;而"对时间这个概念进行考察"或"考察时间这个概念"则易生歧义。前面引用的一段维特根斯坦的话里说"必须问的不是:什么是意象……而是'意象'一词是怎样用的",这话会误导我们把关于意象的概念考察和关于"意象"的语义分析等同起来,至少是把两者摆置到了同一层面。[②]那就会差之毫厘,失之千里。维特根斯坦马上加上一句——"但这不是说我要谈论的只是语词",显然是要防止这种误导,虽然他并没有说清楚"必须问的是'意象'一词是怎样用的"和"不是说我要谈论的只是语词"之间的区别究竟何在。

"时间"当然是一个词,词典里列出这个条目,解释时间的语义,但我们要在概念层面上考察时间,当然不是去查查这个词条即可了事。概念和语词并不是一回事,概念不能都换说成语词,但另一方

---

① 一般说来,"哲学语言学""哲学语法""语言现象学"这些名称都不好,它们会误导我们把哲学核心工作与哲学心理学、哲学人类学并列起来。

② 维特根斯坦的另一段话,"我们的探究面对的不是现象……我们思索我们关于现象所做的陈述的方式",则不含有这种误导。

面，概念考察和语词分析关系极为密切。我们固然可以通过比喻等等来解说、澄清某一概念，但概念考察的基本方式是借助分析与某一论理概念相关的种种说法，或反过来说，我们通常把这种进路称为概念考察。要防止哲学误入语义学，或要澄清哲学与语言学的区别，我们不妨采用这样的提法：哲学关心的不是语言，而是概念。相应地，我会说，哲学的核心工作不是语言研究，而是概念考察。

维特根斯坦有很多评注，例如"我们不分析现象，而……分析语词的应用"(PU，§383)，"哲学研究：概念研究"(Z，§458)，等等，给人这样的印象：他主张哲学研究即是语言研究。但这些语录与这种印象之间有微妙而重要的区别。概念考察并不等同于为理解语言而研究语言。实际上，维特根斯坦不像牛津哲学家那样对语言本身就有兴趣，这种"为语言而研究语言的兴趣"，用巴斯摩尔的话说，"对维特根斯坦是完全陌生的"[①]。据摩尔报道，维特根斯坦"不止一次说，他讨论语言问题并不是因为他认为语言是哲学的主题。他讨论语言问题只因为他认为有一些特定的哲学错误或'我们思想的麻烦'来自于表达式的实际用法把我们引向了某些错误类比"(PO，51页)。维特根斯坦的相关语录，大都从"哲学治疗"的角度出发：语言为哲学思考设置了陷阱，哲学通过语言批判展开自身。早期他说：**全部哲学都是"语言批判"**(TLP，4.0031)；后期他仍然说：**哲学是针对借助我们的语言来蛊惑我们的智性所做的斗争**(PU，§109)。这些表述，我不能完全接受，但我幸运地认为，在哲学为什么关注语言这个问题上，我与维特根斯坦的思路相去并不远。

[①] 约翰·巴斯摩尔：《哲学百年／新近哲学家》，商务印书馆，1996年，第495页。

第十九节　不是"语言学转向"

在我看来，语言转向的根本意义在于更深刻地把哲学和物理学加以区分，坚持哲学之为概念考察，以抵抗把哲学转变为伪实证科学的倾向。依循这一理路，我们将能进一步澄清说理和理论的一般结构，自然科学和社会科学的性质，进而澄清"意识问题"等当代热点问题。

哲学为什么关注语言？哲学旨在明理，穷理而至于明白那些根本的道理；穷理必探入我们自己的理解方式，而我们的基本理解方式集中凝结在我们的语言之中。简言之，哲学原本关注道理，因穷理而来到语言。我们也能够不借助语言对世界有所理解。但是在问"幸福是什么"这类问题时，不妨说，我们是活动在一个"语言化了的世界"之中，我们必须在语言层面进行考察来澄清自己的问题、自己的困惑。哲学的语言性质不在于哲学研究语言，而在于哲学在语言层面上考察世界。

这些根本道理，置于真理、实在、精神、意识、时间、物质等题下；我们通过种种方式来讲述这些道理、辨清这些道理，其中核心的一种，是通过概念考察的方式；我们考察时间概念，意思是，通过考察与时间相关的种种用语与说法来理解时间。

这完全不意味着，没有一个语言之外的世界，或哲学不关心语言之外的世界，而只是意味着，我们既不是单单理解世界，也不是**单单理解语言，我们通过理解语言来理解世界**。我们说，懂一种语言，理解一种语言；而理解一种语言同时就是通过一种语言理解世界。语言是一种社会建制,是人类理解的产物,像其他人类理解的产物一样而与自然物不同,语言已经凝结了我们对世界的理解;而且,与人类理解的其他产物相比较,语言突出地凝结着我们的理解。研究语言已经是一种反思式的理解——我们在研究语言的时候,已经在研究我们自己的理解。哲学连同我们对世界的理解来理解世界。就此而言,语言转向有助于我们更加明确地区分有我之知和对象化之知。

理解世界和对自己的理解方式的反思交织在一起,对理解方式的反思和语义考察交织在一起。事情那么密切地交织在一起,要看清楚并不容易。我们看到,很多哲学家,包括大哲学家,或多或少把语言转向理解为:哲学问题其实是语言学问题、语义学问题,至少他们在反思时是这样表述的。这种趣向不仅遮蔽了语言转向的根本意义,甚至走向反面,把哲学混淆于语言学和语义学,重新混淆了有我之知和对象化之知。

语言学原本是一门典型的人文学科。不过,就像面对各种人-社会事物一样,我们可以尽量侧重于语言的对象性来研究它,即把语言作为独立于我们的理解的客体(自然事物)加以研究。这是语言学作为一门实证科学的发展方向。**语言学要尽量把语言当作对象(事质)来研究**,例如它特别关注句法,关注规则性的东西,到生成句法那里,句子就像是从一个自动装置中产生出来的。哲学关注语言的方式大不相同,它始终关注的是语词和句子怎样体现着我们对世界的理解。我们须明确哲学的反身性质,澄清这一混淆,划清哲学和语言学、语义学的界限。

无论如何,不能把语言转向理解为向语言学、语义学的转向。

Linguistic Turn 这个短语本来有歧义，很多中文译者采用"语言学转向"的译法，进一步加深了中文读者的误解。总的说来，"哲学问题即是语言问题"这个提法是高度误导的。我认为，最好首先从道理和说理来界定哲学，而语言则由于道理之道和道说之道的内在联系被牵引进哲学的核心。

为此，我愿对维特根斯坦的"哲学语法"概念做一番较详的考察。

第三章 "哲学语法"

第一节 维特根斯坦使用"语法"一词的大致情况

最初，维特根斯坦较少使用语法，多使用逻辑。若用到语法，指的是普通语法[①]，与之相对照的是：逻辑形式、逻辑句法、逻辑语法。自20世纪30年代起，他大量使用语法或哲学语法。维特根斯坦本人倾向于说，他在平常意义上使用语法这个词，所谓哲学语法，只是把语法应用于人们平常不应用于其上的事物，或，注意的是另一些语法规则。但我们可以肯定，维特根斯坦的哲学语法不同于普通语法，哲学语法更接近他早先所说的逻辑语法。维特根斯坦有时区分表层语法和深层语法。逻辑或语言逻辑（Sprachlogik）在维特根斯坦那里则从一开始一直到最后都有深浅两层用法：有时指传统逻辑或曰形式逻辑，有时指深层逻辑或深层语法。

维特根斯坦一向认为科学处理事实，哲学研究逻辑。提出哲学

[①] "普通语法"有时指所有语言共有的语法，如每个句子由动词短语和名词短语构成。本文的"普通语法"不是这个意思，这个意思我称作"普遍语法"。

语法之后,自然而然,他把哲学界定为语法研究,关注的是语法命题。这里举几个语法命题的例子:棍子必有长度,凡事都有个原因,两种颜色不能共存一处,这是一只手,存在着物理事物。

维特根斯坦的语法一词用法很特别,但我们又觉得这样使用语法一词有道理,乃至于觉得它不可取代。维特根斯坦把一本准备成书的笔记题为"哲学语法"(这本书里直接谈"语法"的段落并不多),别的文著中也有很多关于哲学语法的评注,但他本人从未对这个概念以及"哲学是语法研究"这个提法给出系统解说。摩尔1930年代初紧跟维特根斯坦课程,二十年后发表他的听课笔记时说:"我现在仍然认为他(维特根斯坦)不是在任何通常意义上使用'语法规则'这个表达式,他是在什么意义上使用的,我现在仍然不能形成任何清楚的观念。"(PO,第69页)

第二节 维特根斯坦论语法与逻辑的区别

在维特根斯坦那里,语法和逻辑这两个词用法很接近,很多场合,维特根斯坦本人交替使用这两个词,仿佛它们是同义词;这里所基于的思想是:逻辑问题实际上是语法问题,即,逻辑问题涉及的是语词使用的规则。据此,Hallett断言语法和逻辑差不多是同义词。(Hallett,第169页)不过,即使维特根斯坦把这两个词差不多当作同义词使用,恐怕也可以想一想:他为什么不满足于逻辑一词而要引入语法?

Baker和Hacker更谨慎些,把维特根斯坦所谓"语法规则"称作"逻辑句法规则"的"直系后裔"。(Baker & Hacker,第40页)实际上,

Baker 和 Hacker 举出了维特根斯坦所称语法与逻辑的一系列区别，这些区别可以总结为两个要点。

要点一，语法比逻辑句法的外延宽得多。对意义的一切形式的解释都是语法，例如，说明我根据什么标准来判断另一个人牙疼就是为"牙疼"这个词提供语法说明，在这个意义上，就是说明"牙疼"一词的意义。(BB，第24页)这些解释还包括实指定义：用实指定义方式解释书写和口说的符号，这不是语言的应用，而是语法的一部分。(PG，一，§45)还包括变换说法（改述）。语法规则还包括数学命题，包括有些形而上学命题。(Baker & Hacker, 第40页)

要点二，逻辑是所有可能语言的共同规则，语法不是。(Baker & Hacker, 第40页)这可是一个非同小可的论断。我们通常认为，哲学之为哲学，在于其普遍性；现在，维特根斯坦把哲学界定为语法研究，而语法却是特殊的，那么，维特根斯坦哲学在何种意义上具有普遍意义呢？假使逻辑是普遍的而语法不是，我们可就不能再说语法和逻辑差不多是同义词了。

Baker 和 Hacker 尝试这样消除这里的困难，一方面，"典型的哲学问题涉及的是与大多数发达语言通常共有的概念连在一起的问题（实体、因果性、人格同一性、感知、逻辑必然性等等）"，另一方面，这些概念的表征形式则是特殊的，虽然"表征的不同形式，无论实际存在的还是虚构出来的，也都深具哲学意趣"。(Baker & Hacker, 第40页)Glock 也认为逻辑句法是普遍的而语法不是。他补充说："但像'understanding'这样一个个别的词的语法，就其他语言也有相等同的(equivalent)词而言，是普遍的。"(Glock, 第151页)

Baker 和 Hacker 把概念和概念的表征区分开来，前者是普遍的，后者是特殊的，这是人们遇到普遍／特殊问题时袭用的老路数。这条老路老是撞上一个老障碍；这一点可以与 Glock 的说法连在一起来考虑。汉语里哪个词与 understanding "相等同"——理解、领会、明白、懂得？如果说，尽管理解、领会、明白、understanding、verstehen 等等并不等同，但它们都是同一个概念的表征，那么，我们至少可以问：这同一个概念是什么？是以上诸语词的共同内核吗？如果我们要用语词来表征这个内核，我们不又绕回到了表征的分殊之上了吗？

面对普遍／特殊这一困难问题，Garver 采用的是从特殊性抽象出普遍性这条思路。他谈到，各种语言的颜色词相差很多，这一事实众所周知并常被讨论，然而，颜色词之间总有对照关系、包含关系和反对关系，把包含在颜色词（以及其他语词）中的这些关系抽象出来，我们就获得了对照、相容、不相容这些普遍的逻辑关系，"这些抽象可以独立地得到表述，即，独立于它们由之抽象出来的句子或话语，从而形成形式逻辑这门特殊学科的基础"(Garver, 第145—146页)。这样一来，我们又退回到用逻辑学来处理普遍性的老路上，哲学语法这个概念又成了多余。

维特根斯坦所谓语法与逻辑的一处明显差异，少见论者论及。一般说来，逻辑规则是关于句法的，不关心词项(term)的内容，而维特根斯坦语法大部分关涉的是语词用法——语法描述语词在语言中的用法。(PG,一,§23)语词之间有"逻辑关系"，方与圆之间的"不相容"即为常引的一例。语词之间还有一类"准逻辑关系"，例如规范、规则、规律这三个词的近义关系。它不同于语词之间的押韵关系、古雅今俗关系，颇可视作逻辑关系，但它错综复杂，绝非逻辑教科书中的几种关系所能说清,所以,称作"逻辑关系"可能误导;不同的作者在不同的上下文中会称之为语义关系、意义关系、概念关系等等,没有一个统一的名号。维特根斯坦所说的"语词的语法",大致即指这类关系,广义上,它是语词之间的"逻辑关系",但它逸出传统逻辑学的视野之外,维特根斯坦对它的关注也不是为了导向狭义的逻辑学研究。

第三节 逻辑/语法 vs. 经验的两分与"中间地带"

Baker 和 Hacker 一方面指出语法与逻辑在维特根斯坦那里的上述区别,另一方面则反复强调,在如下之点上,两者是一样的:逻辑命题和语法命题都与事实命题形成鲜明对照,科学研究事实而哲学则是逻辑/语法研究。

维特根斯坦的确相当一贯地坚守这一两分,不过,本节要说的是,他也时不时流露出动摇——

> 人都有父母这个信念基于什么根据?基于经验。而我怎么能把这样一个确定无疑的信念立基在我的经验上?然而,我不仅把这个信念立基于我认识一些人的父母,而且也立基于我关于人类性生活、人体解剖学和生理学所学到的所有事情;还立基于我关于动物听到、看到的种种事情。但这因此就真是一种证明吗?(OC, §240)
>
> 纯黄色比纯浓红或纯浓蓝浅。这是个经验命题吗?——我不

知道，例如，红色（纯红）比蓝色深还是比蓝色浅；我非得看见过这两种颜色才说得出来。然而，我一旦看见过，我就一劳永逸地知道了，就像计算的结果。

在这里怎么区分逻辑和经验？（BF Ⅲ，§4）

规则与经验命题是否交汇？（OC，§309）

有些句子常用在逻辑和经验的边界地带，结果它们的意义在界限两边穿来穿去，一会儿被当作规范的表达，一会儿被当作经验的表达。（BF Ⅰ，§32）

任何经验命题都能够转化为一个公设——从而成为描述的一种规范。（OC，§321）

维特根斯坦又引入"具有经验命题形式的命题"这样的提法——

只要做出判断是可能的，那么对某些经验命题就不可能有任何怀疑。或者说：我倾向于认为并非凡具有经验命题形式的东西都是经验命题。（OC，§308）

我要说：有些具有经验命题形式的命题，而不仅仅是逻辑命题，是一切思想（语言）运作的基础。（OC，§401）

但维特根斯坦接着说——

在这个评注中，"具有经验命题形式的命题"这个表达式就很糟糕；这里涉及的是关于对象的陈述。这些陈述的用途不是像假说那样充当基础——假说一旦被指证为错误的，就被其他假说所取代。……满怀信心写下："太初有为。"(OC, §402)

让维特根斯坦感到困惑的是太初有为、凡人都有父母、人必有一死、我从来没有离开过地球这类句子。它们更像经验命题还是更像逻辑命题？正如维特根斯坦自己也觉察到的，把它们说成具有经验命题形式的命题无济于事。他一时似乎在说，它们只不过看起来是经验命题，实际上是逻辑命题；一时似乎又在说，它们是真正的经验命题，然而是具有特殊地位的经验命题，因为对于它们不可能有任何怀疑。

但不管怎样，维特根斯坦似乎觉得，在逻辑和经验之间有一个边界地带。我们可以把这个边界地带理解为中间地带吗？即，有一些命题既不是纯粹的逻辑命题也不是纯粹的经验命题？大多数时候，维特根斯坦似乎愿意坚持边界本身是确定的，从而采用了有些命题在界限两边穿来穿去这样的表达。然而，有些命题在那里穿来穿去的地带不也就是中间地带吗？

逻辑与经验的两分，曾有不少论者提出质疑。《经验主义的两个教条》是著名的一例。蒯因在这篇论文中区分了"逻辑地真"的命题和通过"同义性的替换"而真的命题。后一种命题可以叫作"语义地真"的命题或简称为"语义命题"，它们在性质上颇接近于维特根斯坦所谓语法命题。语义命题是不是逻辑和经验之间的中间地带呢？这个问题不是蒯因那篇论文要关注的，他没有往这个方向展开。而维特根斯坦在逻辑之外引进语法，是否有助于澄清这个"中间地带"的性质呢？毕竟，我们普通说到语法，并不把它们视作逻辑命题,而是把它们视作经验研究的结论。那么,维特根斯坦的语法概念与普通语法概念的关系如何呢?

第四节　维特根斯坦评说哲学语法与
　　　　普通语法之同

维特根斯坦通常不加说明地使用语法一词,仿佛他是在寻常含义上使用这个词。据摩尔报道,维特根斯坦在课堂上也明称:他在普通意义上使用语法一词(PO,第69页),只是哲学家和语言学家对语法有不同兴趣,会关心一些不同的规则。据 Charles Stevenson 报道,摩尔曾追问:was 或 were 用错用对与哲学何干?维特根斯坦回应说:是无关,那太明显了,但圣父、圣子、圣灵 was 或 were in the field 呢?(Baker & Hacker,第54页)维特根斯坦的这个回应并不中肯,三位一体后面应该跟动词单数还是复数,主要是个神学问题而非语法问题,就像该说重症病房的那个患者 dying 还是 dead 主要是个医学问题。难怪摩尔未被说服,他仍然觉得,"Three men was working"和"视野中同一点上同时有两种颜色"这两个句子看来是在不同的意义上"不合语法"。维特根斯坦就此评论说:我们有一种感觉,好像摩尔所说的第一种误用是无害的,第二种是恶性的。但事实上两种规则是同样意义上的规则,只不过某些规则已成为哲学讨论的课题而某些不曾。(LWLI,第103—104页)

Garver 对维特根斯坦语法一词的用法进行一番讨论后,觉得很难认可维特根斯坦对摩尔的回答,摩尔对这些回答感到不满诚有道理。(Garver,第150页)我相信,很少有读者不觉得维特根斯坦的语法一词用法很特别。那么,维特根斯坦为什么自称他的语法一词与普通语法并无两样呢?不少论者认为,这与维特根斯坦对语言所取的一般无为态度(quietism)相连。这的确是维特根斯坦的一般态度,例如他说道:"哲学不可用任何方式干涉语言的实际用法;因而它最终只能描述语言的用法……它让一切如其所是。"(PU,§124)再例如:"逻辑哲学谈到句子和语词和我们日常谈到句子和语词意义没什么两样。"(PU,§108)我的博士生胡欣诣则认为,维特根斯坦主要是从规则与经验陈述的两分着眼——无论哲学语法命题还是普通语法命题都不是对经验事实的陈述。

虽然维特根斯坦用到语法一词时通常不区分哲学语法和普通语法,但他也多处说到两者的相异之处。

第五节 维特根斯坦评说哲学语法与普通语法之异

维特根斯坦有时泛泛谈到哲学语法与普通语法的区别。他有一处说,哲学语法较普通语法宽,哲学家会把平常不归入语法的一些内容归入语法,例如,指着河流来解释流动的含义之类通常不被视作语法。(PO,第69页)这个区别背后的原因,大概在于哲学家和语言学家出于不同的缘由对语法感兴趣。有些语法现象,例如时态,语言学家和哲学家都感兴趣,他们出于哪些不同的缘由对这些语法现象感兴趣?在常被引用的《哲学研究》§109中,维特根斯坦说,哲学对语言的描述"从哲学问题得到光照,就是说,从哲学问题得到它们的目的"。这个说法过于宽泛,近乎同语反复。这一点,他

有时说得较为具体——

> 引起我们注意的法律是那些我们倾向于触犯的法律，同样，唯当哲学家会要打破某些语法规则，它们才引起我们注意。

（KMS，第274页）

哲学家为什么倾向于违背某些语法规则——显然不同于普通人为什么倾向于违背某些普通语法规则——这仍然需要我们先弄清哲学语法和普通语法的区别。

在另一段语录里维特根斯坦从正面说到相关区别，而且说得较为详细——

> 我们的语法研究不同于语文学家等等的语法研究；我们感兴趣的是，例如，怎样把一种语言翻译到另一种我们虚构出来的语言。一般说来，我们感兴趣的那些规则，语文学家根本不在意。因此，我们蛮可以突出这个区别。
>
> 但另一方面，说我们研究语法中本质的东西而他研究偶然的东西，这个说法会误导。
>
> ……
>
> 我们也许愿说，他和我们用"语法"说的是两种不同的东西。例如，有些地方，他不做任何区别，而我们却在那里区分两个不同词类。
>
> ……
>
> 可以说"红"这个词重要，因为它常用，且用于严肃的目的，

不像用来说烟斗嘴的词。于是,"红"这个词的语法就是重要的,因为它描述"红"这个词的意义。(KMS,第266—267页)

从维特根斯坦所列举的理由似乎看不出红这个词有多重要。维特根斯坦经常用红这个词(以及一般颜色词)来讨论不相容问题(同一表面上不能同时布满红又布满绿)、存在问题(如果世界上红色都消失了)等等,这些讨论似乎与红这个词"常用""用于严肃的目的"等等无关。红这个词的语法描述红这个词的意义,这也并不说明红这个词的语法重要,因为对维特根斯坦来说,每个词的语法都描述这个词的意义。再说,若红这个词的意义竟需要描述的话,这似乎还是普通语法的工作。的确,哲学家有时在语法学家不做区别之处做出某些区别,例如,区别出感觉语词类,这种区分与语言学家区分出抽象名词类在性质上的区别何在?怎么一来,哲学家的描述工作和区分工作就具有了格外的严肃性和重要性?

真正重要的,似乎不在于维特根斯坦所说的这些,而在于逻辑上不相容问题、存在问题等等都属于"如何理解我们自己的理解方式"。区别出感觉语词类也属于这一范围。下文将尝试表明,这些问题不是普通的语法问题,它们与语法问题的联系错综曲折,须得一层层加以梳理。

第六节 研究者论两者的区别

Baker 和 Hacker 似乎比维特根斯坦自己更鲜明地主张:哲学语法与普通语法基本上是一回事,哲学家和语法学家的区别在于两者的关注点不同。他们只提出一些他们认为不很重要的差异。例如，维特根斯坦所谓语法不包括乔姆斯基类型的语法；普通语法一般不包括字典学，就此而言，维特根斯坦语法延伸了"语法"的用法(Baker & Hacker, 第 52 页, 注 13)；语言学家不关注实指定义、感觉/感知等的范畴区别、罗素的摹状词理论这类"转述规则"等等(Baker & Hacker, 第 54 页)。

Baker 和 Hacker 提出的差异，在我看，有些其实相当重要。例如，近半个多世纪，乔姆斯基是普通语法学的主流，若哲学语法不包括乔姆斯基语法，它与普通语法的差别就非同小可。维特根斯坦有"深层语法"的提法，而乔姆斯基语法从根本上说就是深层语法，这两种"深层语法"是同是异？再例如，尽管我不敢肯定哲学语法包括"字典学"，但如前面说到的，维特根斯坦谈论的的确主要是"语词的语法"。这也不是一个无关紧要的差别。平常说到"语词的使用规则"，所指的主要是动词的使用规则不同于名词的使用规则，及物动词的使用规则不同于不及物动词的使用规则等等，而维特根斯坦说到"语词的使用规则"，多半都与个别语词的语义相关。而语义学在语言学中是个异数，迟迟建不起成熟的理论。也许，语义学从来不该完全划入语言学，而如普特南所言，是"一门典型的社会科学"[①]。

关于哲学语法和普通语法的不同，Baker 和 Hacker 提出的主要一点，是语法学家关注特殊的自然语言，而哲学家关注"由许多语言共享的(语言)形式"(Baker & Hacker, 第 55 页)。我们记得，在讨

[①] 普特南:《语义学是可能的吗?》，载于 A. P. 马蒂尼奇主编，《语言哲学》，商务印书馆，1998 年，第 607 页。

论语法与逻辑的同异时，Baker 和 Hacker 认为哲学语法关注"不同表征形式"之下共有的概念，在那里，看来形式是分殊，内容是共有，现在则形式成了共有者。这个"共享"或"分享"，远至柏拉图和亚里士多德，近至弗雷格和胡塞尔，都掩盖不住这个 eulogy 下面的丛丛疑窦。什么是各种语言都分有的形式？柏拉图的 εἶδος？弗雷格的概念文字？哲学家要懂多少种语言才能开始关注"由许多语言共享的语言形式"？只懂汉语的人似乎照样可以关注"理解"的哲学语法。反过来，各种语言的句子都有名词性部分和动词性部分（所谓 SP 和 OP）也许可算"许多语言的共享形式"，但这偏偏是普通语法学家的研究领域。"共享形式"无法打发这些老大难问题。这里的总问题是普遍性与特殊性问题，上文问，究竟哲学语法研究是普遍的抑或关涉特定语言的？所涉的就是这个问题。

多数研究者不同于 Baker 和 Hacker，他们不认为维特根斯坦在普通意义上使用语法一词。Forster 努力为维特根斯坦语法概念的内容辩护，但他一上来就说，维特根斯坦所使用语法一词与普通用法"只有相当疏远的相似"(Forster，第7页)。至于维特根斯坦语法与普通用法之间的区别是什么，研究者的看法则各有同异。Glock 总结出四项：哲学语法（a）并非为准确与全面本身之故而准确与全面；(b）不关注语言史和发生问题；(c) 关注许多语言共享的特征；(d）采用更宽的、功能性的语法规则概念。(Glock，第153页) Garver 总结出三项区别。第一项，哲学语法关心的是语言的使用，语言的使用没有所谓"结构成分"，相应地，关注使用就意味着导向对周边环境的探究，突出语境、上下文、话语的连续性；普通语法关注的则是形式及形式组合，即关注语形与句法等结构成分，突出对结构的分析。第二项，普通语法具有系统性而哲学语法没有。这一点大致可从第一项推出来——结构性意味着系统性，而语境是纷繁多样的。第三项，因为在维特根斯坦那里，语言与活动交织在一起，所以，语词只在生活之流中才具有意义(LW I, 第913页)。这一点把维特根斯坦同例如索绪尔明确区分开来。总的说来，在Garver看来，哲学语法与普通语法的差别颇不像维特根斯坦自己所愿声称的那样相近。(Garver, 第150—152页)

第七节　形而上学与语法任意性

前面讨论了哲学语法与逻辑以及与普通语法的异同并提出了一些疑问。在维特根斯坦哲学中，哲学语法、逻辑、普通语法这三者的关系，必须放到反形而上学的大背景下才能澄清。

上一章讲到，一切物体无例外地都有广延，2+2=4，白色是最浅的颜色，等等，一直被视作事物的必然的、永恒的真理，然而，在维特根斯坦看来，它们并不是关于世界的命题，它们是些语法命题，它们之为真来自语言自身的设置方式。语法命题这个概念解释了为什么这些命题具有必然性、普遍性——如果我们规定好了马走日、象走田，那么，在所有的象棋游戏里，马必然走日，如果你用马走田，那你根本不是在下象棋，与此相应，如果你用物体这个词谈论某种没有广延的东西，例如思想，那你就不是在说我们这种语言。

于是，哲学不再是关于永恒客观真理的探究，而是逻辑研究或语法研究；而语法比逻辑更明确地提示出这类研究的内容是对语言表达式进行分析。像人不能两次踏进同一条河流这样的命题，很难说是逻辑命题，而把它们视作语法命题则似乎较为自然。

所谓揭露形而上学的虚妄，从根本上说，是指明所谓形而上学的必然真理实则是语法规则。然而，与其说语法规则是必然的，不如说它们是任意的。语法是任意的，这一点维特根斯坦反复申说。《哲学语法》第一部分§133是维特根斯坦讨论任意性的最完整的段落之一，为便于后文的讨论，我把这一节整个译出来附在此处——

一个实指定义可能与应用该词的其他规则相冲突吗？——这显然是可能的；但规则不可能互相冲突，除非它们互相矛盾。何况，原本是规则确定含义，它们不可能跟哪种含义对质（verantwortlich）从而与之矛盾。

语法不欠现实一个说明（ist keiner Wirklichkeit Rechenschaft schuldig）。是语法规则规定意义，所以，这些规则不再对任何意义负责，就此而言，它们是任意的。

不可能就这些规则还是那些规则对"不"这个词来说是正确的规则（即，哪些规则合乎其含义）发生争论。因为若没有这些规则这个词就还没有含义；如果我们改变这些规则，那它就有另一种含义（或没有任何含义），于是我们也同样可以改变这个词。

"语言中唯一与一种本然必然性[①]（Naturnotwendigkeit）相关之项是一条任意的规则。它是唯一我们能从这种必然性中

[①] 笔者按，相对于因果必然性。

抽取到一个命题中的东西。"〔编者注——手稿中用铅笔写下：（也许涉及数学由规则构成这一悖论。）〕

为什么我不把烹饪规则称作任意的，为什么我倾向于把语法规则称作任意的？因为我认为"烹饪"概念由它的目的界定，相反，"语言"概念则不是通过语言的目的界定的。因此语言的用法在某种意义上是自治的，烹饪和洗涤在同一种意义上却不是。谁烹饪时要是遵行正确规则之外的规则，谁的饭菜就烧不好；但谁要是遵行不同于象棋规则的规则，那他就是在玩**另一种游戏**；谁要是遵行不同于如此这般规则的另一种语法规则，那他并不因此是说错了，而是在说另外什么东西。

我要把一块木头刻成一个特定形状，只要能刻出那个形状，怎么刻都正确。但我并不把具有所欲结果的论证称作正确论证。（实用主义）即使我们的所作所为根据某一计算的结果达到了所欲的目标，我仍然可能称这个计算是错的。〔参考这个笑话："我中了彩，可他还想教训我！"（编者注——张三告诉李四他中了彩；他看见街上一个盒子，上面写着5和7。他算了算，5×7=64，于是在彩票上填了64。李四：可5×7不是64！张三：我中了彩，可他还想教训我！）〕这表明辩护在这两种情况下是不同的，因此，"辩护"在这两种情况下有不同含义。在一种情况下可以说："你等着瞧，你会看到到时候出现的正是这个（正确的，亦即所愿望的）"；而在另一种情况下这不是辩护。

烹饪技术规则与"烹饪"一词的语法的联系不同于象棋规则与"下象棋"一词的语法的联系，不同于乘法规则与"乘"这个词的语法的联系。

度量单位的选择是任意的，语法规则在相同意义上是任意的。但这只是说：这种选择不依赖于所度量物体的长度；量出一个长度有对错，并不在同样的意义上，选择这一种度量单位是"对"的而选择另一单位是"错"的。这当然只是对"长度单位"一词的语法所做的评注。

维特根斯坦在另一些地方从另一些角度对语法任意性加以解说。例如：可以把语法规则称作"任意的"，如果这说的是：语法的目的无非是语言的目的罢了。(PU, §497)你无法为语法提供辩护……语法是任意的吗？是的，在上述意思上是的，即，语法无法得到证成（辩护）。(LWL Ⅰ, 第49页)与任意性相关联，维特根斯坦还不时说到"选择"和"约定"，例如：语法由约定（Vereinbarungen）构成。(PG, 一, §138)

看起来，任意性是语法的一个极根本的规定性。Baker和Hacker干脆概括说："语法是一套浮游无据的语言使用规则。"(Baker & Hacker, 第40页)

索绪尔早就提出过"任意性原则"，而且把它视作自己的语言学的关键。按照索绪尔的"任意性原则"，并不是事物先已经界限分明地互相区别好了，它们之间已经有了现成的联系，语词只是为事物贴标签，语法只是事物本有联系的摹写；相反，倒是语言才始做出种种区分、建立种种联系。维特根斯坦的任意性所取的大致方向相同，首先也是说语言或语法并不是要与外部实在对应。不过，这一思想在维特根斯坦那里处于更宽阔的视野中，与反对形而上学紧密联系在一起。依维特根斯坦，从前，哲学家认为自己提供世界的根本真理，那些必然而普遍的真理，但那是哲学的幻觉。这些所谓必然-普遍真理，其实是些语法规则。哲学的目标不在于发现事质世界的真理，而在于揭示潜藏着的、对我们的理解有重大意义的语法规则。这些语法规则的"目的"不在于体现现实的规律，而在于构建语言的自治性。

从必然-普遍的世界真理降到任意的语法规则，可谓霄壤之别。

第八节　任意性的限制，自治性

无论在索绪尔那里还是在维特根斯坦这里，语法规则的任意性都与语言的自治性紧密相连。语言的自治性，扩展而言，所有实践活动的自治性，是一个极为重要的概念。然而，一般说来，自治性不能等同于任意性。实际上，无论在索绪尔那里还是在维特根斯坦这里，任意或 willkuerlich 或 arbitrary 这个表达式极容易误导，因为任意、willkuerlich、arbitrary 这些词带有并非所欲的强烈的草率、不负责任的意味。[1]

在有些段落里，维特根斯坦极强地表述语法的任意性，不过，我们可以注意到，他通常对任意性有所限制。上引可以把语法规则称作"任意的"，如果这说的是：语法的目的无非是语言的目的罢了这一句话里，"可以把""如果这说的是"这些用语都颇显示留有转圜的余地。上引《哲学语法》第一部分 §133 中也有不少类似用语，如"就此而言"语法规则是任意的，"但这只是说"，"并不在同

---

[1] P. R. 谢尔兹:《逻辑与罪》,黄敏译,华东师范大学出版社,2007年,第74页。

样的意义上",等等。相比之下,Baker 和 Hacker 那句"语法是一套浮游无据的语言使用规则"表述得过强了。关于任意性受到的限制或约束,Forster 索引了维特根斯坦的相关语录,把它们分成几种:受到人类本性的约束,受到社会实践和传统的约束,受到有用性的约束。(Forster,第 67、68、73、78 页)总的说来,维特根斯坦提出哲学语法概念之初,更多强调任意性;在《哲学研究》等后期著述中,任意性只少量出现,而对任意性的限制则谈得较多。(就一位哲学家的思想发展来说,这也是一般规律。)

虽然维特根斯坦的确说到"约定""选择语法"等等,不过,就维特根斯坦的一般思想来说,语言不是我们制造出来的,在这个意义上,语法不是我们选择的,倒是我们无论如何都已经接受下来了的东西。因此,我们须慎重对待"约定""选择语法"这些提法,与其把任意性理解为在说制造、选择,不如理解为已经给定、无可选择。在一段意在说明计算并无理由的语录里,维特根斯坦说——

> 那么一来,计算就是某种我们任意采纳的东西啦?我们怕火,一个狂怒的人走过来我们感到害怕,如果这些不是任意的,计算也不是。(PG,一,§68)

这种给定性我们无须乃至无法为之辩护。可以说,这里没有什么道理可讲,但这不同于在有理可讲的地方不讲理。在论及"我知道这是把椅子"这类确实性时维特根斯坦说——

> 但这意味着我要把它视作位于有合理根据和没有合理根

据之外的东西。(OC，§359)

无论如何都已经接受下来，这在"无可理论"的意义上是任意的，但在"不得不如此"的意义上却正好不是任意的。单独拎出任意性，我会说，这是个糟糕的表述。当然，在论理中，任何一个单独的 catchword 都会强烈误导。论理不是宣传，宣传多多少少以误导为己任，论理者则需要时刻保持对"关键词"的警惕，所需要的，是对关键词的实际内容做出更审慎的思考。

在我看，所谓任意性，主要承担的是反形而上学的任务——语法不是关于世界的真理，不体现从现实中发现的必然法则。若从正面说，自治性这个概念就够了——语言有自己的目的，语言之法是为了语言自身的目的服务的。

维特根斯坦经常谈论语言的目的和语词的目的。什么是语言的目的？人们会说，语言的目的是交流，这个回答至少失于过宽——语言之外也有很多交流方式。更具体一步，我们会说，一句话，一段话，是为了表达感情、讲故事、说道理，这个回答已经提示了语言的自治性——我们用语言来表达感情、讲故事、说道理，与不用语言来交流这些有着根本的区别，实际上，我们不大清楚不用语言该怎样讲述故事，怎样说理。维特根斯坦说——

> 我们为什么使用某些种类的概念，这是个古怪的问题。我们为什么计数？不计数生活就过不下去吗？不然，狗就不能计数。我们一旦有了计数这回事，我们就会用得上它。银行职员使用计数，他有理由使用它。但这些理由存在在这个建制之

中。(LPP,第226页)

讲述故事、说道理，这些活动都存在在语言的建制之中。如果说语言的用途是讲故事说道理，那么就要说，唯语言才使得这些目的成为可能，就像你在一套象棋规则中才能产生抽车将军的目的。语言造就了自身的目的；以言行事不是反例，倒是最典型的例子——命名或宣布结婚这种事情像讲故事、说道理一样，本来就是有了语言才可能出现的事情、目的。

我们由此也可以注意到，语言的目的这个短语在维特根斯坦那里有两种颇不相同的意义。为简明起见，不妨分别称为"外在目的"和"内在目的"即自身造就的目的。在上引"语言"概念不是通过语言的目的界定的这句话里，语言的目的指的是语言服务于语言之外的目的，而在上引语法的目的无非是语言的目的罢了这句话里，语言的目的指的是语言自身造就的目的，或者说，语言的目的坐落在语言自身之中。若不明此点，就会认为这两句话明显地互相矛盾。

第九节　工具与实践的自治性

这里我愿提到，自治性是一个极为广泛的概念。维特根斯坦对语言自治的深刻洞察，不仅引领我们更深地理解语言，而且可以引领我们更深地理解广泛的人类活动。这些理由存在在这个建制之中这话不仅适合于讨论语言的自治性，它也适合于用来讨论工具的自治性、游戏的自治性（实际上，维特根斯坦谈论自治性，经常以各式各样的工具和游戏为例），尤其将有益于讨论人类一般实践活动的自治性。

我们为什么使用工具？我们使用工具的目的是做事；这就像说语言的目的在于交流一样过于宽泛。我们为什么乘飞机？当然，为了旅行。然而，不坐飞机就不能旅行吗？我们一旦有了飞机，我们就会用得上它。空降兵乘飞机，他有理由使用它，但这些理由存在在航空这个建制之中。在很大程度上，航空改变了旅行本身，重塑了旅行概念、战争概念等等，正仿佛语言改变了交流本身，重塑了感情概念、命令概念等等。

我们的各种实践活动，也都含有自治的维度。在我看来，维特根斯坦关于语言自治的思想，最好联系于实践这个大题目来考察，而语言正是一种最典型的实践。如麦金太尔所见，自治性在很大程度上规定了一般实践概念。[①] 艺术、行医、政治，每一门实践都有它的外部目的，例如，行医是为了治病，但另一方面，每一门实践总或多或少有其自治性，无法完全通过外部目的来解说，疾病、健康等等概念都与医药的发展以及当前的医学建制联系在一起才能得到真切的理解。维特根斯坦自己考虑过绘画的例子——

> 拿一个概念来和一种画法作比较：因为，我们的画法难道就是任意的吗？我们可以高兴选哪种就选哪种吗？（例如埃及人的画法。）抑或这里关系到的只是可爱和丑陋？(PU，十二§3)

维特根斯坦在这里提示，绘画不只是表现美丑的手段，绘画传

[①] A. 麦金太尔：《追寻美德》，宋继杰译，译林出版社，2003年，第14章。

统本身参与定义什么是美什么是丑。

第十节 复杂工具

此外，我们还可以在另一重意义上谈到工具的自治性。像尺子这样的简单工具，只有最为简单的内部结构——每个格子等长之类。像射电望远镜之类的观测仪器，则有复杂的内部结构，其中有很多部件根本"不与现实接触"，更无关乎对应；各个部件由仪器的整体逻辑互相联系，它作为一个整体对观测功能负责。这类复杂仪器的内部结构可说是自治的。

相应地，我们可以在两重意义上谈论语言的自治性。我们若把语言视作经由语法把语词组织起来的一部机器，那么，在语言整体中，很多语词很少受到外部事实的制约，更谈不上与什么事物对应，它们通过语言的内部逻辑联系在一起，并在这个意义上是自治的。

第十一节 对应与"负责"

Forster 讨论了自治性和任意性之后，最后总结说，维特根斯坦在某种意义上承认"可以适当地说语法原则对现实负责"，换言之，语法不是任意的。(Forster，第80页)语法在一个或一些意义上是任意的，在一个或一些意义上不是任意的；只是指出这一点显然还不够，我们需要一问：它们各是何种意义？Forster 尝试用"多样性论题"来调节任意性与负责之间的矛盾。(Forster，第80—81页以及此书以后的很多部分)在我看，Forster 的尝试不得要领——一般说来，多样性是有待解释的东西,而不是用来解释的原则。

摩尔注意到,在一种确定的意义上,我们明显能为度量单位提供理由,例如,foot 这个度量单位与人的 foot 长度相仿。他设想维特根斯坦会回应说:(a)这里提供的理由虽然也是对现实的描述,但这个描述是关于英尺这个词的,而不仅仅是在使用这个词。(b)这里所说的理由不同于我们在某次具体度量时为自己的度量结果所提供的理由。(PO,第72页)度量可以用英尺为单位,也可以用市尺或米为单位,采用或选择哪一种量度,在一个明显的意义上是任意的,说不上有什么道理,无所谓对错。与之对照,一旦确定了测量单位,例如采用了公制,量出桌子是 103 公分还是 105 公分,则是有对错的。现实并没有分好成一格一格,要求我们采用哪种单位来与它对应,唯当我们确定了度量单位之后,才谈得上对应意义上的对错:是 103 公分而不是 105 公分对应于桌子的长度。

规定何种长度为一尺不在对应的意义上对现实负责,但尺子是一种工具,工具在一个明显的意义上是要对现实负责的,那就是,它必须合用。摩尔说到 foot 这个度量单位与人的 foot 长度相仿,即指向这个方向;无论在哪里,都会发现与 foot 相近的度量单位。古人说:"寸尺咫寻常仞,诸度量皆以人之体为法。"[①] 实际上,这一点原在维特根斯坦的考虑之中——

> 我们出于实际需要的考虑选择这种长度而非那种长度,在这个意义上,长度(单位)显然不是任意的。(LWL II,第65页)

[①] 许慎:《说文解字》,第八篇下,"尺"字条。

把语言视作工具，自然应把语法视作工具所依之法，制作工具之法自然因为要制造出合用的工具而对现实负责。

> "如果也可以把命题看作一种可能事态的图画，说命题显示这种事态的可能性，那么命题所能作的，最多像一幅图画、浮雕或照片所作的，而且它因此无论如何都无法说出实际上所不是的情况。那么，把什么不把什么称作（逻辑上）可能的，就完全依赖于我们的语法啦——即：那无非是语法允许或不允许的东西啦？"——但那样就成了任意而为了！——是任意而为吗？——并非每一个像句子的组合我们都知道拿它派什么用场，并非每一种技术在我们的生活中都有个应用；我们在哲学中误把毫无用处的东西算作命题，那往往是因为我们没有充分考虑它的应用。(PU, §520)

> （这里谈论的是数学的语法规则）有用（Nutzen），即用法（Gebrauch），给予命题以它的特殊意义……规则的存在常常是因其结果是有用的，而数学命题实质上近乎规则，就此而言，有用性也在数学真理中得到反映。(RPP, I §266)

合用使得工具制造受到约束。在同样的意义上，合用使语法受到约束。前面提到 Forster 把语法受到的约束分成受到人类本性的约束，受到社会实践和传统的约束，受到有用性的约束等等，这种分法只是外部排列，自然事实、社会传统等等都是通过合用性起作用的。维特根斯坦的招牌概念之一，生活形式，可以视作所有约束的总和，这个概念并非一般意谓自然事实的总和，而是从自然事实对语法的约束而言的,没有语言,就谈不上生活形式。

第十二节　自然事实的不同角色

维特根斯坦也谈到概念与事实的"对应",与"很普遍的自然事实"对应——

> 如果可以从自然事实来解释概念建构,那么使我们感到兴趣的就不该是语法,而该是自然之中为语法奠定根基的东西啦?——概念和很普遍的自然事实的对应的确也使我们感到兴趣。(那些由于十分普遍而最少引人注目的自然事实。)但我们的兴趣却并不落回到概念建构的这些可能原因上去;我们不从事自然科学;也不从事自然史——因为对我们的目的来说我们也满可以虚构自然史。(PU,十二§1)

> 我不说:假使这样那样的自然事实是另一个样子,人就会有另一些概念(在假说的意义上)。而说:谁要是认为有些概念绝对是正确的概念,有另一些概念的人就洞见不到我们洞见到的东西——那么这个人可以去想象某些十分普遍的自然事实不同于我们所熟悉的那个样子,而他将能够理解和我们所熟悉的有所不同的概念建构了。(PU,十二§2)

我们现在要问,十分普遍而最少引人注目的自然事实指的是哪类事实?概念和很普遍的自然事实的对应是何种"对应"?

维特根斯坦说到十分普遍而最少引人注目的自然事实,大致是指：我们身周物体的大小是稳定的，地球引力是稳定的，我们是有眼睛的生物，等等。唯基于稳定的地球引力，我们才能称重量，唯基于我们是有眼睛的生物，我们才能有颜色语言。我们也许可以说地球有稳定的引力与称重量对应，但这显然不同于秤杆上的刻度与黄花鱼的重量对应。不如说，稳定的引力在宽泛的意义上是称重量的条件。我们是有眼睛的生物，这是产生颜色语言的条件，但颜色语言是用来讲述颜色的，不是用来讲述我们有眼睛这类事实的。

> 那么，自然在这里无话可说吗？她确实有话可说——但她以另一种方式（让我们）听到。(Z, §364)

制造工具，是要用工具做某些事情，用温度计来测量温度，用弓箭来射飞鸟走兽。气温时高时低，飞鸟走兽能被箭射死射伤，这些是与工具有关的一些自然事实。此外，还有一类自然事实与制造工具有关——水银是常温下唯一呈液态的金属，温度变化时，水银体积的变化较大，木头或铁可以被削出尖端，这些也是与工具有关的一些自然事实。就工具而言，它们是起不同作用的两类事实——前一类关乎工具的目的，后一类关乎工具制作的条件。不同时辰的温度变化是我们要用温度计来测量的事实，水银在常温下呈液态等事实则说明我们为什么用水银来灌注温度计。

作为语言条件的自然事实有时显得十分接近于语言与之对应的事实。在颜色词那里可以明显看到这种情况——赤橙黄绿有大致分明的界线，它们似乎是颜色词需要与之对应的东西，就像手套对应于手的形状，拐杖对应于人的身高。长度单位则相反——自然事物没有明显共度的尺寸，尽管"诸度量皆以人之体为法"，具体设定多长为一寸、多长为一尺仍留有相当任意的空间，结果，不同的长度设置法各有短长。相应地，尺子比喻有利于伸张任意性原则。假想我们周遭的事物大多分成均匀的一格一格，长度单位的设置就会相当一致，我们就可以谈论某种较优的长度单位设置法。

然而，做衣服固然要量体裁衣，但衣服的目的是保暖、好看或其他，并不是为了合乎体形；毋宁，合乎体形是做成保暖的、好看的衣服的条件。

这里的争点很容易变成关于语言设置依赖自然事实抑或反之的争论。各种语言中的颜色词差别甚大，沃尔夫根据这个瞩目的事实主张，"我们依着自己的母语设下的分界来切分自然"，而平克的主张正好相反："我们看见颜色的方式决定我们怎样学习颜色词，而非相反"。[1] 平克据有强有力的实证证据——无论两种语言中的颜色词相差多少，它们的使用者在辨别颜色的能力上大致相同。其实，英国粉蛾的变色表明，鸟类对颜色的辨别也与我们人类颇多相近之处。然而，这不是眼下的争点——沃尔夫的错误不那么在于他夸大了语词设置的任意性，关键在于他引错了任意性所处的位置。无论颜色词在何种程度上对应颜色的自然事实，颜色词的设置并不是为了对应于自然颜色——这种对应是为颜色词能够言说颜色以及一般言说服务的。在这个基本点上，颜色词的设置与长度单位的设置并没有什么两样——并没有一个标准来确定颜色词对应自然颜色到何种程度是"正确的"，并非颜色词的对应越准确越精确越

---

[1] 史迪芬·平克：《语言本能》，洪兰译，汕头大学出版社，2004年，第67、71页。

好。语法对现实负责，但不是在与自然事实一一对应的意义上对现实负责。简单说，其责任是适合于言说现实。

这一点在专名那里更加迷惑人。用不同专名来区分不同的人，没有什么选择，因此，我们的眼光被牢牢吸引在语词和自然事实的对应上，忘记了专名像所有其他语词一样，是用来述说现实的一种设施，忘记了在另一个意义上，专名并不与现实相应——没有一个不处在变化之中的个人，没有与其活动和状态相分离的个人。设置专名，像所有其他语词设置一样，不是为了"指称"，而只是为了言说。

维特根斯坦没有用沃尔夫的方式来为任意性辩护——

人们受到诱惑，用"然而实际上存在的是四种原色"这类方式来为语法规则提供理据。这种理据是依照如下模式建造的，即通过指向句子的证实来为一个句子提供理据。"语法规则是任意的"这话针对的就是有可能这样提供理据的想法。但难道不能在某种意义上说，颜色词的语法按世界实际所是的那样刻画了世界？人们也许会说：我去寻找第五种原色实际上岂非只会是一场徒劳？我们把几种原色归为一类，难道不是因为它们相似？或至少，我们把**颜色**归为一类，区别于各种形状或声音，难道不是因为各种颜色相似？或，我把对世界的如此这般的分割立为正确的分割，这时我心里已经有某种预先形成的观念作为范本？对此，我大致只能说"是的，这是我们看待事情的方式"，或，"我们恰恰是要画这样一幅图画"。因为，当我说"几种原色的确具有某种相似性"——我从哪里得来这种相似性的概念？难道不是这样——"原色"概念无非"蓝或红或绿或黄"，同样，那种相似性概念也只是通过这四种颜色被给出的？是的，这些颜色不是一样的吗？——"是的，那么我们也可以把红、绿和圆形归到一起啦？"——为什么不可以？

别以为你心里有颜色概念是因为你看着有色的物体——无论你怎么看。

（就像你有负数概念不是由于你负债。）(Z, §331、§332)

维特根斯坦是对的，我们有颜色概念，并不是"因为"我们看着有色的物体，然而，我们的确需要以某种方式澄清"我们有颜色概念"和"我们看着有色的物体"这两件事之间的关系，才能够有效地被除对应论的错觉。我们把红色归为一类，甚至我们把颜色归为一类，的确不同于把红、绿、圆形的东西归为一类，但现实对语言设置的这种约束并不是支持对应论的理据。

我们现在看到，一方面，尽管语法并不需要与现实对应，但它仍然对现实负责。但反过来，尽管语法要对现实负责，这种"负责"却显然不是：语法以镜像的方式反映了现实的结构。工具当然并非与现实物件一一对应。我们的语言有名词和动词的设置，并非因为世界里存在着不进行任何活动也不处在任何状态中的东西，存在着不是由任何东西做出的活动——猫消失了，爱丽丝就看不见猫的笑。语言这般构成而不是那般构成是有道理的，但语法的道理不等同于现实事物如此这般的道理。就此而言，语法是自治的，语法的道理在相当程度上独立于世界的如此这般。语法，或语言如此这般构成的道理，使语言适合于描述事物是如此这般的，使语言适合于讲述事物中有如此这般的道理。

因此，我们不能在符合意义上谈论语法的对错；我们谈论语法是否合宜。

第十三节　使用者与研究者

制造温度计和用温度计来测量温度是两项大致可以加以区分的工作。我们平常用温度计来测量温度，不需要知道温度计为什么能够测量温度，不知道或不在意诸如水银的体积怎样随温度变化这类事实。但制造温度计的人必须了解这类事实。他当然像温度计的普通使用者一样了解应当怎样用温度计来测量温度；不仅如此，由于他知道温度计为什么能够测量温度，知道温度计的"原理"，他多半比普通使用者更懂得使用。不过，他的专长在于了解普通人无须了解的另一些事情上。澄清我疼和他疼有不同的语法结构，意谓不是行动动词，颇有点儿类似于这个层面上的工作。维特根斯坦描述一个孩子学习等差数列时会出现这种情况那种情况，他不是在教给我们应该怎么理解等差数列，而是应该怎样理解理解。

然而，在两点上，维特根斯坦的工作不同于温度计的制造者。

第一点相当明显：语言的研究者不发明和制造语言。不过这一点在这里无关紧要。温度计的使用者也照样会对温度计的工作原理感兴趣。我们平常不问温度计为什么能够测量温度，可碰上在某些情况下怎么也测不到或测不准，我们就需要转向新工作；我们既可能去检查环境，也可能去检查温度计本身，去琢磨温度计为什么能够测量温度。我们关注语言，就像这样的测量者。我们平常说话，并不在意语言本身，当我们想说什么却说不出来或说不明白，我们便转而关注我们用以言说的语言。

这里可对维特根斯坦"哲学即语言治疗"的思想发一言。前面引维特根斯坦语录说，唯当哲学家愿意打破某些语法规则它们才引起我们注意，并问：哲学家为什么倾向于违背某些语法规则？哲学旨在穷理，我们的语言却不是为穷理而生，就像普通温度计不是为测量极限温度而造，穷理之际，我们难免乖离甚至违背语言的普通用法，因此，我们必须注意哪些乖离和违背是不得不然，哪些是思想混乱的结果。

第二点比较复杂。温度计制造者需要了解的是温度计怎样工作的机制，就此而言，拿语言学家跟他相比更加合适。哲学家所要理解的并非语言的机制，而是语言所体现的道理。这一点，下文还要专门讲到。

第十四节　游戏规则

维特根斯坦经常把语言比作工具，也经常把语言比作象棋之类的游戏。这两个比喻或范型都有助于揭示语言的一些重要特点。上文在讨论自治性的时候，主要采用的是工具范型，而维特根斯坦在讨论自治性的时候，则更多采用游戏范型。在类比语言与游戏的时候，维特根斯坦通常把语法类比于游戏规则：语法对语言的关系类似于一种游戏的描述，即游戏规则，对这种游戏的关系(PG，一，§23)；简单说，语法是辖制语词用法并因此构成意义或概念的规则。实际上，在他那里，逻辑和语法两词经常与规则连用而意思不变——《逻辑哲学论》中有"逻辑句法规则",此后多有"语法规则"。乃至于,《哲学研究》里几乎不解说语法概念,而用了很大篇幅解说规则。与此相应,二手文献中讨论语法的较少,讨论规则的则汗牛充栋。进一步,维特根斯坦关于语法任意性的讨论尤其与"盲目遵行规则"相呼应。二手文献中关于语法任意性的讨论也多受到《哲学研究》中盲目遵行规则思想的影响,突出规则的任意性。

维特根斯坦在讨论语言自治性的时候更多采用游戏范型,道理是明显的,因为维特根斯坦要突出语言的自治性和任意性,而游戏比工具更富自治性和任意性。工具是有用的,不管工具的构成有多复杂,它总受到其功用的约束;不管工具怎样改变了目的本身,它总还有个目的。游戏没有类似的目的,因此,游戏规则,例如象棋规则,其自治性远为突出。

然而,正由于工具与游戏的上述区别,在讨论自治性的时候,象棋范型与工具范型之间有很强的张力。维特根斯坦关于语法自治性的很多评注之间的张力即来自象棋比喻和工具比喻之间的基本张力——这两个范型各诉一端:象棋范型彰显语法的自治性,工具范型彰显语法受到约束。

前文说到,任意性在很大程度上来自自治性,自治性在很大程度上与目的相关。我们挖个坑,目的是种树;在这个意义上,下棋没有目的。当然,我可以为了挣得奖金下棋,但这些目的与下棋没有内在联系——种树要求挖坑,挣钱却不要求下棋。固然可以说,下棋为了赢棋,但这个目的是完全内在于象棋的目的:怎么叫赢,完全由象棋规则规定;不像什么是一个好的坑要由打算种什么树规定。象棋规则受到这样的约束:它得创造一种好玩的游戏,不过,好玩并不是下棋的"目的",下棋好玩,是说下棋本身好玩,而不是下棋为了好玩。这一层且不深论,无论如何,好玩是一个极为宽泛的限制,远不足以说明象棋为什么有马走日、象走田这样的具体规则。马走日、象走田这些规则倒的确受到某种约束:马走日这条规则虽然不是从其他规则推衍出来的,但这条规则必须与车、炮等等的走法规则配套。这种约束相当于复杂工具的内部逻辑,与受到外部目的约束有很大区别。

下象棋没有目的,或者说,下棋的目的完全由象棋规则本身规定,这给了象棋规则以完全的自治性。在这一重要之点上,游戏规则与其他活动中的规则颇为不同。维特根斯坦之后,"游戏规则"这个用语人人爱用,但鲜有人注意这层区别。在多数情况下,规则多多少少受到外部目的的约束,我们可以在这些目的的光照下说明为什么制定这样的规则。规则当然有约定因素,但有约定因素并不等于没道理;实际上,交通规则,升学规则,一般的法律法规,大多数规则是有道理的,尽管规则不能完全归化为为什么这样制定规则的道理。法理学家谈论法律的道德基础,这里,道德就是这样立法而非那样立法的道理。就此而言,我们并不只是盲目遵行规则,我们经常会说某些规则不合理,并据以主张修改规则,甚至反对、抗拒某些规则。我们依据规则为之服务的目的来修改规则。

语法规则显然并不都是没道理的约定、规定。有些规则没什么道理,只是个规定,例如英语名词复数加 s,德语里动词的框形结构;然而,我们区分单数与复数,区分名词和动词这两个词类,区分"的"和"地",我们把飞机叫作飞机而不叫作海机,却是有道理的。我们说 it's me 而不说 it's I,长久以来人们把这视作一个特殊约定,直到晚近才有语言学家表明这种通行说法是有道理的。冠词这种设置不是必需的，汉语就没有这种设置，但这种设置是有道理的；汉语没有这种设置，有时就不方便，需要通过曲折的办法表达西语冠词简洁地表达出来的意思。至于"语词的用法"，下面将表明，更不是纯粹约定。

第十五节 "规则"，烹饪与象棋

我一开始就提到，维特根斯坦从未对哲学语法这个概念给出系统解说，而且，他的工作一般说来是开拓性的、探索性的。维特根斯坦通常把语法理解为一套语法规则，语法有时被视作对语词用法的描述(PG,一,§23)，有时又被直接等同于用法。维特根斯坦说："知"这个词的语法显然与"能"、"处于能做某事的状态"这些词的语法很近。但也同"领会"一词的语法很近。（"掌握"一种技术。）(PU,§150)这里，语法的意思几乎就是用法。实际上，紧接着维特根斯坦又说：但是"知道"一词也有这种用法：我们说"噢，我知道了！"(PU,§151)

混用"规则"和"用法"，造成了很大混乱。前面译出了《哲学语法》第一部分§133，我们现在来仔细看看其中的这段话——

> 为什么我不把烹饪规则称作任意的，为什么我倾向于把语法规则称作任意的？因为我认为"烹饪"概念由它的目的界定，相反，"语言"概念则不是通过语言的目的界定的。因此语言的用法在某种意义上是自治的，烹饪和洗涤在同一种意义上

却不是。谁烹饪时要是遵行正确规则之外的规则，谁的饭菜就烧不好；但谁要是遵行不同于象棋规则的规则，那他就是在玩另一种游戏；谁要是遵行不同于如此这般规则的另一种语法规则，那他并不因此是说错了，而是在说另外什么东西。

维特根斯坦后来把这段话裁出来，准备编入一本新书[①]，只在文字上做了一点点不要紧的修订。然而，这段话露出不少疑点。主要疑点在于，维特根斯坦说到烹饪时，说的是谁要是遵行正确规则之外的规则，nach andern als den richtigen Regeln richtet，而说到语言时，说的却是谁要是遵行不同于如此这般规则的另一种语法规则，nach andern grammatischen Regeln richtet, als den and den。什么叫正确规则之外的规则？正确规则之外的规则当然是错误的规则。遵行错误的规则和遵行不同的规则显然是两回事，因此，这段话的主要类比根本不能成立。

那么，为什么维特根斯坦不直接说"烹饪时遵行错误的规则"？在维特根斯坦的一般理解里，"错误的规则"会是个极可疑的搭配。我们还记得，就在《哲学语法》第一部分§133那一节的开头，他说：不可能就这些规则还是那些规则……是正确的规则（即，哪些规则合乎其含义）发生争论。因为若没有这些规则这个词就还没有含义。说到规则的正确错误，已经与规则的任意性冲突。因此，大概只能说某人烹调时根本没有遵行规则，或只是表面上在遵行规则。

依以上思路矫正这段话里的主要类比，维特根斯坦所欲揭示

---

① 见 Zettel，§320。

的烹饪规则和语法规则之间的区别就消失了。如果我烹饪时遵行的是不同于如此这般规则的另一种规则，其结果可以是不再烧鲁菜而是在烧川菜；另一方面，谁要是在说话时遵行正确规则之外的规则——无论这话是什么意思——那他就不是在说另外什么东西，而是说错了，或干脆在说胡话。

不过，我们在什么意义上能说到"烹饪规则"？我们译作规则的，德文是 Regel，英文是 rule。规则有很多近义词，如规矩、尺度、规范、约定、规约、程序等等。Regel 和 rule 也有很多近义词及同源词。维特根斯坦有时混用 Regel 和 Norm，本章有时也混用规则和规范，这些语词的区别，在专论规则等等的场合，我们当然需要去加以梳理，眼下，我们把规则当作一批近义词的总名来使用。作为论理时采用的总名，可以认为规则与 Regel 同义，但翻译者当然知道，在具体上下文中，Regel 并不总要译成规则。例如，regelmässig 和 as a rule 通常译作按常态、一般说来而非译成根据规则或作为一条规则。Regel 和 rule 这两个词都比中文的规则要宽，汉语规则一词特别突出了人为制定的方面。不过，"规则"在汉语辞典中有另一个分列的含义，大致相当于整齐划一、有规律的，例如我们说到规则图形、不规则图形。这个含义接近于（但不等于）常态。我们可以把规则的这个用法视作其第一含义产生的结果：按照所制定的规则进行，产生出来的东西是有规律的、常规的。规则与 Regel、rule 的区别给翻译带来困难，同时也启发我们更深入地思考，例如，我们由此可以看到规则与规律、常态有密切的概念联系。说理时引述大家是怎么做的和引述规则常具有相同的效力，因为众人的、常规的做法隐含其背后有着某种规则、规范。

依照汉语中规则一词的用法，烹饪通常说不上"遵行规则"。烹饪当然是有方法有程序的，这些方法、程序是从烹饪实践中琢磨、整理出来的，它们是烹饪之理的明述，而不是人为的约定。一家餐厅可以为厨师制定一套规则，这样的规则含有约定的因素。但即使这样的规则，也更接近于交通规则、升学规则等等而非接近象棋规则。

第十六节 "用法"，棋规与棋理

这里远没有展开对规则的详细分析，只是初步提到这个词的歧义。同样，Gebrauch（使用、用法、use）这个词也颇多歧义；论及这一点的论者不少，如 Forster 说："像后期维特根斯坦的很多核心用语一样，细察之下，'用法'一词结果具有挺复杂的、意料之外的意义，可说是个理论负载颇重的用语（尽管维特根斯坦自己要承认这一点会极不舒服）。"（Forster，第71页）对本文的论题来说，语言的用法这个短语在两个方面颇不清楚。

一、维特根斯坦常说，语言的用法、句子的用法、语词的用法。而我们平常多半只会说语词的用法。这里需要做出区分：语句的"用法"与复杂工具的（整体）功能相应，它对整体功能负责；而语词的用法则像这架仪器中的部件一样，受到其他部件的约束，对各种部件的配合负责。什么是语言整体的"用法"则可存疑。

二、不应混淆用法之为规则与用法之为行棋技术。马走日，这是规则，也可以说是马的用法。用马来别象腿，用马来抽车将，这也是马的用法，实际上，我们通常是在这个意义上谈到马的用法。

用马抽车将，当然要遵行跳马的规则，也不妨说，盲目地遵行跳马的规则。然而，抽车将不同于遵行指令，不只是在遵行规则。走出这一步依据棋理——行棋的道理。没有象棋规则，当然说不上象棋的棋理，就此而言，象棋是自治的，但有了象棋规则，仍然需要理解棋理。

象棋规则规定了象棋之为象棋，换言之，这套规则只对象棋有效——当然是这样，如果它对 x 无效，x 就不是象棋。象棋的道理却不单单属于象棋。不懂马和车这些棋子在象棋中的作用，就不明白棋手为什么宁愿牺牲马而不愿牺牲车；在这个限定的意义上，舍马保车的道理是属于象棋的道理。然而，棋的道理与棋之外的道理是相通的，舍马保车的道理同时就是舍弃重要性较低的保护重要性较高的这样一个一般道理。这个道理可以用"舍卒保帅"这个说法来表示——帅和卒不仅在象棋里有主次之分，它们一般地就有主次之分。理解棋理，远不止于了解象棋规则，更需要具有一般的明理能力。就像说，下棋的人需要进行逻辑推理，这种逻辑能力当然不只属于下象棋这种活动，而是一般的逻辑能力。我们在下棋之外具有一般的明理能力和逻辑能力，把这种能力运用于下棋；在学棋下棋过程中，我们也可以提升我们一般的明理能力和逻辑能力。

"遵行规则"（rule-following）这个短语在此含混不清——它可以而且很容易被理解为遵行指令。为此，最好把下棋称作"规则辖制的活动"（nach Regel richtete Aktivitaet，rule-governed activity），而不说是在遵行规则。行棋是规则辖制的活动，它不是盲目地遵行规则，而是在一个自治领域中依赖理解。

着眼于上述区分，说话当然是规则辖制的活动而不仅仅在遵行规则；不仅如此，尽管"语言的目的"在很大程度上是由语言这种建制规定的，但其自治程度远不如"象棋的目的"那么强，换言之，在语言中，遵行规则与规则辖制须更加明确地加以区分。

"哲学语法"的目标不是找出语法规则，而是在语法规则、语词用法等等之中查验我们是怎样明理的。更宽泛地说，找到规则从来不是哲学的目标。相应地，与普通语法不同，"哲学语法"关注语词的用法甚于关注语法规则，因为我们是怎样理解世界的，更多体现在语词用法中而非体现在语法规则中。

棋规与棋理是两回事，这一点并不难明白，但说清棋规与棋理的区别并不容易。一个原因在于，依棋理行棋，你我可能走法完全一样，这种一致性就像你我在遵行指令一样。反过来，一步不合棋理的臭棋，我们会说，这根本不是一步棋，仿佛它是一步不合规则的棋似的。

行棋中有很多棋步是"必然之着"，围棋里的定式是突出的例子。这时候，不同棋手的走法一致，但这种一致有别于遵行规则，有别于在所有棋手那里马一致走日。必然之着在常规、常态、合理、合乎规律的意义上，合乎 rule 或 Regel，但它们不是汉语中的"合乎规则"。语词也有少量的使用规则，例如这个词是名词而不是动词，等等，但通常意义上的语词用法，相应于行棋。即使懂得一门语言的人在这里那里总是使用同样的词，那也相当于定式，依于语言之理，而不能用他们都在遵行语言规则来解释。

不合棋理会走出臭棋，臭棋虽臭，但不违反棋规。你下出臭棋，会遭到对手的惩罚，但裁判不能罚你。合不合棋理有程度之别，在聂卫平是昏着，我下出来，观棋人还夸那是妙手。但我走出违反棋规的一步,到聂卫平那里这么下必定也违反棋规。

第十七节　约定与道理相交织

"哲学语法"旨在发掘体现在语法规则、语词用法等等之中的道理。道理和逻辑经常被用作同义词,但两者也有区别。这里不详论道理和逻辑这两个词的一般区别,只满足于指出,我们更倾向于在形式系统中说到"逻辑",与此对照,道理结合在事实和约定之中。我们不了解经济事实,就无法理解经济学的道理,不了解生物世界的事实,就无法想通演化论的道理。不知道棋规,就无法明白棋理。简单说,棋理是结合在象棋规则中的一般道理,是一般道理和棋规的化合。

语词用法是有道理的,然而,这些道理受到形形色色事实的约束,镶嵌在语言的种种约定之中。我们把飞机叫作飞机是有道理的,比如说,不会把它叫作"海机"。但飞机这个叫法,不消说,也包含约定的成分。我们叫它飞机而不叫"天车",虽然把它叫作"天车"也不乏道理。一旦把飞机叫作飞机,我们就顺理成章地造出机舱、机组人员这些语词,不倾向于说"车舱""船组人员"等等。这里的理,链结在我们已经把飞机叫作飞机这一事实之上。

把飞机叫作飞机,其中既有约定,也有道理。其中的约定因素当然单属于汉语,airplane 另有它的约定。其中的道理则不是汉语的道理,也不是只有在考虑该把飞机叫作什么的时候才有的道理。

在多数语法设置中,道理与约定交缠在一起。这一点,我们在学习外语时体会最深。冠词这种设置显然是有道理的;汉语没有这种设置，我们也可以通过冠词设置所依的道理大致掌握冠词的用法。但另一方面，尽管我们明白何时该用 a 何时该用 the 的道理，在很多上下文里仍然拿不准具体该用哪个，因为这里包含某些约定的成分。在语言中，道理与约定交缠甚深，说母语的人往往不会留意甚至不易区分哪些是惯习哪些是道理，学外语的人却对这一区分相当敏感——哪些与他们自己的母语道理相通，哪些需要死记硬背。

　　语言的道理镶嵌在各种语言的种种约定之中，须联系语言的实际用法得到说明。由此，语法，尤其是"语词的语法"，便与象棋规则明显不同。象棋只有少量规则，这些规则不受外部条件的约束，不多的规则自己构成了一个互相照应的整体，这套整体规则一次性给出，是一个与行棋相分离的单独的层面——独立在先的规则单向构成行棋的基础，行棋反过来并不影响规则。在这里更适合象棋范型的，不是语法，而是逻辑。在逻辑演算中，规则是与使用分离的、先在的。而在自然语言中，有数量极大的规则和约定，如叶斯柏森所言，约定出现在语法的各个层次上，"约定用法可以是一个完整的句子，也可以是一个词组，或是一个词，或一个词的一部分"。[①] 有些约定互相照应，有些则是独立的约定。相应地，语言的道理镶嵌在层层叠叠的约定之中，约定与道理多层次多环节地相互交织。

　　而在语法中多多少少能够与象棋规则类比的，是句法，而不是语词的用法。语词用法也受规则制约，例如一个词是名词还是动词，这部分规则可以归入句法。语词用法也含有约定，但这一部分，我们倾向于称作约定，而不是称为规则，缘故在于，这些约定通常是有

[①] 叶斯柏森：《语法哲学》，何勇等译，语文出版社，1988年，第13页。

道理的约定，而且不是不能打破的，成语活用是一个典型的例子。

就语词的使用而言，语言更像是正在成形而又不断更新的游戏。行棋意义上的用法在很大程度上促成约定，"唯当一种语言已经被人们说了很长时期，这种语言的语法才被标明，才存在"(PG,I,§26)。约定不是先在的，与使用相分离的；使用促成约定，约定又规范使用。

我愿在这里提到相对主义的一个主要主张：无论什么道理，追溯下去，最后总会追到没道理的约定；道理之间的龃龉归根到底在于约定不同，既然约定本身并无道理，道理之争只能是鸡对鸭讲。这个简易的观念完全遮蔽了说理与约定之间的实际关系。一、至少在持有共同约定的情况下，说理是可能的。二、大多数约定是有道理的约定，从而，不同约定之间仍可以有合理的争论。三、最不易看清的是，既然这些约定有一定的道理，依这些约定发展出来的道理就可能反过来改变这些约定。当维特根斯坦说"人们差不多可以说这墙基是靠整个房子来支撑的"(OC,§248)，他表达出了这一基本洞见。象棋规则在这里不是良好的比喻，因为行棋几乎从来不反过来影响棋规，然而，事涉语词用法规范或一般的实践规范，我们要说，它们是由实践活动本身来支撑的。

前面曾简略提到，关于语言自治的思想最好联系于实践这个大题目来考察，这里关于规则与使用所说的，在很大程度上可以用来谈论一般实践。以自治性的强度来衡量，我们可以把象棋、语言、绘画、挖坑或维特根斯坦说到的刻木头排成一个系列。一个极端是象棋，它是完全自治的，在那里，规则和行棋分得清清楚楚。另一个极端是挖坑，它完全服务于例如种树这样的目的，没有内部规则，只要能挖出那样大小的一个坑，"怎么挖都正确"。这两类活动，都应排除在实践之外。① 而语言和绘画则是典型的实践活动：它们具有不同程度的自治性，但并不是完全自治的。而这又意味着，实践活动并非建立在先在的、不可变更的约定之上，实践活动本身加固或修正或抛弃这些约定。若拿语言和绘画作比较，我要说，语言具有更强的自治性。语言规则与语言用法密切交织在一起，但我们可以大致清楚地区分什么是语言规则，什么是语言用法；而在绘画中，画法，"画的语法"，更难与具体作画区分开来。

基于以上缘由，Grammatik 或语法一词比逻辑更适合于称谓凝结在语言中的约定。当然，广义的逻辑也是此意，在"政治的逻辑"这类用语中，逻辑就不那么像形式逻辑里所说的逻辑，更像 Grammatik，实际上，现在也的确有人采用"政治的语法"这类表述。

第十八节 哲学语法与普通语法（1）

现在，我们应不难看到哲学语法与普通语法的区别了，泛泛说，哲学语法关心凝结在语言中的一般理解方式，普通语法寻找语法规则和语法机制。

我在语言章里讨论了哲学为什么关注语言。其基本思路是：哲学旨在穷理，穷究根本的道理；根本道理与我们对道理的理解交织在一起；穷理必探入我们自己的理解方式，而我们的基本理解方式集中凝结在我们的语言之中。哲学的语言性质不在于哲学研究语

---

① 麦金太尔没有看清楚这一点。为了强调实践的自治性，他把象棋举为实践的典型，这给他的立论带来了不必要的困难。

言，而在于哲学在语言层面上考察世界。

相对而言，语言学家首先关心形式，即使它没有什么道理，例如把动词区分为规则变化的和不规则变化的。哲学家通常关心的是另一种分类，例如，区分出感觉语词类；把有感觉的东西和无感觉的东西区分开来，不仅是有道理的，其实我们更应当说，我们能够说到道理、能够说理，原本就基于这一类最基本的区分。概念考察所寻求的道理通常体现在语义中而不是体现在句法中；或者说，句法更多是纯粹约定。德语的框形谓语很特别，但我没读到谁研究出其中有什么一般道理。因此，语义学比句法学要更富哲学意趣，句法学比语义学更适合作为语言科学研究的对象。

语言学以何种方式进入哲学？语言学能扶持哲学走上多远？万德勒写了一本《哲学中的语言学》，力证句法学能够为概念探索提供帮助，而在全书最后分析 good 的那一章末尾他说道："怎样才算一个好人？"这类问题"将引我们远远超出这个词的语法领域"；"即使有了一套完备的语法，我们也不过刚刚起步"。[①] 挖掘某些深层语法，区分 being 或 is 的几种意义，这些工作，在有针对性的时候，可以是穷理的内在组成部分。但存在论的基本问题，"世界是物质的还是精神的"这类问题，没有也不可能由此得到解决，实际上，它们根本不是"超弦是不是物质的最小元素"这类有待解决的问题。至于一般的语言学，在论理学上没有针对性，它最多会帮助我们防范论理过程中的一些低级错误。精通语言只是论理的外部准备工作。

[①] 泽诺·万德勒：《哲学中的语言学》，陈嘉映译，商务印书馆，2023 年，第 238 页。

第十九节　规则与道理

哲学家探索语言中凝结的道理,这种探索必涉及语法规则。这与研究象棋不同。研究象棋,一般说来不是研究象棋规则,单是研究棋理。如上所言,象棋只有不多的、简明的规则,而且这套规则与棋理区分得清清楚楚,所以我们能够单独研究棋理,至于这些棋理之成立依赖于有这套规则,乃是不言而喻之事。语言却复杂得多,规则与道理多层次地相互交织,所以,研究如此这般言说的道理,离不开研究语言规则。

反过来,语言学研究语言规则,也离不开研究语言的道理——为何有这些规则,这些规则之间怎样相互联系,以及这些规则对实际言说的影响。不过,语言学家从语言使用的种种道理进向语言运作的规则和机制,他的目标是发现语言的规则和机制,他特别关注那些能够揭示规则和机制的道理,特属于一门语言的或特属于语言的道理。哲学家关注动宾结构,是要引出关于何为实在、意向性等等的讨论,语言学家关注动宾结构,是要处理汉语或德语中这种结构的语序等构成方式,或探索各种语言中不同的动宾结构如何产生自深层语法中共有的 NP 与 VP 结构。也许在这个意义上,我们勉强能像维特根斯坦那样说,没有两种语法,有的是对语言规则的两种兴趣或关心规则的不同应用。但确切地说,语言哲学只在这个程度上关注语法规则——就某种一般道理必须或最好联系于特定的语法规则得到解说。

前面曾提到,有论者说哲学语法问题"通常涉及由许多语言共享的形式",我们曾问:什么是各种语言都分有的形式?其实,不管有没有以及什么是各种语言都分有的形式,它们都将落入语言学的领域。哲学语法区别于普通语法,完全不在于"许多语言共享的形式"。列举一门特殊语言的规则是语言学家的工作,通过对多种语言的研究找出所有语言共有的规则,或探求所有语言共有的机制,这仍然是语言学家的工作。索绪尔的普通语言学,叶斯柏森的语言哲学,乔姆斯基语法,这些都以普遍语法为鹄的。实际上是否存在所有语言都共享的规则、机制,这个问题本身也要由语言学来回答。用传统语汇说,这个问题要由对语言的经验研究来回答。属于某种特殊语言抑或为所有语言所共有,与哲学没有关系。维特根斯坦说,说我们研究语法中本质的东西而他研究偶然的东西,这个说法会误导,即可这样理解。

第二十节　哲学语法与普通语法(2)

普通语法与"哲学语法"的不同,概括说来,在于:普通语法"为研究语言而研究语言",把语言当作对象来加以研究,它关注语言中的道理,以便理解语言的机制;"哲学语法"研究语言,是为了理解世界的道理。理解会遇到困难,各种各样的困难,其中一种根深蒂固的困难,就在我们的理解方式本身之中,为此,我们必须澄清我们自己的理解方式。而我们的理解方式,集中凝结在我们的语言之中。所谓哲学语法,就是凝结在、体现在语言用法中的理解方式。哲学家从语言的特定用法中探究我们的一般理解方式。为了区别于对事物或曰自然事实的理解,不妨说,哲学语法探究旨在理解理解。这一点正可以维特根斯坦本人的工作为例。例如,他用不少篇幅来描述一个孩子怎样学习等差数列,反复考虑这个过程中会出现的种种情况,他不是教给我们应该怎么理解等差数列,而是在探讨应该怎样理解理解。例如,他关于共相与家族相似的讨论旨在揭示概括语词所体现的理解方式。对世界的理解无不纠缠于我们自己的理解方式,穷理而达乎凝结在语言里的道理,即达乎穷理的核心,依此,"哲学语法研究"乃是穷理的核心工作。维特根斯坦像其他哲学家一样,以穷理为业;不过,他更集中于穷理的核心部分。多多少少与这种工作重心有关,他更加明确地把凝结在语言用法中的道理与事物的道理区分开来,就此而言,他对形而上学的批判的确有澄清之功。不过,语法命题与事实命题,理解的理解与理解,并不绝然相隔。

我们的理解方式并不就是对世界的理解。我们了解了温度计的工作原理,并不因此就知道了各个时间、地点的温度变化。它们是两个层次的工作,这两个层次的混淆,维特根斯坦视作形而上学谬误的根源——形而上学把语法考察误解为关于事实的考察,只不过,仿佛我们这时考察的不是普通事物,而是超级事物。维特根斯坦所欲做出的区分的确非常重要,然而,我们现在应能看到,所谓哲学语法考察的任务,并不是鉴别出纯粹约定的命题,揆诸维特根斯坦自己的工作,他所做的根本不是这件事情。哲学对纯粹约定的东西没有兴趣。理解理解本身从来不是单独的目的,我们始终与理解世界联系在一起来理解理解。如果形而上学这个词的本意是理解世界的根本道理,那么,哲学语法本身就活动在形而上学的论域之中。

第二十一节 "深层语法"

由此我们也可以看到，不能把哲学语法理解为乔姆斯基意义上的深层语法。据乔姆斯基，John is eager to please 和 John is easy to please 表层语法相似，但它们具有不同的深层结构。本章开始时曾提到，维特根斯坦也有表层语法/深层语法的提法，并有学者认为，乔姆斯基的深层语法概念曾受到维特根斯坦相关提法的启发。维特根斯坦通过反复分析表明，我觉得疼和他觉得疼表面看来结构相同，其实这两个句子的语法有根本区别；这类分析与乔姆斯基上面的那类分析有相似之处，然而，这两类分析的目的、旨趣迥异。乔姆斯基意在发现各种不同语言背后的统一机制，这个机制有着与表层语法规则不同的一整套深层次规则；维特根斯坦却从来没有哪怕尝试提供这样的系统语法机制。如 Garver 在总结哲学语法与普通语法区别时所说，普通语法具有系统性而哲学语法没有；当然，所谓"哲学语法"有自己的系统性，那在于系统说理，而非提供普通语法意义上的系统语法。

《逻辑哲学论》中没有关于深层语法的提法，但维特根斯坦关于语言乔装了思想的看法可以视作深层语法的先声——

> 语言乔装了思想。并且是这样，即根据这件衣服的外部形式，不能推知被乔装的思想的形式，因为衣服的外部形式完全不是为了让人们知道身体的形式制作出来的，而是为了完全不同的目的。(TLP, 4.002)

外衣-伪装是哲学尤其近代哲学中一个极常见的隐喻,由于常见,人们对之习焉不察。然而,思想为什么要乔装?——自然没有伪装的动机。(对乔姆斯基来说,有一个相似的问题:为什么实际语言不直接采用普遍语法,而要经过转换生成各式各样的表层语法?)不过,维特根斯坦与众不同,他使用这个隐喻的时候,看到了一种重要的端绪,这个端绪鲜有人看到,他自己也往往忘记:出现伪装,罪不在衣服——思想和语言尽管联系紧密,其实各有自己的目的。我们也许可以笼统地说,语言是为了思想,却不是为了反映"思想的形式",就像射电望远镜是为了观察宇宙空间,不是为了反映它自己的结构。反过来,尽管语言这件"外衣"的目的不是为了要让我们"知道思想的形式",我们却可以通过它探究思想的形式,就像石斧木犁不是为了文化存在,我们却可以通过这些器物研究一个时代的文化。语言并不像外衣那样掩盖思想,如果语言是思想的外衣,那我们得说,或至少维特根斯坦得说,我们从来无法脱去这件外衣,因而就从来无法知道真正的思想是怎样的。我们不是脱开语言的外衣去研究它所包含的道理,"一切都公开摆在那里……我们对隐藏起来的东西不感兴趣"(PU,§126)。[1] 我们用耳朵摄取的,不是用法的一部分,而是全部用法,而"哲学语法"要穷究的,是这些用法提示了什么道理。有此思想准备,让我们仔细读一读《哲学研究》中说到深层

---

[1] 斯坦利·罗森(Stanley Rosen)注意到列奥·施特劳斯与维特根斯坦在这一点上的想法惊人一致,他引用施特劳斯的话说:"事物表面所固有的而且只有其表面所固有的问题恰恰是事物的核心。"Rosen 自己的表述则是:"深层包含在表面,而且仅在表面。"斯坦利·罗森《维特根斯坦、施特劳斯与哲学的可能性》,载于张志林、程志敏选编,《多维视界中的维特根斯坦》,华东师范大学出版社,2005 年,第 198 页。

语法的这段话——

> 在一个词的用法里,我们可以区分"表层语法"和"深层语法"。使用一个词时直接给予我们印象的是它在句子结构里的使用方式,其用法的这一部分——我们可以说——可以用耳朵摄取。——再来拿例如"意谓"一词的深层语法和我们会从其表层语法推想的东西比较一下。难怪我们会觉得很难找到出路。(PU,§664)

这里,维特根斯坦在谈论表层语法和深层语法,然而,我们注意到,与"意谓"一词的深层语法相对照的,并非"意谓"的表层语法,而是我们会从其表层语法推想的东西。由此我们有理由认为,真正形成对照的,并不是表层语法和深层语法,而是从语法推想出来的深层东西和从语法推想出来的浅层东西。前面引用摩尔的报道中说到"表达式的实际用法把我们引向了某些错误类比",从而产生了一批哲学错误或混乱,可为此点佐证。意谓并没有一个表层语法和一个深层语法,是哲学家从意谓的用法中追索到的道理有浅有深。从语法发掘和引申道理,固然可配以由表及里这个意象,但我们不可由此误入歧途,把这些道理视作先已存在的东西,然后披上了语言的伪装。在先的是语言,它不为体现道理存在,却也并不掩盖道理,它提示道理;有人经由这些提示抓到一些短浅的道理,有人领悟到深刻的、融会贯通的道理。那些短浅的道理,深思之下不成道理,不能真正贯通我们的理解,却与深刻的道理鱼龙混杂,在这个意义上遮蔽了更深入的理解。掩盖深刻的或曰真正思想(而非

"思想的真正形式")的，不是语言的外衣，而是对语言的短浅反思。

维特根斯坦从来没有发现过什么深层语法结构，他通过对我觉得疼和他觉得疼这两个句子的分析所揭示的，是关于我和世界的深层误解，或从正面说，揭示关于我和世界的深层理解。

第二十二节　哲学语法与普遍道理

前面在第二节，我曾就哲学语法是否以及如何具有普遍性，对 Baker 和 Hacker 等人的思路提出疑问。如果哲学语法讨论的是哲学问题，它当然具有普遍性，维特根斯坦用德语谈论德语词 Empfindung，他不是在研究德语，他意在通过这个语词以及相关语词的用法阐明我们的一般理解方式。第二章第七节说到，我们的理解方式不特特在语言中体现，它们也体现在器物中，体现在绘画中，体现在我们的行为举止中，然而，它在语言中有最稳定最系统的体现。

就理解方式体现在语言中而言，它既体现在汉语中，也体现在英语中。时间的道理、对时间的理解，体现在斗转星移、秋去冬来、川流不息、生老病死之中，同时就体现在动静、季节、生死这些语词中，体现在将、在、了这些语词所标识的语法中；体现在将、在、了这些语词中的关于时间的道理，在西语中部分地凝结在时态中。

各种语言有不同的语词和语法，对时间、状态、过程的理解体现在不同语言的不同形态之中，镶嵌在各式各样特殊的语法之中。状态和过程的区别是一般的区别，这种区别，就英语而言，突出地体现在某个动词是否有进行时形式。可以设想，英语人在很大程度上是通过学习这些语言形式理解到状态和过程这一概念区分的，或至少，这些语言形式成为他们讲解和论证这一区分的极佳途径。然而，德语没有进行时，汉语甚至没有相应意义上的"时态"，而我们同样可以理解状态和过程的区分。万德勒通过英语时态来阐述状态与过程的区分。把万德勒的书翻译成中文，中文读者要读懂万德勒的解说，仍需要有一点儿英语的基础知识。要是对完全不懂英语的中国人讲述这些道理呢？我们可以通过了、的这些语词，通过哪些副词可以与哪些动词搭配来解说。有些道理，用英语来解说最直截了当，换成汉语解说就比较迂回；有些道理则相反。

时态是英语等特殊语言特有的形式，但英语时态所体现的道理不都是属于英语的道理，哲学家通过这种特殊形式来讲解、论证的，是状态与过程区分的一般道理。哲学语法并非由于"涉及由许多语言共享的形式"而是普遍的，可以说，恰恰相反，哲学语法研究在种种特殊语法中洞见并释放（解释）出共通的道理，就此而言，哲学语法是普遍的。

语言中的道理，要么依据这种语法要么依据那种语法得到阐述，而且，哲学家要么用德语，要么用法语、英语、汉语来阐论这些道理。那么，我们凭什么说他们在阐论同样的道理？这是关于多与一的古老问题。我将在普遍性章中加以讨论。

第二十三节　本章小结

我们可以最宽泛地把 Grammatik 或语法理解为语言的道理。在柏拉图和亚里士多德那里，Γραμματική，语言的道理，与一般道理相连通，也是联系于我们对世界的一般理解得到讨论的。不过，自斯多葛派建立语言科学的尝试开始，语言的道理更多被视作引向语言规则与语言机制的引子，Grammatik 的主流用法由此指谓语言学家的工作领域。Γραμματική 在柏拉图和亚里士多德那里尚不系统的用法——与我们对世界的一般理解相联系的语言之理——逐渐湮没。logos 这个古词倒是接近此意，像道理这个词一样，它是万物的道理，同时与道说、言说有格外密切的联系。Logik 来自 logos，广义的逻辑仍保留着 logos 的这种含义，与道理通用，但这个词，尤其在维特根斯坦所熟悉的哲学传统中，多用于狭义，不能确切对应维特根斯坦所欲从事的工作。于是，他有时在广义上使用逻辑一词，有时则尝试用语法来取代逻辑。跟逻辑相比，凝结在语言中的道理镶嵌在语言的实际用法之中，须联系语言的实际用法得到说明。"哲学语法"强烈提示通过语言分析来澄清"我们考察自然的形式"这一进路，这赋予语法一词以特殊的吸引力。维特根斯坦选用 Grammatik 一词，有相当的道理，因为他的确是通过语言的实际用法来探索"我们考察自然的形式"。把物体具有广延、人不能两次踏进同一条河流乃至我从来没有离开过地球称作语法命题也许比称作逻辑命题妥当。

维特根斯坦把自己的工作称作"哲学语法"是有道理的，但他是在一种非传统的含义上使用语法一词。哲学语法在一个根本点上不同于普通用法：普通语法把语言当作对象来研究，哲学语法则是理解的自我反思，关注的是凝结在、体现在语法规则与语词用法中的一般理解、道理。哲学语法探索普遍的道理，这些道理不是对象化世界的普遍规律，它们纠缠于凝结在语言中的我们的基本理解方式；哲学语法研究语言，却不是要把语言对象化然后找到普遍语法规则，而是要贴着我们对世界的基本理解方式来探索世界的道理。我们也常常用概念、concepts、conceptions 来称谓我们的基本理解方式。实际上，我们大致可以把"哲学语法研究"视作"概念考察"的别名。

既然语法一词早被用到普通语法研究上，把哲学探索称作语法研究就难免引来混淆。何况，维特根斯坦不愿突出哲学语法与普通语法的区别，甚至明称他在普通含义上使用语法一词，从而加深了这种混淆。普通语法有一部分工作是寻找并列举语法规则，但这不是语法学的主要工作，语法学的主要工作在于探讨规则背后的深层机制；哲学语法则与寻求语法规则甚少关系。

我们不能指望用任何一个单独的语词来标识哲学探索的性质而不引起误解，穷理、概念考察、哲学语法等等，从不同角度提示了哲学探索的特点。不过，单就较少引起误解而言，在维特根斯坦的用语中，我会选择说：哲学的核心关注是"我们考察自然的形式"，虽然这个提法较为学究，不像"哲学语法"等等来得醒目。把人不能两次踏进同一条河流叫作逻辑命题不太妥当，称作语法命题仍容易引起误解，它属于"我们考察自然的形式"而不是在揭示现实世界的真理。

第四章　论理词与论理

第一节　长篇论理

语言有各种各样的用途，描写、说明、叙述、表达感情、下命令、抗议、讲故事、说理等等。所有这些种类的话语，一开始都编织在生活场景之中，我们本来也是在各种生活场景中学会语言的。[①] 前面说到，日常言谈中少见长篇说理，其实，在语言的种种用途中，除了叙事，其他的话语通常都很短。一个命令通常只有两三个字。表达感情，说太好了，漂亮极了，爽，我心里难受。请想想，一个很长很长的命令，一个很长很长的感情表达会是什么样子。叙事是例外，可以很长。其中的道理不难领会：下命令、表达感情、讲说道理，这些本来是镶嵌在事情里的，脱离了这些事情，会不知所云。叙事则不然，最粗浅地说，叙事本来是复制那件事情。

叙事和别的言说，不是同类。不用受教育，我们就能接受长长的叙事，听故事，听说书，听人讲家长里短、八卦新闻。平常说理则是在长长的事情中用短短一两句话说个道理。如果我们并不同

[①] 这是维特根斯坦所谓语言游戏的要点之一。

样身处在这件事情里,如果这件事情我知道你不知道,我要讲这件事情引发的感想或所含的道理,就得先把这件事情讲给你听。前面讲到寓言,这种文体就是先讲个故事然后总结出一个道理。

比较起叙事、表达感情等等,说理要难懂些,我们跟小孩子说话时都能体会到这一点。但对于成年人,在一个特定场景里讲一个特定的道理,不怎么难懂。可系统说理总是难懂的。道理连着道理,逻辑上起承转合,很难一口气跟下来。我们在课堂教育上长大的人,较为习惯于长篇大论的说理,也许忘了这是有点儿奇特的。实际上,即使今天受过教育的人,大一半仍然只会听长长的故事,读厚厚的小说,很少有人能读厚厚的论理书。甚至像我这样几十年以论理为主业,仍然觉得长篇说理比长篇叙事累。

第二节　论理词

系统说理之际,哲人们有意无意之间发展出**专门论理的方式**,包括专门论理的语词、句式、文体等等。"无名,天地之始,有名,万物之母。""礼起于何也?曰:人生而有欲,欲而不得,则不能无求,求而无度量分界,则不能不争……"这是一种新的文体,听得出来这是专门论理的。春秋以降,文字迅速普及,"至战国而著述之事专"[1],系统论理得以兴起。

论理的系统性由论理词之间的联系维系。专门而系统的论理,核心在论理词。哲学家特别爱用的、特别爱讨论的多半是这些语

---

[1]　章学诚:《文史通义·诗教上》,叶瑛校注,中华书局,1985年,第60页。

词。仁、礼、道、物质、心灵、分析、综合、平等、自由、经验、体验、感觉、实在、真、符号、形式、本质、原因、理由,这些是典型的论理词。可列举的还有很多,黑格尔的《逻辑学》可谓集论理词之大成。尤其值得提到不少不起眼但十分要紧的小词,像一般说来、真正说来、从哲学上说、实际上、直接/间接等等。

我们比较一下下面的语句就可以对何为论理词有个印象——

　　寻找钱包/寻找自我
　　把蛋糕分为平等的两份/人生来平等

像飞这样的词儿,像书这样的词儿,虽然很难定义,但它们的用法很清楚,我们几乎从小就不曾用错过,也不为它们的用法发生争论。但是像平等、自我、利益、权利、正义、文化、幸福这样的词,似乎谁都有多多少少不同的理解,理论家各个给出多多少少不同的定义。吸进来呼出去的气,空气的气,我们都知道它的意思,而在宇宙理论中气的确切意思,理论家争讼不已。台上发言的是谁?这话一听就懂。我是谁?这话是什么意思就不那么清楚,实际上它可以有很多不同的意思,也可能根本没意思。

我所说的论理词,与人们所说的哲学概念有大面积重合;近义的用语还有理论概念、抽象概念[①]、形式语词等等。逻辑经验主义斥之为"没有任何意义"的"形而上学专用术语",本原、上帝、理念、

[①] 欧克肖特在《政治论说》一文中有一段列举了百来个"很容易在任何政治论说中出现的"表示"抽象观念"的词汇,它们差不多都是论理词。参见欧克肖特:《政治中的理性主义》,张汝伦译,上海译文出版社,2004年,第64页。

本质、自我、绝对、自在自为的存在，[①] 显然都是论理词。哲学概念这个用语有一些优点，有时也用得上，不过，这个短语的意思似乎不那么明确，即使问哲学系的师生什么叫哲学概念，恐怕也言人人殊。而且，按流行的分科，哲学被设想为和化学、生物学、语言学平行的一门学科，人们难免把哲学概念想成和化学概念相平行的，仿佛它要么是哲学专用的，要么在哲学里有个特殊定义；实情却非如此。何况，很多时候我们更愿说词而不是说概念。所以，我多半采用论理词而不采用哲学概念。

有少数论理词，几乎从不在日常言谈中出现，只在专门论理的场合出现，如先验的、概念图示、感觉资料、现象学；**大多数论理词则是从平常语词转变而来**，如平等、我、利益、知识，它们不是专门用来论理的，然而在论理时格外经常用到，而且，用它们来论理时的含义与它们的普通含义多多少少相异。就此而言，论理语词并不是一个界限分明的类别。我们也会用门或窗来论理。为了确定某个论证一步一步都很严密，其中没有出现跳跃，我们也许会转而讨论走和跳。就此而言，"语词的论理用法"也许比"论理词"更确切些。

我们的语言是为言说日常事务发展起来的。我们在日常生活中也说理，但如前所述，那多半是在特定环境中的简短说理，不大需要用专门说理的词汇，只要所使用的词在这个特定环境中在说什么理是比较明确的就可以了。说到一个词，我们也许会说它比另一个词厚实一点儿、明亮一点儿，甚至说可爱一点儿，在特定上下文中，意思可以挺明白的。但也可能，在概念考察的工作中，我们发

[①] 卡尔纳普：《通过语言的逻辑分析清除形而上学》，载于洪谦主编，《逻辑经验主义》，商务印书馆，1989年，第20—21页。

现概念之间有一种系统的区分，不妨用厚薄来表示这种区分，厚实概念/薄瘠概念便可能成为专门的论理词。君子不器，器这个字用得有点儿抽象，但它差不多就是器皿之器的形容词用法。进入专门论理的言说，器皿的器，哲学家赋予它一个更为广泛的意义，把它变成一个超级概念，用来总称形而下者。论理语词和论理用法是因穷理或曰专门论理的需要产生的。碰到这种需要，论理者会赋予旧语词以新意义，甚至创造出新语词来。

穷理，尤其是理论，会引使相关语词离开通常用法。万德勒概括说——

> 哲学话语中的一些关键术语过着双重生活，在理论上这一点众所周知，可是在实际讨论问题的时候却常常得不到充分的认识。我们在日常交际中理解这些语词，使用这些语词，于是它们出现在哲学家的著作中时，我们也以为自己理解它们，事实却是：从上下文说，甚至从语法上说，这些语词的日常使用条件和哲学上的使用条件都有差异。这当然意味着我们实际上处理的不止一个概念：在自然环境中碰到这样一个语词我们能理解它，这一点本身并不确保把它移植到哲学园地之后我们也能理解它。因此，我们必须从哲学文本自身出发把它（或它们）作为新的概念来重新学习。[①]

弗洛伊德的移情不同于我们平常说的移情别恋。分析/综合与

[①] 泽诺·万德勒：《哲学中的语言学》，陈嘉映译，商务印书馆，2023年，第181页。

它们通常的用法差得更远。至于无物运动、无物静止，或把我们通常称作静止的情况称作运动——直线匀速运动，就走得更远了。论理词的意义渐少由日常用法约束，而**由其他论理词来界定**。仁不仁不再主要依托管仲、子产的行迹得到理解，而更多是和义、礼、智这些其他论理词联系在一起得到理解。

第三节　故事与论理

论理词的意义渐少由日常用法约束，而与其他论理词互相搭配，哲学家用理、气、器、仁、欲这些专门论理的语词写作，便把我们带入一个似乎是由纯理构成的世界。我把周敦颐《太极图说》的前半篇抄在这里，读者自有体会——

> 无极而太极。太极动而生阳，动极而静，静而生阴，静极复动。一动一静，互为其根；分阴分阳，两仪立焉。阳变阴合而生水火木金土，五气顺布，四时行焉。五行一阴阳也，阴阳一太极也，太极本无极也。五行之生也，各一其性。无极之真，二五之精，妙合而凝。"乾道成男，坤道成女。"二气交感，化生万物，万物生生而变化无穷焉。

我们不妨拿这一段与盘古开天地的传说比较一下——

> 天地浑沌如鸡子，盘古生其中。万八千岁，天地开辟，阳清为天，阴浊为地。盘古在其中，一日九变，神于天，圣于地。

天日高一丈，地日厚一丈，盘古日长一丈，如此万八千岁。天数极高，地数极深，盘古极长。后乃有三皇。数起于一，立于三，成于五，盛于七，处于九，故天去地九万里。

盘古开天地是个故事，笔法是具象的或形象的。鸡蛋里生出小人儿，小人儿长成巨人，清轻的浮起来，浊重的沉下去，这些都是我们所见所知，或依我们的所见所知稍加想象。太极是什么样子，它怎么生出阳，便颇为抽象。不过，合、生等等，毕竟只能从它们的寻常意义来理解，二气交感化生万物，大致相应于公猪母猪交配生出一窝小猪崽儿来。

《太极图说》像是一个用论理词写的故事，其中没有什么论证、推论，而论证、推论原是穷理的特色。为此，我从谢林的《先验唯心论体系》开头处[①]抄几段——

如果一切知识都是以客观东西和主观东西的一致为基础（导论§1），我们的全部知识就都是由一些命题组成的，这些命题并非直接就是真实的，它们是从某种别的东西中获得它们的实在性的。

单单把主观的东西同主观的东西拼凑在一起，决不能确立真正的知识。恰恰相反，真正的知识是以两个对立面的会和活动为前提的，而它们的会和只能是一种经过中介的会和活动。

因此，在我们的知识活动中必定有某种普遍的中介，它就

[①] 谢林：《先验唯心论体系》，梁志学、石泉译，商务印书馆，1977年，第19页。

是知识的唯一根据。

这里有些断言，有些推论。单单把主观的东西同主观的东西拼凑在一起决不能确立真正的知识，这个断言远不像狗嘴里吐不出象牙之类的断言那么清楚，倒是单单拼凑这话多少提示出合在一起的东西不是个"真家伙"，但这显然无关断言的实质。我们怎么从一切知识都是以客观东西和主观东西的一致为基础推论出我们的全部知识都是由一些命题组成的，怎么从主观的东西同客观的东西的会和是一种经过中介的会和推出这种中介必定是某种"普遍的"中介，为什么这种中介就成了两者会和而成的东西（知识）的"唯一"根据，都不是那么显然。这些推论既不像逻辑书、数学书里的推论，也不像推理小说里聪明侦探的推论。我们读懂侦探的推论，因为它们说的是事情之间的自然联系；读懂逻辑书、数学书里的推论，因为词项经过明确的定义，甚至词项是不问内涵的符号，而转换规则要么是自明的（就像事情之间的自然联系），要么是经过明确规定的。现在，我们面对客观的东西、主观的东西、命题、实在性，这些论理词既不像日常语词那样我们早已懂得它们指的是什么东西、什么事情，也不像逻辑符号、数学符号或科学术语那样经过明确规定。即使知识、中介、根据，乃至直接之类的语词，哲学家之间也常争论它们的含义。要理解这些语词的含义，必须进入一个使用这些语词来论理的传统。

一切皆有，一切皆无，万物恒静，万物恒动，凡现实者皆合理者，我是世界的界限，"无极而太极。太极动而生阳，动极而静，静极复动。一动一静，互为其根"，凡此种种出名的"哲学命题"，都只有在某种论理传统中才能获得比较确定的意义。它们不是直接对万事万物的概括，不是所有道理归向的总道理，不是通俗意义上的"最普遍的道理"。一个人自可以把他的某种特定经验归为"动极而静"，说话人可能深有所悟如是说，但在这么普遍的层面上，差不多怎么说都行；这道理离开具体的事境太远了，难免玄虚缥缈。我们借助它们到了如恍如惚的境界，无论什么具体的理解、体会，都可以容纳在其中。

第四节　移植词

相比于西语，现代汉语里的论理词与普通语词有更显著的区别。Form，一张表格，一种外形，但汉语里一旦说到形式，差不多一定是在论理了。我们说自我，英文里多半就是 I，即使 ego 也不像自我那样似乎是专用于论理的。我随熊伟先生用本真的来翻译 eigentlich，eigentlich 在德语里是个口头语，表示其实、真正说来、当真这类意思，本真这个词听起来就很雄深。现代汉语和西语有这一区别，主要因为现代汉语里的论理词汇大多是进口的，或我所称的移植词。

中国历史上有两次翻译高潮，一次是东汉以来的佛经翻译，到唐朝达到高潮，一次是明末以后尤其是鸦片战争以后的"西学东渐"。相比之下，第二次的规模和深度远非第一次可比。第一次主要集中在佛经、佛学，第二次是全方位的。第一次翻译大潮虽也对中华固有文明形成某种冲击，但中华文明的主体性没有被动摇，第二次翻译大潮则远不止于文字思想方面的引进，而是偕同政治、经济、日常生活的全面改观铺天盖地而来。

"新思想之输入,即新言语输入之意味也"①,这两次翻译大潮的一个结果是:汉语中出现了大量的"新言语"。

新词中一部分是外来词,例如第一潮中涌入的涅槃、菩萨等等,第二潮中涌入的咖啡、沙发、拖拉机、沙龙、引擎、浪漫等等,以及其他零零星星引入的葡萄、琵琶等。

另一部分新词是新造出来的词,如第一潮中出现的世界,第二潮中出现的哲学、细胞、消极、具体、代数、方程、平行线、直角、企业、警察、电脑。汉语的一个特点是,用单音汉字组合成双音新词(以及少量多音词)是相当便利的。例如,汉语里原本没有哲学这个词,但哲和学都有明确的意义,合在一起成一个词,多多少少也可理解。不过,我们主要不是从合成词的两个汉字来理解哲学,而是把它直接理解为 philosophy 的译名。

此外还有一种情况。我们用汉语里原有的词来翻译外文词,用它来翻译某个外文词后,我们逐渐不再在它们原有的意义上使用它们,而主要在它们用来对译的外文词的意义上使用它们,这些词原有的意义反而被掩盖了。例如革命,早在《尚书》中就出现了,但如今说到革命,意思是 revolution。我从网上一篇文章中读到,孙中山发动反清起义,初自称"造反",陈少白拿了一份日本报纸给他看,云"支那革命党孙文",孙抚掌曰:"好,好! 自今以后,但言革命,勿言造反。"经济这个词也古已有之,后来用它来翻译 economy,可古汉语中的经济,和外国话里的 economy 意思并不相同,而到了今

---

① 王国维:《论新学语之输入》,载于《王国维文集》,中国文史出版社,1997,第三卷,第 41 页。

天,这个词主要用在 economy 的意思上,不再意谓古人所谓的经济。再如经验,经验这个词早在《搜神后记》中即已出现,当时这个词的意思主在验证,与今天的经验概念不同。此后经验这个词又滋生出灵验和亲身经历两种意思,仍然不同于今天的经验。今天的经验一词,是我们追随日本人用来翻译 experience 的。[①] 今天无论在论理文章和日常话语中用到经验,都是在新的意义上使用,没有在经验的原意上使用的。最后再举社会一词为例,这是汉语原有的词汇,但现在我们都把它理解为 society 的译名。有趣的是,用它来翻译 society 之后,汉语中原有的社会一词所表示的意思,现在大致改用会社来表示了。文化、理性、物理、几何、因果、真理、宗教、选举、组织等等,皆属此类。宇宙、上帝、形而上、事实,与这些汉语词原来的意思联系得较为紧密,但也基本上可以视作外语词的译名。这种情况,不同于用天空来译 sky、用高兴来译 happy;用天空来翻译 sky,用月亮来译 moon,是翻译的通常情况,天空和月亮仍然是原来那个汉语词,而非首要地作为译名起作用。

无论用两个原有意义的汉字合成双音新词来翻译一个外文词,还是用汉语里原有的词来翻译外文词而放弃了这个汉语词原有的意义,总之,这些词主要是作为译名使用的。我把它们称为移植词[②]。

中国人更多采用意译而非音译,因此,在现代汉语里,移植词的数量比外来词大得多。有不少词,一开始是用音译的,后来还是

[①] 叶舒宪:《中西文化关键词研究:经验》,载于《跨文化对话》集刊(第二辑),乐黛云主编,上海文化出版社,1999年,第55页。

[②] 翻译研究中有时把一种特殊的译法,如用一箭双雕来译 to kill two birds with one stone,有人称作"移植法"(参见杨自俭、刘学云主编:《翻译新论》,湖北教育出版社,2003年,第270页),和这里所说的移植不同。

被意译取代了，例如律师、银行；有些音译还保留，但意译占了上风，例如人们今天较少说引擎，多半说发动机。也有相反的情况，例如 logic 一开始被译作论理，后来通用的译名是逻辑。但这样的词汇很少。而且，逻辑这个词本来就包含一点儿意译的意思在内。不少非名物名称的外来词本来就和移植词差不多，因为翻译家在最早采用音译的时候，就考虑到了所选用的汉字的意义，例如 romantic 既有译作罗曼蒂克的，也有译成浪漫的，后来老百姓选用了浪漫这个译名。例如 party 译作派对，既取声音相似，也有意译成分。

意译的优势想起来大概有几个缘故。一个原因大概是：汉语的音节都是核心音节，没有辅音串，很难用来摹仿很多语言中几个辅音连在一起的发音，trump 这个词用汉字模仿出来是什么样子？Sixths 就更麻烦了。一个更重要的缘故大概是，汉字的生产能力很强，汉语里每一个字都是一个词，但也可以把两个字合起来组成一个新词，碰到 electric lamp，我们就把电和灯合起来造出一个新词，电灯，我们虽然从前没有电灯这样一个合成词，但一造出来，意思就相当显豁，哪怕第一次见到电灯，也大致能明白它是用电点亮的灯。望文即可明义，接受起来比音译容易。

第五节　大多数现代汉语论理词是移植词

流行的外来词多半是自然品类和器物的名称，只有少数论理词。人们常提到涅槃、浪漫、逻辑等。这些外来语论理词会带有特殊的韵味，我的朋友简宁提到，像菩萨这样的外来语，可能展示出精神生活的一种新式样，菩萨心肠里那种悲天悯人的韵味用仁、慈、仁慈都不能完全表达出来。

不过，外来语论理词数量很少，今天我们论理，大部分语汇既不是原本就常用的汉语词，也不是外来词，而是移植词。物理学、经济学等专门学科就不去说它了，一般的论理文章里面也尽是移植词。现在杂志上发表论文，前头都要求列出关键词，查一查就可看到，这些关键词几乎无例外地是移植词。就是平常老百姓说话，只要涉及论理，所用的也有很大一部分是移植词，例如民主、专制、事实、理论、主观、客观、作用、影响、原因、效果等等。学者的用词就更不必说了。

第六节　移植词的汉化

移植词对应于某个外文词，它的意义基本上是这个外文词的意义。当然，没有完全对等的对应。移植词并不完全是外文词的对应物，不完全是那个外文词的 Chinese version。新造出来的移植词，组成它的汉字有固有的意思。本来就是合成词的移植词，更是有它固有的意思。而且，移植词虽然一开始作为译名引进，但它是在汉语里使用的，在使用过程中，它的意思会发生改变，会发生"汉化"。Culture 更多与土壤、培植联系，而文化里就含有较多读书识字的意思。古汉语里的民主是民众之主，虽然它现在是 democracy 的译名，但很多人还是从民众之主、为民做主来理解这个词。

还有比较复杂的情况。Subjectivity 是一个重要的论理词，有复杂的内涵，乃至于我们不得不用两个词来翻译，一是主观，一是主体。这两个译名中，主观要远为常见。在日常用法中，主观只传达了 subjective 的一个方面,即主观武断、臆想之类,含有相当的贬义。①

还有更复杂的情况。我们现在经常在正确这一意义上使用科学这个词,例如说到科学的论断等等。这种用法主要受到马克思某种观念的影响,在西文著述中并不流行。这里,移植词的含义就和它所对应的西文词的含义有某种既追随又选择的微妙联系。

第七节　移植词带来的困扰

大量的移植词使得中国人和西方人的思想交流变得容易多了。一个美国记者可以报道说,现在的中国青年渴望 democracy。现代汉语里现成就有民主这个词,街上的青年的确在说:我们要民主。两百年前,中国青年渴望什么,外国记者就很难报道清楚,其中一个重要的缘故在于,中国人那时用来表达其观念和概念的语词,都没有现成的外文词与之对应。那时候,在外国人眼里,中国格外 inscrutable。

但另一方面,现代汉语中的论理词汇大多是移植词,这对现代中国人的穷理带来了不少困扰。移植词从译名来,而不是从汉语里自己生长出来的,其中有不少,除了用来翻译,没有"用法",如我用来翻译 Dasein 的此在;有的虽有人用,但主要是哲学家在用,例如表象。这就造成了以下奇特的情形:(1)大量汉语论理文章像是在用一种准外语写作。西方的论理文章有很多也写得抽象乏味,但

---

① 在主观能动性这个短语中,主观带有褒义,但这是个带有强烈宣传色彩的词儿。

用类似的方式来写论理文章,中文论文就加倍抽象乏味,里面那些语词几乎完全不可感。由于不可感,用得对不对,用得是否合乎道理,就更难确定。论理词的用法一般地就不确定乃至于有点儿古怪,而我们中国人又多出移植词这层麻烦,单看中文字面,谁能明白位格、符码这些词说的是什么?(2)虽然现在论文写作极为繁荣,但哲学的核心工作,即概念考察却大致阙如。一百多年来,文化人经常争论中国传统中有没有哲学,有没有科学,儒学是不是一种宗教,这些争论从来不是单纯事质方面的争论,都涉及概念考察,而一旦要澄清这些概念,就不能不注意到,哲学、科学、宗教这些词都是移植词。于是出现了这样的问题:我们所考察的概念是中国话里的概念,还是外国话里的概念?这些词似乎是无历史的,若说有历史,倒是它们所对应的那些外文词有历史。实际上对哲学、科学、宗教这些概念进行追究,多半是沿着西语向希腊追究,结果,似乎凡穷理,都与西方概念有更亲缘的关系。

第八节　移植词与"中国哲学"

我们在第一章第三十九节曾提问:"中国有没有哲学?"这个问题一般是问中国传统思想是否宜于称作哲学,但它也可以是问:今天,中国有没有哲学?这个,我不知道。不过我知道,中国今天有没有哲学与"中国哲学"可能了无关系。依"中国哲学"这个名称眼下的实际用法,它不是指中国人做的哲学,而是专指诠释中国思想传统的工作。依此,虽然我是中国人,用汉语思考,用中文写作,只要我不自限于跟中国传统思想对话,我做的就不是中国哲学。

"德国哲学"大致是指德国哲学家所写的哲学,用德文所写的哲学;"中国哲学"却不是这样。我明明是中国人,用汉语思考,用中文写作,但我的工作不属于中国哲学。反过来,我在一次会议上听从事"中国哲学"研究的陈少明问:为什么人们常觉得从事中国哲学的人不是在从事哲学,而是在从事文献考据?

这的确是种奇特的不对称。我们说到德国哲学,不是说它讨论的是唯德国人特有的概念,它主要倒是在讨论英国人、法国人、中国人都关心的概念,莱布尼茨和康德接过了英国人的问题,他们的哲学却被称作"德国哲学"。它之所以仍然是德国哲学而不是英国哲学,是因为它借助了德语、德国思想传统和文化传统的力量,而这种"借助"是否刻意为之倒在其次。

这种差异在很大程度上是由于哲学的核心工作是概念考察。如果我们所使用的论理词以及所考察的论理词都是移植词,即,尽管我们所使用所考察的是经验、宗教、科学、真理这些中文词,但它们所代表的概念,则是 experience、religion、science、truth,那么,尽管我在用中文写作,我仿佛仍然在从事西方哲学。

那么,为什么人们会觉得从事中国哲学的人不是在从事哲学,而是在从事文献考据?中国传统思想早就形成了很多十分重要的概念,例如道、仁、恕、气、理、器、正名、格物穷理、色、空等等,古人曾经用这些概念来思考,使用它们对这些概念本身进行"概念的自身考察",而今天,它们却不再是我们使用的概念了。它们主要是被解释的概念而不是用来进行解释的概念,它们主要是被研究的对象,而不是用来进行思考的话语。中国传统思想中的那些基本概念当然具有极其重要的意义,研究和诠释中国经典是一个重要的任务。对中国这些概念的熟稔和深入理解形成了一个中国学人独特的思想资源。然而，如陈少明所感，梳理传统中国"哲学概念"的工作和通常意义上的 philosophizing 却似乎隔了一层。

然而，有很多重要的西方哲学家特别关注古代论理概念的考察，海德格尔、伽达默尔、列奥·施特劳斯、麦金太尔，他们考察 λόγος、ἀλήθεια、πόλις、εὐδαιμονία 等等希腊概念。谁会说他们只是在从事训诂而不是在从事哲学呢？

这在很大程度上是因为，近代西方的基本概念大多是从希腊概念生长出来的，同时又和西方日常语词有紧密的联系，而我们的移植词大半不是这样。无论就西方诠释哲学来说还是从日常语言学派来说，用来诠释的概念和被诠释的概念之间有一种更紧密的亲缘。如前所强调，诠释看似把所诠释者作为核心，但它作为核心，其作用恰恰在于把用以解释者组织起来。哲学之为概念考察，即使是对已经不再使用的概念进行考察，其核心的任务仍是澄清我们正在用来思考问题、说明问题的那些概念。**比我们加以诠释的概念更加重要的是那些我们用以进行诠释的概念**，因为后者才是我们正在用来思考的概念。诠释过程使被诠释的东西重新获得生命，这话的意思是说，诠释活动使得用以诠释的东西变得更加意蕴丰厚。海德格尔对希腊哲学概念进行诠释，始终着眼于现代人的概念方式，他讨论 ἀλήθεια，是要澄清 Wahrheit 这些概念的深义，他讨论 τέχνη，是要澄清当今的技术概念和技术社会的性质。

既然我们无论从事"中国哲学"还是"西方哲学"，我们用以诠释的概念都是移植词，于是，我们就以所诠释的概念传统来区分"中国哲学"和"西方哲学"。但它们两者都不是"德国哲学"意义上的哲学。

　　这种情形，与近代以来西方思想主导世界有关，与中国曾有一个强大的思想传统有关。但尽管造成这种情形自有历史因由，我并不以为这种情形不可移易。只用古汉语来穷理，移植词的问题当然就消失了，但我相信这显然是行不通的，因为穷理主要要衔接的，是我们的日常说理，而我们日常不再用古汉语说理。

　　与"德国哲学"平行意义上的"中国哲学"，讨论的是法国人、德国人、中国人都关心的道理，它之所以是中国哲学而不是德国哲学，因为它用的是汉语，这种汉语中，尽管有很多论理词是移植词，然而，就像作物移植那样，这些语词渐渐接上中国文化土壤的地气。唯有使用现代汉语即我们实际上在使用的语言来论理，才能做到这一点，我们现在的人才能听得清楚、听得真切。如果论理的时候，我们能够少用论理词，更不盲目地被论理词牵着走，我们将能够更好地做到这一点。简单说来，只有一句话：用现代汉语写出优秀的哲学，自然就有了中国哲学。

第九节　论理词作为论题名称

　　我们说到论理词何如何如，是针对普通语词而言；论理词内部并不是一色的。论理词因穷理需要而生，穷理有多种多样的特别需要，相应地有不同种类的论理词。

　　我先从比较简单的一种论理词说起。在反省考察一批概念词——一批普通使用的概念词——的时候，我们可能需要一个总名。例如，我们需要把精神、思想、计算、感觉、梦想、错觉等等归为一类，我们可以为这个类发明一个总名，如笛卡尔的 res cogitans。我们也可以在这批概念词里选一个作为总名，一般是选这批词里涵盖较广的词，如精神、思想。再例如，我们想把介绍、描述、称呼及其他归为一个大类，但自然语言中并没有现成的统称，于是，哲学家把它们统称为表达。休谟把 the perceptions of the mind（心智的感知）分成两类，一类是 the perceptions of the senses（感官感知），休谟说这一类没有名称，他发挥一点儿自由，名之曰 impressions，后来他也把它们称为 sensations。第一类心智感知没有名称的缘故，休谟猜想，是因为除了哲学目的，平常我们并不需要一个总名来涵盖不同感官的感知。他把这类总名称作"哲学语言"，并提到按他的用法，相关语词的含义与普通含义"稍有不同"。[①] 另一类心智感知，他名之曰 thoughts 或 ideas。为什么第一类没有总名而第二类却有现成的名称，休谟未予考虑。他也没去考虑，哲学家若各自发挥一点儿自由，想必会出现多种多样的"哲学语言"，由此是否会生出哲学讨论的困难。

总名只是个名称，造出或选出哪个语词作为总名，在一个意义上，关系不大；不过，所做的选择仍然多多少少反映出论理者的特定穷理倾向。笛卡尔的 res extensa 是个突出的例子，这个用语已经强烈提示一切非精神事物的本质即为广延。

笛卡尔造出 res extensa，休谟概括出 thought，都着眼于共相。哲学家以共相为桥梁，通往理论构建，构建纯理的世界。这里不拟深入这个话题，我只想表明，在我看来，至少在通常情况下，我们把

[①] 休谟：《人类理解研究》，关文运译，商务印书馆，1972年，第21、20页。

计算、感觉、梦想等等都称为思想之时,把介绍、描述、称呼等等统称为表达之时,与其说思想或表达是标识共相的总名,不如说它们是论题名称。维特根斯坦在他最后一册笔记里讨论了 Gewissheit、Bestimmtheit、Glaube、Überzeugung、Sichersein、es steht fest,遗著的编者把他这册笔记题名为 Über Gewissheit——"论确实性",这并不意味着 Gewissheit 是上列概念的类名而 Bestimmtheit 等等都是确实性的子类。哪本书里有一章叫知识,我们须留意,知识多半只是个总题,在这个题下我们会讨论认识、看法、理解、知道、了解等等一大家子兄弟姐妹,平常所说的知识是兄弟姐妹中的一个,而不是家长,这个题目的意思是"知识及其他",而不意味着看法、理解等等都是知识的子概念。

第十节　两个层级间的跳跃

为了某个特定的论理目的,并非不可以把感觉、计算、幻想归为一类,不过我们最好不要由于久做哲学就不再觉得到,感觉、计算、幻想一般说来是差异极大的"思想"或"精神活动";只有在受到极为严格限制的意义上,这样笼统地谈论"思想"或"精神活动"才是有意义的。

我们可以把这视作广义狭义之分,用于狭义和用于广义的虽是同一个语词,却不可任意混用。苏珊·哈克系统揭示了蒯因混用狭义的科学与广义的科学带来的一系列重要恶果。[1] 这种混淆固然不

---

[1] 苏珊·哈克:《证据与探究》,陈波等译,中国人民大学出版社,2004年,第六章,尤其见第119—124页。

单单出现在论理词上，但在论理词上远为更容易出现混淆。而且，在系统论理中所出现的，往往并非一般的广义狭义，所谓广义，是为特殊论理生造出来的一个高层次的概括，平常并没有那种"广义用法"。这时，我们尤须留意，论者在两个层次间跳来跳去，由是造成混淆。例如，我们平常描述一样东西就是"描述"一样东西，不能说成"表达"。张三说，树上有只松鼠，李四不会问：张三在表达什么？（若真说得上张三通过树上有只松鼠表达什么，那么也许他是在表达他懒得跟李四把刚才的话题继续下去之类。）穷理也许用得上"表达式"这个表达式，但我们须记得表达式不只是用来表达的，我们用表达式来描述、论理、下命令、叹息。表达并不是这些"语言游戏"的共相或本质。一旦把表达或"表达思想"理解为所有言说的本质，很容易被引向话语都在反映心理活动的错误主张。

第十一节　论理词用来明确标识两分

作为总名的论理词只是论理词中的一小部分。我们还为多种其他目的需用论理词。其中突出的一种是**系统明述我们平常默会的一些重要区别**，为此，论者取用一对或一组语词，专门表示某种区分，如分析／综合、句子／命题、意义／指称、自由／任意，厚实概念／薄瘠概念，天／地／人，知／情／意。理论家用句子／命题来表示的区别，我们平常说话有时也要分疏，我们会说，嗨，这两句话说的是同一个意思，或，这句话换到这个场合就不是这个意思了，等等，但我们平常并不用一对恒定的语词来表示这种区别。

这一类构成论理词的主体；在很大程度上，前面说到的总名也可从这个角度来理解：笛卡尔造出 res cogitans，以与 res extensa 对照，休谟概括出 thought，以与 impression 对照。

这种专门用法的含义，如前面引用休谟所言，至少与其普通含义"稍有不同"，考诸实际，区别往往甚大。在论理用法中使用时，分析/综合这两个词，我猜想若不加解说，外行无法从字面上了解它们所欲表示的区别。弗雷格采用的两个词，Sinn 和 Bedeutung，在普通用法中并不用来表示他所要表示的区分，因此也引出很多麻烦。

用一对论理词来系统标明某种重要的概念两分，是为了把某个特定的道理讲得更清楚，更鲜明。但哲学家有一种过度贯彻某种有效两分的倾向，使得原能够在某个局部概念领域中起到澄清作用的概念带来了全局的混乱。我相信，当弗雷格把 Sinn 和 Bedeutung 的区分用到句子上时，就出现了这种情况。相应地，在标举这类两分时，我们即使不说随说随扫，至少应当留意于适应新语词或新含义的领域限制。

第十二节　论理用法更准确吗？

我们如平常用法那样使用一个词无须说明理由，但我们的用法若有所不同则需要有个理由。

常为论理用法提供的理由，是论理用法比日常用法更准确、更合理。我们颇须警惕这种说法。我们论理时也许用得上先验、物质、民主这类语词，它们在何种意义上比我们平常使用的语词，如下午、桌子、起床具有更确定清楚的含义？理气的气比起空气的气、形而下之谓器比起祭祀器物之谓器，在何种意义上更确定清楚？情况似乎正相反：语词的日常用法相当稳定、清楚，相对而言，论理词的用法不那么稳定、清楚，常惹争论。

前面说，论理词的一种突出作用是系统明述我们平常默会的一些重要区别，就明确这些区别来说，或不妨认为论理用法更确定、清晰。不过即使在这里，我们也要有所保留——这样一对或一组语词，往往在某个特定意义上做出了清楚的区分，在别的意义上则不那么清楚。句子/命题这对论理词有时带来论理的方便，不过，它们所表示的区分并不是那样普遍、明确，把 Satz 这个词译作命题还是译作句子有时会让人颇感踌躇，就说明了这一点。再例如，弗雷格区分语词的意义和语词的指称；这里的确有某些东西需要加以区分，但弗雷格确切说来在区分什么，则一直争议不断。

有人也许会争辩说，至少，理论家在使用这些语词之前，会先对它们加以较为严格的定义。这是把严格界定与结果的清楚、稳定混为一谈了。清楚可能只是字面的，罗素把专名定义为"代表殊相的词"[①]，这也许是个严格的定义，但按照他的定义严格筛选，最后只剩下这、那才是专名，而如维特根斯坦指出，这、那恰恰不是专名(PU，§45)，由是，这个定义带来很多混乱。严格界定的结果不一定总是清楚稳定；教育部时不时颁布一些颇为严格的规定，后果只是使得教育变得更加混乱。

本来，哲学家就不是字典学家，他定义语词，是为特定的穷理服务的。这里若说得上更准确、更合理，绝大多数时候，最多只是

[①] 伯兰特·罗素：《逻辑原子主义哲学》，载于伯兰特·罗素，《逻辑与知识》，苑莉均译，商务印书馆，1996年，第242页。

对他那个论理系统而言。对于要创建新逻辑的弗雷格和罗素，就他们所要从事的工作来说，抱怨日常语词不够清楚、不够单义，自可理解，但我们不能不加这层限制而泛泛谈论论理词更准确、更合理。

第十三节　新概念与旧语词

论理词是为特定论理服务的；在一个论理系统中，论理者可能以一种不同于自由和任意的普通用法来使用它们，他这种新用法有一定的道理，例如揭示出一种重要的区别，实际上他很可能为他这种多多少少不同于平常的用法说明道理。像哲学家那样使用分析/综合、意义/指称、自由/任意，多多少少可说他们创造了一些新概念。"哲学永远是创造概念的……哲学不断创造新的概念。唯一的条件是，新的概念要具有必要性，也要具有奇特性。"[①] 的确，说起一个哲学家，普通人首先想到的是他所创的概念：孟子的孺子之心、浩然之气，庄子的齐物、无何有之乡，柏拉图的 εἶδος，康德的绝对命令，尼采的超人、永恒轮回，海德格尔的 das Man、沉沦。

当然，一般意义上的创造新概念不是哲学家的专利，在日常层面上，民众创造新概念：人渣、回头率、山寨、被自愿。媒体和网络天天在创造新概念。因此，哲学家创造新概念云云需要稍加限制——**哲学家创造穷理的新概念**。（不过，概念一词原有不同用法，其中一种不少见的用法，恰专指论理概念。）

维特根斯坦既不认为哲学需要新语词——"哲学无须使用新

[①] 吉尔·德勒兹：《哲学与权力的谈判》，刘汉全译，商务印书馆，2000年，第155页。

词;语言中熟知的老词足够了"①,更不承认哲学家有权改变语词的用法——"哲学不可用任何方式干涉语言的实际用法……它让一切如其所是"(PU,§124)。然而,维特根斯坦自己也创造了不少新概念:逻辑空间、哲学语法、家族相似、语言游戏。这些新概念算不算改变了语词的实际用法呢?

从形式上讲,我们可以区分**三种情况**。第一种,我们可以造一个新词来表示新概念,如索绪尔造出 signifier 或曰施指,弗洛伊德造出 id 或曰超我;海德格尔的 das Man 也略同此类。这种情况不多见。多见的是下面两种情况。第二种:赋予一个旧词以新含义,如弗雷格的 Bedeutung,海德格尔的沉沦,德勒兹的根茎、老调。第三种:用旧词造出一个新合成词,永恒轮回、家族相似、上帝之眼属于此类。

维特根斯坦创造的新概念多属于第三种情况。这类合成词像普通合成词一样,用旧有的语词来"创造"一个新概念,尽管它包含新约定,其含义不尽等同于旧有语词连在一起的词组②,但至少它的字面意思一望而知。

关于第二种情况,我们难免要问:既然创造出一个新概念,为何不造个新词或新合成词,偏要使用一个旧词?这难免造成同一个词新旧两种含义的混淆。不难想到,这是因为新概念和旧词原来的含义联系密切。如果新含义与旧含义联系很少,主要通过说明、定义加以规定,以便建构理论,它就是一个严格意义上的术语;即使

---

① Anthony Kenny, ed. *The Wittgenstein Reader*, Blackwell, 1994, p.271.
② 参见陈嘉映:《约定用法和"词"的定义》,载《哲学门》第 1 期,第 1—22 页,湖北教育出版社,2000 年 4 月。

借用了某个旧词为壳,仍不啻造出了一个新词。成熟理论中的核心词,极多这种严格意义上的术语。牛顿力学中的静止和加速度,不是普通话语中的静止和加速度,我们不能"望文生义";像极性键这样的术语,则根本不提供多少望文生义的线索。论理词却不是严格意义上的术语,一个新概念固然是新的,必定多多少少表达新鲜道理,但新道理必须连在常理上才能获得理解。哲学家一般不会愿意把自己的核心语词视作严格意义上的技术性术语。其实,即使哲学家新造的语词(即第一种情况)也不例外;signifier 是个新词,但它是借常规的构词法从旧有词根构造出来的;das Man 所要表达的意思,正来自 man 这个不定人称代词。

第十四节　新概念和旧词原来的含义是怎样联系的?

很多哲学家声称他并没有改变用语的意义,而只是使日用而不察的意义变得彰明了。我是世界的绝对界限中的我在何种意义上彰显了我是教师中的我的含义?在特定上下文中突出彰显一个语词的某方面含义,这是言说的一种基本技术。若说我的论理用法彰显这个词的某方面含义,却不是随不同上下文一时彰显它这一方面的含义,另一时彰显它那一方面的含义,相反,论理用法力图系统地、稳定地彰显这些语词的一些特定含义,就这些语词所包含的某些道理来使用它们,相应地,论理用法去除它们所含的情绪因素等等。例如革命/反革命,在实际政治生活中带有相当强烈的情绪,但在学术-论理场合,则转变为"纯描述性的"。很多普通语词一身兼有描述和评价①，论理用法则趋向于把两者明确加以区分。

与其说论理词在于彰显，不如说在于延伸——为彰显某些道理而延伸。说明和解释这两个词的语义本来是有差别的，一种常见的论理用法把其中的一种差别加以扩大，用来标识实证科学方法与诠释学方法的基本区别。由于论理用法主要基于语词所含的道理来使用它们，它们的用法就可能延伸很远，例如把愿望满足延伸直至把焦虑梦境包括在内②，甚至把我延伸直至把宇宙万物都包括进来。语义的延伸、转义等等是语言学所熟悉的现象，然而，论理词的延伸是一类特殊的延伸——论理者要通过延伸来说明某个或某些特定的道理，通过延伸来建构理论。

普通语词包含着多方面的内容，这些内容的互相制约限制了语词向一个方向过度延伸。有些论理者尝试在论理用法中尽可能保守语词原有的多方面内容，德勒兹的根茎、老调即属此类。这类论理用法更应称作"扩展"而非"延伸"。这种论理用法近百年来尤为流行，造就了一种新的论理文体。

第十五节　真义，"知行合一"

关于新概念和旧词原来含义的关系，我们还可能有一种更强的主张：所谓新含义，并非原本意义的延伸和扩展，也不是彰显某一方面的原本意义，它彰显的是相关语词的**深层含义**或**真义**，之所以

---

① 威廉斯等人所称的"厚实概念"主要基于这种身兼二职。
② "一个概念在一种理论中的延伸（例如，梦作为愿望满足）。"维特根斯坦，Z，§449。

需要彰显，是由于真义被流俗理解遮蔽了。

王阳明说："某今说个知行合一……不是某凿空杜撰，知行本体原来如此。"又说："未有知而不行者，知而不行只是未知。圣人教人知行，正是要复那本体。"① 这里的本体，陈来正当地解释为"本来意义"②。理解了知的本来意义，即是真知，才是真知。按照知行合一论，知而不行，即非真知。

王阳明所称的真知，不同于我们平俗之知；就知行是否合一而言，竟与平俗之知是相反的。（当然，唯其不同甚至相反，才值得一说。）我们平常想来，知是一件，行是一件，我们先知道了一个道理，然后，也许会去行。《传习录》这段话，原本是因为要纠正徐爱的上述平俗想法。然而，把知和行分作两件的平俗想法，似乎是关于知行的语词和说法教给我们的，毕竟，我们的语言把知和行分成两个词；我明明知道吸烟有害健康，可就是戒不掉。若说我其实不知，但似乎总得承认，比起有些人根本不知道吸烟有害健康，我在某种意义上还是知道。天文学家费了很多周折，确定了巨蟹星云中心的脉冲星每秒钟转动三十周，但知道这个似乎与他们的践行了无关系。

然而，王阳明特地强调他所宣扬的知行合一并非"凿空杜撰"，而是*知行*的本体，*知行*的本来意义。若真是这样，这层本来意义想必也要体现在*知行*这两个字的普通用法之中。实际上，**王阳明论证知行合一依赖的恰恰是这两个字的实际用法**。他从"如恶恶臭"说

---

① 王阳明：《传习录》上，《王阳明全集》，卷一，吴光等编，上海古籍出版社，1992年，第3页。

② 陈来：《有无之境：王阳明哲学的精神》，人民出版社，1991年，第95页。

起,闻恶臭属知,恶恶臭属行,但"只闻那恶臭时已自恶了,不是闻了后别立个心去恶"。他又以知孝、知弟为例,"必是其人已曾行孝弟方可称他'知孝''知弟',不成只是晓得说些孝弟的话便可称为'知孝弟'?"他接下来还用知痛、知寒为例,"必自己痛了方知痛"。最后一例的论证路线不如前两例显豁,不过,知行合一的思想原连着真知必是贴己之知的思想,这一点这里不再深究。

知即行或人莫知善行恶者虽然异于我们平常对知行关系的看法,但这个结论仍然在知和行的实际用法中有其根苗。的确,如果论理者赋予了知和行完全异于日常的意义,那我们就无法判明他是否在提出一个关于知行的新思想了。王阳明之所以从知行的普通用法汲取理据,因为要论证本体或真义,这是最强有力的论证,否则概为"凿空杜撰"。

引发平俗理解的用法,按王阳明的意思,自然是非本体的用法。但我们似乎不能完全摆脱非本体的用法,王阳明本人也不例外。陈来指明此点:"知行本体的概念提出后,意味着有本体的知行和非本体的知行这两个不同层次的知行。而阳明又常常把'知'与'行'同时用于这两种不同层次……'知而不行只是未知',这句话中前一个知字就是通常意义上的知,即非本体意义的知,而后一个知字就是真知,即本体意义上的知。……如从知行本体的意义上说,'知而不行'这句话就是不通的,因为本体意义上知之必行……阳明在交互使用着两种语言。"①

陈来说清楚了他要说的,不过,我们这里还要问:当真有两种

---

① 陈来:《有无之境:王阳明哲学的精神》,第96页。

语言吗？的确，我们的平俗理解与王阳明的真知在知行的实际用法里都有根苗，但似乎也**不好说**知行**这两个字有两种用法**，一种平俗用法和一种本体用法。实际上，除了在专题讨论两者关系的场合，王阳明本人也只能在"平俗用法"上使用知行，不可能一直保持在知即行的"真义"上使用这两个字。我想，我们不如平俗说，知行并没有两种用法（当然，在另外的意义上，知行可以有两种用法乃至多种用法），这里出现的事情只是：我们可以从这两个字的用法引申出不同的道理，有人引申出平俗的道理，有人引申出深刻的道理。

第十六节　改变本义或不改变本义

巴门尼德说，一切都静止不动，这时他不是在寻常意义上使用"静止"这个词，他是在总结一套道理，其立论大意是：山没有动，是船行；那不是一只老虎，你看走眼了；天并不冷，是你感冒了。既然他并不是在使用"静止"这个词，也就谈不上他改变语词的用法。"知即行"虽可能与通常说法不同，但王阳明并不改变"知行"的用法，并没有"赋予"知和行这两个词以新意义，毋宁，他追究包含在知和行这些自然概念中的道理。

第十七节　"本真术语"

海德格尔区分本真与非本真（或曰流俗），在一种意义上颇近于王阳明所称的本体非本体，但两者复有很大的区别。王阳明论知行合一，是典型的概念考察：集中考察某个对自己的理论具有核心意义的语词,从这个语词的普通用法中发掘其深意,或曰发掘其本体或本真的意义。知行合一是他要引出的结论,并非他当真要坚持在知行合一的意义上使用知行这两个字。海德格尔的本真语词,则是他用来论理的语词。因此,他需要一整批"本真语词"。在《存在与时间》中(以及在他很多其他论著中)很多关键词都捉对出现,一个表示本真概念,另一个表示相应的非本真概念,例如时间性、当前、曾在是本真概念,时间、现在、过去则是流俗概念;他特地警告我们,面对生存论(本真)术语时,"首先必须远离一切从流俗的时间概念里涌上前来的'将来''过去''当前'的含义。"① 他可以通过或真实或假想的词源/词根揭示一个语词的真义(这也是一种概念考察),并在这个真义上使用它,例如 Existenz、Befindlichkeit、Sorge 就是这样。大多数时候,则通过硬行规定。字面上并看不出 Zeitlichkeit 与 Zeit、Faktizität 与 Tatsächlichkeit 哪个更本真些,这种区分完全是人为的,唯一的线索大概是表示非本真概念的语词往往是比较常用的语词。这个办法也有限度,因为不可能为每个概念都找到一对近义词,这时,他只好用同一个词,只是把流俗概念打上引号,例如将来、世界。这些做法有点儿造作,海德格尔自己说:"要用某些术语来界说相应的源始而本真的现象,难免与一切存在论术语都摆脱不掉的同一困难做斗争。在这一探索园地中,强行硬施并非任意妄为,而是事出有因,不得不然。"〔第447页〕②

---

① 海德格尔:《存在与时间》,陈嘉映、王庆节译,商务印书馆,2019年,第447页。本节所引海德格尔均出于此书,以下仅标出页码。
② 布迪厄对海德格尔创造术语的方式加以分析,并借以揭示隐藏在其后的社会—政治主张。我不尽同意布迪厄的分析,但承认他的很多分析展示了犀利的洞见。参见皮埃尔·布迪厄:《海德格尔的政治存在论》,朱国华译,学林出版社,2009年,第四章。

用这些强行规定的术语来论理，难免显得怪异："曾在源自将来"(第447页)，"将来并不晚于曾在，而曾在并不早于当前"(第478页)等等。这种怪异部分地来自这样的实情——这套"本真术语"仍然要坐落在普通语言中才有意义。"将来并不晚于曾在"云云，其中的晚于还是普通的意思，如果它也有个本真的意思，反倒会抹杀了海德格尔想表达的新意。若多想一步，我们对将来和过去的理解，无论平俗抑或本真，并不只落在将来和过去这两个词上，毋宁说更多落在之前、晚于、开始、打算、完成这些语词中。我们不可能把所有这些语词都变成本真术语，或，我们不可能同时对所有这些语词都做出"本真"理解；就此而言，我们的任何本真理解，或王阳明所说的"本体"，都只能是局部的，依托于普通的或曰流俗的理解。

第十八节　被考察的语词和用来考察的语词

我们须区分被考察的语词和用来考察的语词。知行合一中的知行，与其说是在被使用，不如说是在被考察。"未有知而不行者"这样的提法，是对知和行这两个概念进行反思得出的结论，并非我们通常所谓使用知行。赫拉克利特说，一切皆流变，这与其说在使用流变这个词来述谓一切，毋宁说是在讨论流变这个概念。一般说来，正在被讨论的概念，哲学家主要意在发明拢集在其中的道理，而不是在使用它。被考察的语词甚至根本不被使用——logos这个概念拢集了很多道理，现在的哲学文著仍然常谈论logos或逻各斯，但谁使用这个词？像民主、形而上学这样的词，什么时候有个"用法",也颇费商量。

蒯因在《经验主义的两个教条》中对分析性并随之对同义性这两个概念提出质疑,过了几年,格赖斯和斯特劳森发表了《捍卫一个教条》与蒯因争辩,他们认为:(1)意义从使用来,而"'分析'和'综合'在哲学中有一种或多或少已经确立的用法";(2)"具有相同意义"不是哲学用语而是日常说法,显然是有意义的。① 日常语词的意义来自日常使用,论理词的意义来自在论理中的使用,这听起来挺对称;不过,**说到论理词的"使用",我们要多少有所保留**。民主和时间都是重要的论理词,但它们经常不是被使用,而是像逻各斯那样只是被讨论。作为总名的论理词只在次级意义上谈得上使用。

的确,分析/综合不同于逻各斯、形而上学等等,它们被使用,而且有比较稳定的用法。然而,这主要不是因为它们已经有一个使用的传统,而是因为它们所标识的这种区别相当清楚,在论理中有广泛的用途。尽管如此,它们的用法始终只是"或多或少"地确立起来,这也主要不是因为它们的使用历史还不够长②,而主要是因为它们的用法始终与对这两个语词的考察与界定纠结在一起,因为**它们的用法多多少少是根据某些道理设计和规定的**。

我们须注意,对论理词的考察,与其说是对相关语词用法的考察,不如说是概念考察。考察时间概念,绝大部分涉及的不是时间这个词的用法,所涉及的是之前、晚于、过去、现在、开始、完成这

---

① Grice & Strawson, "In Defense of a Dogma", in Grice's *Studies in the Way of Word*, Harvard University Press, 1989, p.198.
② "唯当一种语言已经被人们说了很长时期,这种语言的语法才被标明,才存在。"维特根斯坦:PG,Ⅰ,§26。

些语词的用法。考察逻各斯,更不是考察这个词的用法——这个词现在根本不被使用。当然,logos 曾被使用,我们今天考察逻各斯,确实要向它曾被使用的那个时代追溯。所谓诠释学,就是这样一门追溯的学问。然而,就像我们今天考察时间概念主要不在于分析时间这个词用法一样,诠释学对 logos 的追溯也主要不是考察这个词在过去的用法,而是考察它在不同时代、不同论理系统中扮演的角色。考察分析/综合,自不妨说考察康德以及此后哲学家是怎样使用它们的,但这无非是说考察康德等人的理论——这与考察一个普通语词的当前用法、以往用法这类语言学工作有根本区别。

第十九节　语词考察和用语词来论理

进一步,我们须**区**分通过对某些语词的考察来揭示某些深层**道理和用一套语词来论理**,虽然这两者交织在一起。上面零星引用了几段王阳明关于知行合一的讨论,现在我们另引一段王阳明的论理——

> 经,常道也。其在于天,谓之命;其赋于人,谓之性。其主于身,谓之心。心也,性也,命也,一也。通人物,达四海,塞天地,亘古今,无有乎弗具,无有乎弗同,无有乎或变者也,是常道也。其应乎感也,则为恻隐,为羞恶,为辞让,为是非;其见于事也,则为父子之亲,为君臣之义,为夫妇之别,为长幼之序,为朋友之信。是恻隐也,羞恶也,辞让也,是非也;是亲也,义也,序也,别也,信也,一也。皆所谓心也,性也,命也。

通人物，达四海，塞天地，亘古今，无有乎弗具，无有乎弗同，无有乎或变者也，是常道也。①

两相对照，可以清楚看到，关于知行合一的讨论是通过对某些语词的考察来揭示某些深层道理，《稽山书院尊经阁记》这一段则是用一套论理词来论理。

不过，我们已经看到，必须在不同程度上打过折扣才能谈论论理词的使用，因为它们的用法始终与对它们的考察与界定纠结在一起。弗雷格先对 Bedeutung 和 Sinn 做了一番讨论，然后才使用这两个词。弗洛伊德定义了 id，然后才使用它。理学到处使用道、天、命、性、心之类的语词来论理，同时，理学家也反反复复考察这些语词。

第二十节　科学术语

这里所谈的论理词，原则上不同于科学术语。笛卡尔和牛顿不像巴门尼德，他们的确改变"静止"的用法，在不同的意义上使用这个词。他们的目标不是追究包含在静止这个自然概念中的道理。这个词的意义将完全依赖于其力学理论才能得到理解。若说他们也考察这个词的自然用法，那只是在考虑选哪个词最适合他们所要表达的新理论。

---

① 王阳明：《稽山书院尊经阁记》，《王阳明全集》，卷七，吴光等编，上海古籍出版社，1992年，第254页。

混淆论理词和科学术语，仿照科学术语来铸造和看待论理词，造成了哲学书写和哲学阅读的很多混乱。要澄清此点，则须大范围澄清哲学和科学的根本异同。这里我只想提醒，我们需要谨慎对待"在哲学的意义上"这个说法。"在哲学的意义上"这个短语难免让人比照"运动，在经典物理学意义上""空间，在相对论意义上"之类，经典物理学和相对论是稳定的、公认的理论，哲学中却没有这种定于一尊的理论。

第二十一节　语词的理论负载

有种相当流行的说法：任何话语都负载理论，theory-loaded。我不知道这种说法中的"理论"是什么理论，我只想说，就负载理论而言，这是本书或他在我左边，显然和这是我的权利或他的政治立场比我左有相当大的差异。

论理词一般地受到日常用语的约束，不过，随着穷理活动的延展，随着理论建构（随着论理接近于完整理论），核心论理词就越少受到日常用语的约束，越来越多地负载相关理论赋予它们的含义。在一个伦理理论中，自由的用法可能离开日常会话很远；这个理论中的自由，作为高端论理词，当然可以说它背后有理论，但若他今天刚从监狱里放出来，说"我自由了"，背后就无须什么理论。当然你可以说"你并不自由，这个世界是更大的监狱"；那是你有理论，不是他有理论。

理论负载意味着，你要掌握论理词的确切含义，就**需要了解它背后的理论**。我们不能离开康德哲学来理解先验想象力，不能离开伽达默尔的哲学来理解视域融合，这些与某个哲学家的核心反思密切联系在一起的语词，体现着特定的理路。由于理论不同、反思的路径不同，即使那些通用的论理词，仍可能有相当不同的用法。说到现象这个词，我们常会补充说在康德的意义上，在黑格尔的意义上，在胡塞尔的意义上，在海德格尔的意义上。这个麻烦，大概要等天下只剩唯一一套哲学理论的时候才会消除。前几年，国内一些现象学学者和一些分析哲学学者开了个会，就 intentionality 展开"对话"，谈下来，两造达成的唯一"共识"是：两边各自所说的意向性，似乎是完全不相干的东西。

固然，像分析与综合、命题与句子这些语词，可说有通行的用法，但它们当然也是负载理论的语词，因此其"用法"不能免于争论。其实，在蒯因之前，维特根斯坦、奥斯汀等人早已从其他方向上对分析与综合的两分提出质疑了。罗素说"从来没有两个不同的哲学家曾在相同的意义上使用'逻辑'一词"[1]，语涉夸张，意思还在。读哲学论著，例如读亚里士多德，常见在某种意义上这个短语，读者难免嫌哲学家没个准主意，殊不知这确是论理词的特性之一。说到一个论理词的"在某种意义上"，与这样说到普通语词不同，这"某个意义"指向一套道理，而这套道理，真个一言难尽。

本章开头处说到，论理的系统性由论理词之间的联系维系，系统说理之难懂，关键在于论理词，因为论理词的含义需要在特定论理传统中才能真切把握，系统论理是否贯通了道理，抑或只是把话

---

[1] 伯兰特·罗素：《我们关于外间世界的知识》，陈启伟译，上海译文出版社，1990年，第24页。

说圆了，外行往往难以明知。若说哲学也需要专门训练，那就是在论理概念的逻辑方面的训练，以及对论理词所从出的文本的熟悉。哲学不是化学或古音韵学那样的一个独立学科，但它仍显得像是件专家从事的事情，缘故大半在于哲学工作者习惯于跟论理概念打交道。普通人时不时会对论理概念做一点儿思考，但这类思考对他们来说是边缘的、时断时续的，而这却是哲学家的本职工作。

顺便说，这也是我为什么觉得哲学不适合网聊的主要原因。网络也许是好东西，但它不适合聊哲学。日常聊天的用语意思大抵清楚，论理词却总是在"某种意义上"使用的，多多少少依赖于用法背后的一套道理。形式是一抑或内容是一？这样的问题不同于衣服是红的抑或帽子是红的。善比美较多同一或更少同一？此在与存在哪个在先？我听到这种问题，最多回应说：你说下去，得看你要说什么，才知道形式是一抑或内容是一。麻烦在于，我们也许肯下一点儿功夫去读康德的体系，以便弄清"康德意义上的现象"怎么一来就不同于"海德格尔意义上的现象"，却很少有谁肯下功夫弄清某位网友的体系，结果，看似大家使用着相同的语言，实则不过在各说各话，cross-talking。

第二十二节　论理词与日常语言

论理词的用法多多少少是根据某些道理设计和规定的。语词的普通用法当然也是有道理的，不过，一个语词所依的道理纷纷杂杂、不止一端；而且，它们还可能包含没有什么道理的约定或包含难以明述的感性因素。道理与约定互相渗透，不像长在杂草丛中的玫瑰，只要细心，就能完整分离出来。一般说来，一个普通语词并没有一个单独的目的，因此，**一个语词并不是一些道理的集合体**，更不是某个单独道理的缩写。每一个语词，如知、行，都要与大量的其他语词配合，依这个道理与这个语词配合，依那个道理与那个语词配合。行既与知形成对照，又与止形成对照；它还有即将的意思；此外还有因韵律、雅俗等等而生的各种特殊约定，例如我们说"另行惩办"，却不说"另行罚"而只说"另罚"。奥斯汀说，日常语词在世世代代的使用中打磨成那个样子，所谓"在使用中打磨"，就是在多种多样的配合中打磨。英语介词的用法，多半是有道理的，然而，外国人学英语尽管早明白了这些道理，但在很多上下文里，仍然拿不准该说 in the train 还是 on the train。除了少数的纯粹约定需要死记硬背以外，我们还需要培养语感。在这里，我们不妨把语感理解为明白在何种配合中应该依何种道理。总括而言，普通语词虽包含道理，但它不是为了包含道理存在的。就像生活如此这般，包含着很多道理，然而，在一个基本意义上，我们不是为了合理而生活，我们倒是为了生活而合理。

语词的论理用法体现了使用它的那一论理本身的思路。论理用法剥去一个词所含的其他因素，单就它所含的道理来使用它，尤其就它能够加以明述的道理来使用它。这就使得论理词的使用与我们平常使用语词不尽相同。论理者可能用自由和任意的对照来标识一种重要的区别，为此，日常会话有时说自由的地方，他不说自由而说任意。他这样使用任意有一定的道理，实际上他很可能为他这种多多少少不同于平常的用法说明道理。

有鉴于此，我们就不难理解，为什么我们很少会批评谁用错桌子、飞、知道这些普通语词，或为此产生争论，关于幸福、合理、正义这些论理词，论理者则会经久不息地争论，批评某种用法不合理。关于普通语词的用法若发生争论，大多数人的实际用法，包括人们历来的用法，差不多提供了唯一的判准。关于论理词的争论就不是这样，这些争论主要的论据是各种各样的道理；用法，包括大哲学家从前的用法，只能充当参考。

第二十三节　语词"真义"与唯一理论

正因为普通语词包含着多种多样的道理，一方面，为了论证自己要说的道理，不愿"凿空杜撰"的哲学家会从语词的实际用法中汲取论证，另一方面，基于语词普通用法的平俗理解会有所遮蔽，**遮蔽了哲人要发掘的某种深义和真义**。通过分析语词来论理，就是要去除这些遮蔽，揭示这些深义和真义。

然而，语词真的有真义吗？有本体意义和非本体意义之分？有本真语词和非本真语词之分？哲学家们所争论的，不是在语言学意义上哪个是语词的本义或真义，更不是哪些是本真语词哪些不是，而是语词的多方面的用法中，哪个体现着我们的深层理解。简言之，所争的不是语词的含义，而是一般道理。旛动还是心动？不是关于动的用法出现了分歧。关于理/气的争论，争论的不是这两个字的用法，而是在于使用它们的各个论理体系立论的那些道理。

知行合一是包含在知行这两个字用法中的一层深邃道理，也许可以在这个意义上称之为知行的"真义"。然而，这层深义不是这对语词的唯一本义或本体。王阳明举出一批语例，知冷知热、知孝知弟等等，上文指出，他所选的语例是有特定倾向的。沿着不同的思路，我们会发现，知或知识中包含着另一些道理，可以引来支持知识是"带有论证的看法"这个主张。这条思路又可能把我们引向不同的方向，达到科学知识才是真正知识的结论。很多哲学家曾把我们引向更深刻的理解，但不曾有，我想恐怕也不会有哪个哲学家把我们引向唯一的真理。

第二十四节　一定要用论理词论理吗？

论理词是因系统论理和理论的需要发展出来的。[①] 论理词通常不像普通语词那样明白易解，要掌握论理词的确切含义，需要进入相关的大大小小的论理系统。哲学家各自"发挥一点儿自由"，于是出现了多多少少相异的"哲学语言"。到了当代，随着中心主义衰落，大大小小的哲学家和哲学爱好者树立起越来越多的论理系统，出现了作家多于读者的局面（昆德拉语）。新语汇新用法琳琅满目，不止满目，直是目不暇接。且不说一切真实的需要都会引发虚假的模仿，初试论理的学子往往觉得，只要用了平常见不到的词儿，一定是讲出了不平常的道理。论理词享有一定的自由，不完全由日常用法约束，若不加自律，论理领域很容易出现新语词新用法的

[①] 在一段讨论"学术语言"的文字里，布迪厄力图揭示"对形式的强加产生了系统性秩序的幻觉"，"产生全面连贯性的幻觉"，他正确地指出，学术语言不同于科学语言，前者"不凭借日常语言之助就无法发挥效用"。但他完全从负面谈到学术语言。实际上，布迪厄本人的学术表达，就其远离日常表达而言，殊不亚于其他晦涩的哲学家。参见皮埃尔·布迪厄：《海德格尔的政治存在论》，朱国华译，学林出版社，2009年，第80—83页。

繁荣。

前面说到，普通语词包含着多方面的内容，这些内容的互相制约限制了语词向一个方向过度延伸，因此，日常语言接纳一个新语词或一种新用法的条件比论理过程接纳一个新语词或新用法的条件要严格得多、确定得多，因此，语词的癌变主要是论理词的癌变。

论理词的癌变降低了论理的公共可理解性。把"理论"杂志中所用的论理词收集起来，放到文科教授面前，大概多一半他会觉得眼生，遑论普通读者。无怪常听到读者希望论理文章写得更明白晓畅些，甚至希望我们完全用普通语词来论理。

我们该不该以及能不能只用普通语言论理？前面提到，宋明理学家在语类、传习录一类问答中，使用的差不多都是普通语言。前文已经提到，维特根斯坦宣称："哲学无须使用新词；语言中熟知的老词足够了。"据此，他号召"把语词带回到它的日常用法"（PU, §116）。实际上，他强烈隐示，不在日常用法上使用，就是错误的使用——"逻辑哲学谈到句子和语词，和我们日常谈到句子和语词，意义没什么两样"（PU, §108）。维特根斯坦身体力行，后期几乎只用普通语言写作。（所创少量合成词也是按照普通语言发展出合成词那样出现。）

不过，也许只是看似如此。哲学语法章说到，虽然维特根斯坦大多数时候坚持他所使用的语法一词就是普通意义上的语法，但我们有相当充分的理由表明其实不然。用法一词也一样。我们一般需要借助诠释才能把维特根斯坦的很多段落联系到他的总体思想上，这与上述事实恐怕有密切的联系，而这些诠释几乎无例外地还是用论理语言撰写的。

我们无法要求论理语言像电视剧台词那么"明白晓畅",系统论理也不似长篇叙事那样易读,但我仍然认为,维特根斯坦尝试用普通语词来论理的努力是可贵的,这至少让我们在穷理之际时时提醒自己语词前反思的、在自然语言中的用法。日常用法中蕴含着深刻的道理,哲学希望把这些道理在反思的层面上表述清楚。希望论理文章写得稍明白晓畅些,实在是个正当的希望,即使做不到,总不宜滥造语词,文理不通。

论理者自由创造新用法的权利有何种限度?这不是一个可由哪位来加以规定的问题。实际上,对这个限度的理解在很大程度上取决于我们怎样看待平常说理、系统论理、理论、实证理论之间的关系。但我愿粗浅建议,论理者尽可能少创新语汇、新用法,在某个局部需要做出更清楚的区分时,最好使用普通语词组成的词组,以便随说随扫。如果确有需要创造新概念,最好用可感的语词及搭配创造合成词,尽可能与普通语言保持联系。在这方面,我强烈支持"日常语言学派"的做法。谈到这一派哲学家,人们更多注意到他们在分析、阐论时注重语词的日常含义或自然含义,但他们的另一个特点,我们眼下关注的特点,是他们尽可能避免自创概念,尽可能在自然含义上使用日常语汇。穷理原是为了解释我们自然的困惑,若说理变得过于专业,就可能渐行渐远,背离了初衷。

第五章 感知与语言分析

第一节 休谟与"感官感知"

休谟在《人类理解研究》一开始，就把 the perceptions of the mind（心智的感知）分成两类，一类是 the perceptions of the senses（感官感知），休谟说这一类没有名称，他发挥一点儿自由，名之曰 impressions，后来他也把它们称为 sensations。第一类心智感知没有名称的缘故，休谟猜想，是因为除了哲学目的，平常我们并不需要一个总名来总括各种不同感官的感知。另一类似乎有现成的名称，名之曰 thoughts 或 ideas。

休谟的用语很成问题，分述如下：

1. Impression 当然不是单属于感官的，如果能说 the perceptions of the mind，当然也能说 the impressions of the mind。

2. 此后采用 sensation 这个词，休谟看来发挥了更多的自由。

3. Impressions 之外的另一类 perceptions，真的就有现成名称吗？在现成用法即日常用法中，thoughts 或 ideas 是这么用的吗？

4. 如果像休谟猜想的那样，除了哲学目的，the perceptions of the senses 平常并不需要一个总名，那么怎么会有 thoughts 这样一个现成的总名？甚至还有更为概括的 perceptions 这样一个总名？且不说我们还想追问 impression 作为哲学用语和这个词作为非哲学用语是什么关系。

5. 再后来，休谟又不加解说或甚少解说地采用了 experience、outward or inward sentiment、feeling 这些用语。

第二节　感觉资料理论

休谟的所谓印象，后来发展为马赫的"感觉复合理论"和英国经验主义的"感觉资料理论"。马赫说：

> 颜色、声音、温度、压力、空间、时间等等，以各种各样的方式相互结合起来；……显得相对恒久的，首先是由颜色、声音、压力等等在时间和空间方面（函数方面）联结而成的复合体；因此，这些复合体得到了一个特别的名称，叫作物体。……物、物体和物质，除了颜色、声音等等要素的结合以外，除了所谓属性以外，就没有什么东西了……世界仅仅由我们的感觉构成……要素（感觉）是第一性的……并不是物体产生感觉，而是要素的复合体（感觉的复合体）构成物体。……一切"物体"只是代表要素复合体（感觉复合体）的思想符号。[①]

20 世纪上半叶，感觉资料理论风行于英国哲学界。萨缪尔·亚

[①] 马赫：《感觉的分析》，唐钺等译，商务印书馆，1975 年，第 9—29 页。

力山大、罗素、摩尔等人明确主张这一理论。感觉资料理论是个相当一般的学说，随便哪部哲学辞典里都能查到。这里引用奥斯汀的概说：

> 我们从来不曾看到或以其他方式感知（或"感觉"）到物质对象（或物质事物），至少我们从来不曾**直接**感知或感觉到它们，而是只感知到感觉资料（或我们自己的观念、印象、感觉项、感官感知、感知项，等等）。（第2页）[1]

我相信，哲学爱好者在自己考虑这类事情的时候，通常都会走向类似的理论。我把这称作"初级反思的自然趋向"。

1940年，艾耶尔出了一本书，《经验知识之基础》[2]，对当时极为流行的感觉资料理论提出了一些批评，但根本上支持这种理论。奥斯汀主要以这本书为靶子，多次授课讲演，对这种理论提出了相当全面的批判，他的讲稿由瓦诺克整理成《感觉与可感物》。感觉资料理论与奥斯汀的批判联系于一批重大的哲学问题，例如，感觉是不是确定无疑的知识基础？知识有没有确定无疑的基础？现象语言与物理语言的两分是否成立？等等。此外，它也涉及语言与哲学的关系，两分法，概括，哲学理论的可能性等论题。

---

[1] J. L. Austin, *Sense and Sensibilia*, G. J. Warnock ed., Oxford University Press, 1962. 本章出自该书的引文只标注页码。

[2] A. J. Ayer, *The Foundation of Empirical Knowledge*, Palgrave Macmillan, 1964.

第三节　语言分析方法

奥斯汀批判的一个主要进路是这样的——艾耶尔论证说，我们从来不直接看到一本书，我们直接看到的是感觉资料，我看见的只是书的符号，我看到的是"那是书"的证据，我从这些证据推论那是一本书，我永远不能最终证实那是一本书。奥斯汀把艾耶尔的这些说法摊到我们前面，让我们明明白白听到所有这些说法都不对，实际上都是可笑的说法。例如，我们看到一本书，通常当然是直接看到这本书，只有在相当限定的情况，我们才能说，我没有直接看到这本书，例如，我是在镜子里看到这本书的。

奥斯汀的进路，若起个名号，他自己愿意称之为"语言现象学"，即通过语言分析对所涉事物进行更精确的考察。这种方法，通常被称作"语言分析方法"或"日常语言学派"的方法。20世纪中，出现了一批以牛津哲学家为首的语言分析论著，赖尔的《心的概念》最为著名。在这本书里，他运用语言分析的方法对笛卡尔的心物二元论这一重大哲学理论进行批判，产生了重大影响。不过在我看来，就深刻严谨而言，《感觉与可感物》优于《心的概念》，奥斯汀对语言分析方法的运用，也较赖尔更到位。

第四节　应对语言分析攻势

面对语言分析的攻势，防守方有种种策略。(1)你对日常语言的理解是正确的吗？是唯一的吗？(2)日常语言就不错吗？(3)我说错了,但没有看错、想错。(4)在日常意义上的确不能这样说,但我是在理论意义上、哲学意义上、逻辑意义上这么说的。

一、你对日常语言的理解是正确的吗?是唯一的吗?这种争论有时发生,但在眼下这一例中很难采用,奥斯汀近乎无可疑问地展现了艾耶尔对一系列语词的用法是错误的。而且,奥斯汀不止一次指出,多数语词有相当稳定的用法,关于怎样用对用错并无很大的争论余地。

二、日常语言就不错吗?这时,我不否认你正确地解说了日常语言的含义,我对日常语言本身提出疑问。但是,在什么意义上我们能说日常语言弄错了?大家都把差强人意理解为勉勉强强,在一个意义上,大家错了——这个成语的意思是让人十分满意。这时候,我们并不是说日常语言错了,而是大多数人弄错了。在哪些情况下可能大家都错而一个人是对的,在哪些情况下不可能如此,这个问题不限于语言、日常语言,它是个一般的问题而且是很有意思的问题,尤其在伦理学中;我们这里放过不论,我只想指出,如果是我对而大家错,一般说来,我需要说出理由,反过来,则大家无须有什么特别的理由,或曰,大多数人如此认为,这本身就是理由。

以上两种,都是不承认自己错。下面两种,则承认,至少从日常语言角度来说,自己的确错了。

三、现在,我承认自己说错了,但我只承认说错了,不承认自己看错、想错。罗素在回应摩尔对他的特称描述语理论的批评时说:"摩尔关于我的描述语理论的论文几乎没有提出任何我有什么要争议的问题……(不过)他让我对自己漫不经心地使用日常语言感到自责。"① 这种满不在乎的口气大致是说：这里的错误只是些偶然的错误，甚至是些无聊的字词之争。偶然的错误是一时一地的错误，并不在其他场合系统重现。眼下这个争论不属此类——艾耶尔的那些说法，不是一时说得不够谨慎，不是个别误用，而是成套的说法。

四、我承认，在日常意义上，我的那些说法不成立。实际上，说到本节开始时列举的那些说法，艾耶尔很难否认这一点。但他远不打算输诚。他回应说：是的，你说得对，在通常的含义上我们不能这么说，然而……然而什么呢？在各个问题上，艾耶尔有不同的"然而"。我不打算卷入去分析艾耶尔的各种细致答辩，他总体上的回应是：我不是在通常意义上说的，我是在理论意义上、哲学意义上、逻辑意义上这么说的。例如，艾耶尔主张物体语言都是含混的，奥斯汀反问："这儿有三头猪"是个含混的陈述吗？（第125页）当然不是，然而，艾耶尔可以争辩说：我不是在这个意义上、在这个日常的人所周知的意义上说到含混的。

在讨论了艾耶尔关于 real 一词的用法之后，奥斯汀总结说："在着手说明一个词的用法的时候，只考察它实际用在其中的极少一部分上下文而不认真考察其他的上下文，这总是一种致命的错误。"（第83页）奥斯汀的训诫单独看来，确当无疑。然而，艾耶尔可以自辩说：你对 real 的日常用法的分析的确有很多精彩之处，**但通过这些分析我们就能够掌握实在这个概念了吗？我们就能够回答"什么是实在的"这个问题了吗？**我根本不是在"说明一个词的用法"，我是

---

① Paul Arthur Schilpp ed., *The Philosophy of Bertrand Russell*, Open Court, 1968, p.690.

在阐释实在这个概念，我是在哲学意义上使用实在这个词。一次在赵汀阳家，听他主张蒂蒙的那个论题：只有好像，没有是；正好他太太回家进门，我便向在座另几位哲学家朋友打趣说，这是汀阳的太太，哦，不是，她好像是汀阳的太太。汀阳对我的争论法嗤之以鼻，说，嘉映中了日常语言方法的毒，我们平常的确说，某某是我的太太，但哲学理论恰恰是要超出平常，你引证我们平常如何如何说是驳不倒这个哲学命题的。

两造好像都有道理。一方面，哲学家似乎是在讨论一些具有普遍意义的范畴，这时候，似乎无须把自己约束在语词的日常用法上；毕竟，很难想象通过对真、善、实在等语词的分析来完成真理论、伦理学、实在理论。另一方面，哲学家怎么一来就建立起了理论？在建设理论的过程中或在理论中，我们竟可以随意地、按日常用法看来明显错误地使用语词吗？如果我们这里说到实在，与实在这个词的日常用法无关乃至矛盾，似乎也不对头。说错了就是说错了。**一个哲学家怎么能靠一些明显错误的话来论证自己的结论呢**？我们在争论的时候，最常用的质疑是：没有你这么说的，或者，你这话不合逻辑。所谓不合逻辑，通常也不涉及逻辑学的专业辨析，只不过是普通意义上的"说不通"。

奥斯汀是语言分析大家，这一点甚少争论。他自觉地运用这些"语言现象学"方法，在多篇论文中，尤其在《为辩解进一言》中，解说过这些方法。厄姆森（I. J. O. Urmson）的《三人谈奥斯汀的方法》一文[①]中对这些方法做过相当完整细致的综述。这些方法很值

---

① I. J. O. Urmson, "Austin's Philosophy", K. T. Fann ed., *Symposium on J. L. Austin*, Routledge & Kegan Paul, 1969.

得我们了解，不过，不少人评论说，奥斯汀的分析尽管精彩，但与哲学问题的关系并不密切。人们批评奥斯汀所持的立场"贫瘠不育"，批评说，奥斯汀自己没有提供出感知理论、实在理论。[1] 毕竟，奥斯汀差不多只是驳论，然而，就算你驳倒了感觉资料理论，你能靠什么建立起你自己的感知理论呢？"语言现象学"方法也许只适用于批判不适用于建设？过于钟爱日常语言，就无法取得科学进步，科学的进步显然与创建质量、力、波、细胞这些新概念相联系。

第五节　"日常语言作为起点"

奥斯汀是通过语言分析来批判感觉资料理论的，他让读者清楚看到，艾耶尔的种种说法，我没有直接看见猪，我没看到实在的猪等等，是些荒谬的说法，没有哪个正常人会这样说。我们在争论道理的时候常质疑对方说：没有你这么说的，你说的不合常理，你这话不合逻辑。

然而，我们能够这样驳倒一个哲学命题吗？高僧说："不是风动，不是幡动，仁者心动。"你能这样驳斥他吗：这种情况下，我们总是说旗在动，风在吹，怎么成了我心动？你可以回应说：我说的当然不是常理，常理人人皆知，有什么可说的？

奥斯汀是否太倚重日常语言了？即使你对个别用法的分析、对哲学家误用的揭露都正确且精当，但似乎仍有什么重要的东西未被触及。毕竟，即使像休谟这样伟大的哲学家，用语也不少芜乱。奥

---

[1] G. J. Warnock, *J. L. Austin*, Routledge, 1991, p.14.

斯汀对不少语词做出了前所未有的精妙分析,这些也许是语义学上的重要成就,但它们究竟属于语义学还是哲学?自然语言分析究竟有多大效力?你对 real 的日常用法的分析很多精彩之处,但这些分析能为我们提供实在理论吗?艾耶尔在很大程度上就是这样回应奥斯汀的批评。

哲学旨在探入一些根本的道理,旨在澄清一些基本观念或澄清一些基本概念,例如澄清实在概念。这当然不只在于考察实在这个词的含义或用法。实在在哲学上的用法的确不完全受限于实在这个词的日常用法。不过,如前所说,在哲学中,实在无所谓用法,实在在这里倒更接近于一个题目。在这个题目下,我们讨论一样东西看上去是什么样子而实际上却不是那样,讨论一个人假装在做一件事以掩饰他真正的目的,讨论一句话的真正意思,讨论一种食物的味道和它的营养。这些讨论有时要求我们考察实在这个词的实际用法,但远不止于此,若说考察语词的用法,我们常常还要考察实质、真正的、其实、表现、现象、假象、假装、直接/间接等等很多语词,考察一个词族。

奥斯汀强调,看见、听见、似乎、真正说来这些用语有稳定的用法;这也是说,我们对于怎样使用这些用语,甚少争论。我们如此这般地使用这些语词,意味着我们在一个基本层面上如此这般地理解世界。把异乎寻常之理连到语词实际用法之上,构成了对这些道理的最强有力的论证。反过来,揭示出论理者背离了这些基本语词的稳定法,就揭示出他并未成功地为自己的道理提供论证。

奥斯汀说,人们误解了"日常语言学派"的主张,他并不主张日常语言是最终裁判,然而,日常语言是起点。这个事绪,我是这样理解的。

日常语言是起点首先意味着,哲学问题,一开始是用日常语言提出来的,or better,我们的哲学困惑,是与我们的自然理解连在一起提出的。C. I. 刘易斯说:"如果我们经由可操作的哲学方法搞出一些伪精确概念,并用它们替换掉那些通过语词的日常用法而得来的概念(尽管这些概念看似很模糊,但它们却真正把握了语词的含义),那么获得一些惊世骇俗的'学术成果'亦不算难事。但由这种替换所带来的麻烦却是,没有人再能知晓那些真正的问题(或在实践上关乎紧要的问题)是否已经得到了探讨,而至少有一半圈内人则干脆对这些问题麻木不仁。"[1]

尝试更确切更精细地表达这些困惑的时候,尝试消解这些困惑的时候,我们也许会需要一些生僻的表达式,也许会来到违乎甚至悖乎寻常理解的结论,但这不妨碍日常语言是起点。就此而言,是否合乎语言的自然用法,是否合乎我们平常的说法,的确起到"裁判"的作用(但顶好不用"最终裁判"这种说法)。并非我们的结论必须合乎寻常理解,必须采用日常说法,而是,我们若要为这个结论提供支持,必须也只能用自然理解和平常说法来提供支持。

关于"日常语言学派"的论争方式,无论反对者还是追随者,都有一种普遍的误解,仿佛我们可以用"我们平常从来不这么说"来反驳某个"哲学命题"。依着这种理解,的确,哲学以最简单的方式被消解了。我们平常不说万物皆动或万物皆静,我们说有些物体

---

[1] 摘自私人通信,转引自王浩:《超越分析哲学》,徐英瑾译,浙江大学出版社,2010年,第163—164页。

在动，有些物体静止着；我们平常不说知即行，我们说有人明明知道却不如此行事；我们平常都认为外部世界当然存在。我们也许打算驳斥外部世界并不存在的主张，或驳斥知即行的主张，但我们不能以"我们平常不这么说"了断。我们不能这样反驳艾耶尔：从来不直接看到那本书有违我们平常的说法，所以你不能主张我们从来不直接看到那本书；争点原在于，从来不直接看到那本书本来是你要证成的**结论**，你却把它提出来作为**证据**。

不是幡动这话点明某种异常之理，而不是对这个道理的论证。而"我们也并不直接觉知物质事物"，在艾耶尔的阐论中，"是作为我们在感知中（直接）知觉的总是感觉资料这一结论的根据提出来的"；奥斯汀于是挖苦说："从陈述这个论证本身的第一句话开始实际上就已经假设好了这个结论，这好像是个相当严重的缺点。"（第46—47页）你尽可以点明异常之理而不加论证，但你不能用异常的说法来进行论证。或者这么说：你用异常的说法冒充正常的说法来做论证，那么，你的论证就是伪论证，伪的应被揭穿。

当然，为此我们**首先须注意到我们平常不这样说**，在这一点上，奥斯汀的确长着非凡的耳朵。在诗歌中，在哲学中，我们常会遇到奇特的说法、用法，它们良莠不齐，既有警世名言，也有胡言乱语；我们既不可照单全收，也不可一概拒斥。实际情况是，不少人习非成是，对违乎常理的说法变得麻木，于是难以进一步探入事情的究竟，更有人浑水摸鱼，以为只要自己把话说得古怪，就是在写诗，就是在从事哲学了。

第六节 "过度概括"和"简单两分"

对于艾耶尔所采用的物质事物一语,奥斯汀提出质疑:"钢笔异于虹霓,虹霓又在很多方面虽非在所有方面异于视觉后象,视觉后象又在很多方面虽非在所有方面异于银幕上的图像。"(第4页)在讨论 real 一词的含义或用法的时候,奥斯汀批评说,哲学家在这类场合总是"试图给予**唯一一种解说**","在着手说明一个词的用法的时候,只考察它实际用在其中的极少一部分上下文而不认真考察其他的上下文,这总是一种致命的错误"(第83页)。说到哲学家为感知提供的理论,奥斯汀评论说:"感知的实际状况,不仅就心理学家所揭示的而言,而且就普通凡夫留意到的而言,也都比哲学家一向所认可的远为更多样更复杂。我想,无论在这里抑或别处,摈弃一体化的积习,摈弃根深蒂固的对外观整饬的两分法的膜拜,至关重要。"(第3页)这是在同时批评过度概括和整饬两分。艾耶尔把错觉分为"性质上欺幻的"和"存在上欺幻的",奥斯汀批评说,这是虚假的二择一:他举出饵鸭、染过的头发、人造奶油等等事例,在这些情况中,我们感知的东西是不具有它好像具有的性质呢,抑或我们好像感知到的东西并不真的存在?(第79—81页)

一体化(Gleichschalten)大致相当于维特根斯坦所说的过度概括。维特根斯坦对"所有的工具都是用来改变某种东西的""语言中的每一个词都指称着某种东西"这类论断提出异议:[①] 尺子改变

[①] 维特根斯坦:PU,§13、§14。§11—12谈到多种多样的工具、把手。§23和§27谈语言游戏的多样性。

的是什么？"哎嗨伊呀嗬"指称什么？总不能说：巩俐指称巩俐、正义指称正义、哎嗨咿呀嗬指称哎嗨咿呀嗬。不同种类语词起作用的方式都用"指称"这个说法统一起来了，它们作用方式的重要差别却依然在那里。就像你尽可以一网打尽，称所有人都是自私的，但自私和无私的差别并不因此消失，我们仍然需要在"自私"这个大类之下区分我们平常所识别的自私和无私。

维特根斯坦反对过度概括，多半是针对共相思路而发，从而提出家族相似等概念来加以校正：不要以为只要我们有游戏这个词，就认定凡我们称作游戏的事物就必定有共同点，或我们是由于它们的共同点而把它们称作游戏。奥斯汀反对一体化，着眼点有所不同，**多半把它与外观整饬的两分法**（tidy-looking dichotomy）**连在一起**批判。例如，他批评艾耶尔的"可靠无欺经验和欺幻经验"的"简单两分"，称"根本没有什么根据把所有所谓的欺幻经验都包在一起，同样也没有什么根据把所有所谓可靠无欺经验包在一起"。（第48页）后面会讲到，实际上，哲学家所做的概括总是与两分连在一起的。

奥斯汀反对过度概括和简单两分，他书中的具体分析简直势不可挡，使一些简单两分破碎不堪。另一方面，我们由于他的毁灭性分析更加感到困惑：**我们竟可能避免概括和两分吗**？如果不能，怎么一来概括就过度了、两分就只是外观整饬？感官感知是个概括用语，视觉不也是个概括用语吗？奥斯汀反对把所谓的欺幻经验都包在一起，把所有所谓可靠无欺经验包在一起，指出所谓欺幻经验实包含种种不同的情况。然而，诚实，以及虚伪，不也各自包含种种不同情况吗？诚实和虚伪这两个词却把它们分别包在一起，并且形成一种两分。男人这个词把形形色色的男人包在一起,女人这个词把形形色色的女人包在一起。我们讨论哲学和科学的区别时,是否已经陷入了过度概括和整饬两分?奥斯汀自己不也做出不少概括和两分吗——例如他对记述类话语和施事类话语的区分?

第七节　自然语词与概括层次

先说概括。

当然不可能一般地反对概括。奥斯汀对"物质事物"这个概括的驳难让我们想起维特根斯坦所言"我教诲差异"。这话若凭空而来,难免让人生疑。钢笔当然异于虹霓,但派克笔也异于我手头这杆廉价钢笔啊?差异到何时了结?

概括和差异的最通常的平衡点,不必我们费心去找,它们就在自然语词那里:桌子、desk、table、人、man、woman、虫子、insect、worm、走、跑、跳、walk、run、go。也许,我们会用这些语词做出过度概括,但这些语词本身不像是过度概括语词,实际上,我们甚至不大觉得他们是些概括语词。

不过,人们也许会有异议:自然语词并不在同一个平面上概括啊,上海人、男人、人、动物,它们是些不同级别的概括。我认为,关于概括本身,还存在着很深的误解。我们的语词,有些比有些更概括,例如,中国人比上海人更概括,上海人都是中国人,中国人不都是上海人。但从这个角度来看待这两个词,只是一个角度而已;男人、上海人、运动员、大学生、飞人,这些词不止是刘翔的类;中国人这个词,主要并不是用来概括上海人、河南人、广东人,表示这些人的类。这些语词，像所有其他语词一样，是用来说话的，描述这个世界，讲述道理等等。中国人像上海人、男人一样，从不同角度说到刘翔；就此而言，这些词都是平级的。上海人、河南人如何如何，不同于鸟类都是卵生的，并不意味着 $(x)fx$。只从或主要从概括程度着眼来看待上海人和中国人这两个词的关系，是逻辑学误导语言反思的一个重大实例。

狗在花园里跑和物体在空间中运动的确不在同样的层面上；但这还不仅仅是，我们平常在 basic level 上说话，而物体在空间中运动则在更概括的层面上或曰 super level 上说到这件事——这还是主要从概括性着眼；实际上，我们从不在类似于狗在花园里跑的意义上说物体在空间中运动；物体、空间、运动这些词在日常语言中有它们各自的含义，如果我说物体在空间中运动，那么我主要不是在更概括的层面上说这件事，而是在另一个意义上说这件事，是在使用物体、空间、运动这些语词反思式地陈述现实，理论地陈述现实。

第八节　概括与说理

道理本来意在沟通不同经验，说理总是说比实际情况更高层面的道理。就此而言，说理通常采用较为概括的用语，其实难免。企业管理课程论及企业高管与中层领导的关系，中层领导与职员的关系，你不能泛泛质疑说：每个企业的高管都不一样，不同部门的经理有不同的特点。

按照流行的哲学观，哲学有别于一般说理的地方，在于哲学讲述格外普遍的道理。据此,哲学家难免需要概括程度极高的语词,例如物质/精神,物质是馒头、木材、身体、金钱的总名,概括了这些东西的共同点或曰共相,精神则是意图、念头、爱情、幻觉的总名。哲学家造出感官感知这个用语,用来概括看、听、触等等。

沿着这条思路想下来,我们会碰到种种困难。彩虹和视觉后象算不算物质?馒头、木材、身体、金钱、彩虹、视觉后象的共同点是什么?赫斯特说,它们都是物理性的事物,但从物理学视角来看,什么不是物理性的事物呢?当然,它们都具有物质性;这就像说,所有大的东西都有一个共性,那就是它们都大。不管你是否当真认为这么说挺有意思,你大概能够看到,这不同于说所有金属都有导电的性质。

上述思路严重误解了物质之类的"概括语词"或"抽象语词"。如上节所说,在反思语词作用时,人们的眼界似乎不肯超出归类,不肯超出概括程度和外延大小。门口站着两个人和人是理性的动物,在什么意义上,我们会说两句话里的人概括程度相同?

正如中国人、运动员、世界冠军主要不在于给刘翔归类,而是从各种不同角度说到刘翔,物质或物质事物主要也不在于把馒头、木材、身体、金钱归为一类,说它们都有一个共性,即都是物质,仿佛在说金属都有导电的共性。物质/精神是从一个特定角度说到馒头和金钱,颇像大小从一个角度说到成人、孩子、山川、性情,大不是太平洋、孔子和大恶棍的类。物质/精神、感知、理、器这样的语词,如上一章所言,是论理词,它们的功能不在于通过概括形成更高的类,而在于用来论理。在一个论理传统中,它们提供了相对稳定的视角,就像在日常语言中,大小多少提供了看待各种事物的恒常角度。物质／精神、理／器、功夫／本体这些角度的内涵,来自我们的自然理解,但通过这些语词稳定下来的视角,则在不同论理传统中各自有别。中国论理传统和西方论理传统可以对话,但两个传统鲜有对应得上的论理词。

"哲学道理"的确具有普遍性,但其普遍性并不来自更高程度的概括,而是来自哲学所关注的是普遍的概念。真假、表面与实质、人与自然,这些是我们思考无论什么事情都要用到的概念。你哪怕思考一件很局部的事情,比如你是该考研究生继续学业还是立刻找份工作,也总是渗透着这些普遍概念。把真假视作真币／假币、真品／赝品、真性情／虚伪之上的更高的类、更抽象的概括,完全不得要领。很难设想有谁建立一个更高的类,以便得出更加普遍的道理。哲学和科学理论都不来自概括。万有引力学说是机制之学,不是靠概括各种有吸引力的东西产生出来的。力学中力这个概念不是马力、药力、想象力的概括。哲学是反思道理之学,其核心在于考察那些无所不在的概念。

可见,"概括到何种程度比较合适"或"怎么一来就过度概括了"是些没头没脑的问题;概括到何种程度比较合适当然要看你打算干什么,只能依具体讨论的问题来定。自然语词有一些现成的概括程度的语词供我们挑选,论理传统也提供了一些相对比较现成的语词。你若要说一个特别的道理,你尽管选取一个概括层面来营造你的语词。当然,像我们平常说话那样,我们一般用不着自造语词,我们可以编一个短语,例如,把视觉和听觉叫作远距离感知,把嗅觉和味觉称作近距离感知——如果分出远距离感知和近距离感知能揭示出什么我们平常看不清的道理的话。奥斯汀把话语分成记述类和施事类，这个区分展现出关于话语的一些重要道理、基本道理，因此适合于为它们造出专用的词来。

讨论感知时，为了揭示出什么我们平常看不清的道理，你不妨区分感知到确实存在的东西和有感知而背后没有实在的东西。你甚至可以用错觉或幻觉来称有感知而背后没有实在的东西这类情形。不过，请记取这里的错觉或幻觉不是我们平常所说的错觉或幻觉，而是一个人工定义的语汇，意思是有感知而背后没有实在的东西。显然，这不是我愿意推荐的论理方式。奥斯汀的相关批判，充分揭示了这种方式是产生混乱的一个主要根源。

奥斯汀对物质事物这类概念的异议，并非在泛泛主张"事情比通常想象的更复杂""被认作同一的东西其实还有细微差异"，泛泛提出的这类论断永远是对的，因此是无聊的。奥斯汀列举"物质事物"所包含不同种类之间的差异，正是在"物质性"这个维度上的一些典型差异，提出这些差异，为讨论何为实在性提供了极好的入手点。奥斯汀对感官感知、物质物体提出质疑，字面上落在"过度概括"上，其支持性的理由则是艾耶尔就"物质物体"所说的那些道理，实际上并不适用于他归到这个族类的很多东西。

到这里，我想说，"过度概括"和"简单两分"都是通俗提法，过度概括和过度简单化，既然"过度"，当然都不对。不过，就这里的事绪来说，概括程度几乎不相干，要点原不在于艾耶尔关于直接/间接等等所说的只限于视觉的一些事例而不适用于其他感官感知，要点在于他关于直接/间接等等所说的，即使适用于视觉的某些事例，它们也引不到感觉资料的结论上。

第九节　两分与分类

第一节说到,哲学家所做的概括与两分联系得非常紧密。因为哲学家的概括是**有针对性**的:把林林总总的东西概括为物质事物,是要与感觉资料形成对照。我们并没有感官感知这个用语(对照:我们有游戏这个词),我们发明出一个用语来概括视觉、听觉等等,是要与内感觉或心灵之知加以对照。哲学家做出的概括多半都是两分型的概括,概括与两分可说是一件事情的两面。

我们要理解一物一事,经常要对照另一物另一事来理解,换言之,我们常通过两分来思考、言说——诚实/虚伪、精神/物质、共相/殊相、集体/个人、正确/错误、大/小、有营养/没营养、有用/没用、牛/不是牛。当然,上面列举的,并不是同样的两分。例如,实数与虚数没有中间状态,有营养和没营养则形成一个连续系列。再例如,若像艾耶尔那样,把看到分为两种情况:我们看到的东西真的存在 vs. 并不真的存在,那我们就须注意到,这两种情况是不对称的。笼统言之,这一两分属于常规与特例的两分:我们看到的东西真的存在是正常情况,我们看到的东西并不真的存在是从正常情况的偏离。这种特定的两分有种种特点,例如,自然语言给这些特例一些特别的名称——错觉、幻觉、海市蜃楼,却并没有给正常看到的情况什么特别的名称;我们能够问在何种情况下我们看到的东西并不真的存在,却不能在同样的意义上问在何种情况下我们看到的东西存在。

我们的语言中有很多两分词,或曰反义词,大小、多少、上下、来去。有些词，可称作准反义词，诚实／虚伪、精神／物质、集体／个人。我们还会临时按照需要随时做出一些两分：戴红臂章的和戴黄臂章的、历史的和数学的。**凝固在自然语词中的两分，可说是自然的两分**。否则，可说是人为的两分。上文说到，哲学家所做的概括，一般是高于自然语言层面上的概括，相应地，哲学家的两分，一般是人为的高于自然语言层面上的两分。为什么要做出这种两分？例如，外感官 vs. 内感官？几乎只有一个目的：揭示或彰显一些我们不知道的或忽视了的道理。这已经意味着，这种揭示或彰显，总是有针对性的。把话语分为陈述式话语和施行式话语，针对把语言统统理解为描述这一错误主张。如果你从来不抱这种错误主张，把话语分为陈述式话语和施行式话语就多此一举，因为人们在最朴实的话语实践层面上从来就知道这种区分，知道你（在哪些情境中）说哪些话是在向我做出承诺、是在命令我、请求我，说哪些话只是告诉我一件事。

奥斯汀敏锐地揭示出，艾耶尔之所以概括出物质事物这个类，只是为了与感觉资料对照："'物质事物'这个表达式在这里或在别的任何地方都没有被给予别的角色，除非要给'感觉资料'当陪衬，肯定谁都从不曾想到要把普通人说他'感知'到的所有东西都归为单独的一类东西。"（第8页）不过，据以上所论，仅此一点并不表明这个概括是过度的或无理的。

此外，如上节所示，物质事物首要地并不是一个类名。一般说来，两分是两分，分类是分类。我们有大小、多少、上下、来去这些两分，但我们并不是要把天下的东西分成两类，一类是大的一类是小的，一类上行一类下行。大不是事物的类。大的事物，除了大，没有共同点,若说大的就是强的,那也只是说明大和强这两个概念有联系。精神和物质是"整齐对应的",这只是说,有一些是典型地我们称作精神性的事物,或典型地称作物质性的事物,而不是说,天下的事物可以清清楚楚归入精神事物类或物质事物类。

奥斯汀说:"我们'感知'到的不是**唯一**的一类东西,而是林林总总、纷繁各异的事物;它们的数目即便可以归约化简,那也应是科学研究而非哲学思考的任务。"(第4页)这话单独拿出来,并无错误,但实际上是把两分和分类胡乱混在一起了。这个错误把批评者引向了更远的歧途。有一位基思·格雷厄姆(Keith Graham),批评奥斯汀分割了哲学和科学,仿佛科学只管事实而哲学只管理论,批评奥斯汀忽视了科学在感知方面的研究成果。"感知对象该怎样分类,这个问题必须借助已知的经验资料、在相当一般的和抽象的层面上进行,而我看不出为什么哲学家和科学家不可以都对此做出贡献。"他继续批评说,奥斯汀本人也不是不分类,他断言我们不感知感觉资料,从而减少了一样我们所感知的事物的种类——"而他这样做,并未借助于科学"。① 尽管奥斯汀在这里有点儿混淆,但谁会想到,他对感觉资料概念的驳斥是要"设法减少我们所感知的事物的种类"?实际上,无论哲学家和生理-心理学家,谁都没打算为所感知的事物的种类"做出贡献"——他们都不是在为所感知的事物归类,生理-心理学在探索感知的过程,哲学在探索感知概念(感知语词族的概念考察)。

为了说明某个道理,我们蛮可以做出如下区分:有时,我们看到

---

① Keith Graham, *J. L. Austin: A Critique of Ordinary Language Philosophy*, The Harvester Press, 1977, p.147.

的东西真的存在,有时它并不真的存在。这一两分,不是对看到的东西的分类,而是借以探讨看这个概念的一种途径,探讨正常的看见、错觉、幻觉、海市蜃楼等等概念之间的差别和联系。并没有什么东西原则上禁止这一两分,需要分析的是怎样通过这一两分来进行论证的具体途径。艾耶尔的论证进路是:从我们看到的东西有时真的存在/有时并不真的存在这一两分(这一两分的性质如上述,是常规与特例的两分)开始,转进到另一种两分,直接看见的东西即感觉资料与间接构造的东西即物质物体,从而进入了现象/本质的一般哲学理论。奥斯汀则力辩,艾耶尔的论证是通过一系列概念混淆和偷换进行的。

第十节　我们看见的是什么?

我们并不打算去为"我们感知的究竟是哪一类东西"提供答案。(第4页)奥斯汀不止一次在反对过度概括的方向上提出这样的声明。奥斯汀较早专门写过一篇文章探讨此点,大意说,我们通常只能问什么是这个词的含义,不能泛泛问什么是一个词的含义。[①] 在《感觉与可感物》里,他对"什么是实在"这类问题提出相似质疑。

把我们普通看见的东西归为一类,的确很奇怪。如奥斯汀强调,我们看到形形色色种类的东西。就此而言,你(现在)看见的是什么是个通常问题,而什么是我们看见的东西是个古怪的问题,没有意义的问题。当然,我们可以这样回答"我们看到的究竟是哪一类东西":看见的东西、所见。见所见、言所言、知所知,它们有时

[①] J. L. Austin, "The Meaning of a Word", in J. L. Austin, *Philosophical Papers*, Oxford University Press, 1961. 特别参见 pp.25—29。

像"朋友就是朋友"这种表达式，是一种特别的说法，否则，就没有意义。

然而，什么是一个词的意义难道不是语言哲学的核心吗？难道哲学家们都在追问一个没意义的问题吗？什么是一个词的意义与什么是这个词的含义不是一个并列的问题，也不是要对所有语词的含义做出概括（那将是明显荒唐的），而是在问含义这个词的含义或意义。艾耶尔问：什么是我们看到的东西？我们并不是这样来回答这个问题：我们看到桌子、树、人、星星、彩虹、水蒸气、海市蜃楼、后象（看到后象是个可疑的搭配），然后找到所有这些东西的共同之点，或按照某些共同之点来把这些东西分类。显然，这些东西有很多种分类方式：彩色的和黑白的，动的和静的，大中小，固体、液体、气体，动物、植物、无机物。毋宁，什么是我们看见的东西这个问题问的是：看见的含义和意义是什么？我们有无数的方式把看见的东西加以分类，但其中只有一些分类和看见的含义和意义有关系，最明显的，例如，区分亲眼看到的和在照片上、电影上看到的，区分有形体的和无形的。其次，彩色的和黑白的；就某些目的来说，动的和静的。错觉、幻觉、海市蜃楼等等的差别和联系，也可以是关于看的概念探究。直接看见与间接看见也属于这种"分类"。而人、动物、植物、无机物则与看、看见没有概念联系。

看的概念探究**看见的**东西，而非看见的**东西**。直接看见与间接看见、彩色的和黑白的，标识的是概念的二元性，若说"分类"，委实不是一般意义上的分类。上一节指出，当奥斯汀说到该由科学而非哲学来归约化简我们感知到的东西的种类，他已经开始把我们引向歧途。关于"看见的东西"的"分类"，一类意在揭示"看见"的概念结构，一类是关于东西的，与"看见"没有直接联系。实际上，没有人探究看见的**东西**；那无非意味：探究这些东西，与这些东西被看见而不是例如被摸到，了不相干。

所以，艾耶尔的错误不在于他对看见的**东西**做出了过度概括，而在于他在概念考察层面把我们从来没有看见的东西说成是我们实际上**看见**的东西。

第十一节　感知、"感官感知"、"五官"

关于感知的概念探究，首先会让我们注意到，感、觉、感觉这些字词跟意义有着密切的联系，sense 这个词，有时译作感觉，有时译作意义。我们可能视而不见听而不闻，但我们不能感到而不……这些词与所谓感官感知全不是一码事。汉语里也没有感官感知这样一个用语，须得经过一段"哲学训练"，感官感知才能听得顺耳。sense-perception 也不是普通英语用语，只有哲学家用；简便起见，哲学家也单说 perception，两者都用来概括五官之觉。然而，在日常用法里，perception 和感知都不限于五官之觉，实际上，毋宁说感知更接近于综合感、直觉之类，例如感知到即将来临的风暴，再例如 I perceive some objections remain：这时候我没听到有谁明确表示坚持反对意见，但我隐隐约约觉得还是有。感、觉、感觉这些字词含有某种笼统的、隐隐约约的、不那么条分缕析的意味。

感官感知用来概括五官之觉。**哪五官**？五种感官是眼、耳、鼻、舌，以及——什么呢？皮肤？或身、身体？舌头不是身体的一部分吗？五种知觉呢？也许视觉、听觉、嗅觉、味觉、触觉。关于触觉，下面要做较详的讨论。现在要说明的是，我们平常并没有明确划分五种感觉或五种感觉器官。医院里分眼科、耳鼻喉科、口腔科。相学上分出来的是眼、耳、鼻、舌、口。

"我们平常并没有明确划分五种感觉"这话也可以说成"日常语言并没有明确划分五种感觉"。反思时，重新审视我们的经验的时候，我们可能想把感觉分成五种，或两种，或八种，但这些分法都不是最"平常"的分法，最平常的分法，是体现在日常语言中的那些分法。此外则是专门学科的分类，医学上的分类，相学上的分类。日常语言的分类体现一些一般的道理，专门学科的分类体现专门学科的道理。

那么，我们是否可以相应地说：哲学上的分类有哲学上的道理？麻烦在于，哲学不是一个专门的学科，由是之故，"哲学上的道理"是个可疑的用语，至少不像"医学上的道理"那么明确。我们也许可以把"哲学上的道理"理解为：从常理延伸出来的道理，更深层的道理，等等。

第十二节　五官之觉 vs. 内感知

单说造出感官感知是为了概括五官之觉还不够，概括背后往往还隐藏着一个问题：为什么概括？针对什么概括？

把五官之觉概括在一起，通常基于感官与心灵的对照、感官感知与心智之知的对照，休谟做出这种概括，是为了把感官感知与 thoughts 或 ideas 加以对照。有时，技术性更强些，是基于外感觉与内感觉（疼痛、时间感等）的对照。这两种对照有联系：内感觉更接近心智之知，虽然心灵被设想为比感觉高级，但就在内而言，心灵是"在内的"，内感觉也是在内的。内感觉甚至没有感官，也许心灵就是内感觉的感官。疼痛感往往被列入内感觉，它更紧密地联系于心灵——我猜想，所有语言里都会有类似于心疼、心痛、痛苦这样的表达式。没有哪个哲学家没注意到时间感是一种更内在的"感觉"，或曰，时间比空间内在。康德在先验感性论里以及在诸二律背反那里并列空间与时间，但在先验想象力等更深入的讨论中，时间明显地占据了更重要的地位。在胡塞尔、海德格尔那里，不消说更是如此。

因此，五官之觉与心灵的对照、与内感觉的对照，往往可以笼统视作内外对照。内外有别，内与外的区分是个重要区分，自不待言。然而，内外区分服务于多种多样的目的，也并没有一条固定的界限区分出什么在外、什么在内。传统上区分感官与心灵，往往基于某种伦理学考虑，例如区分感官快乐和心灵快乐，而不是在探讨这里所说的感知问题。

说到感官、感知，我们是怎么区分内外的？外感官长在身体靠外的部分，接受外部世界传来的信息，这两样显然连在一起：为了接受外部世界传来的信息，五官长在身体靠外的部分——尽管较真说只有眼睛和皮肤暴露在身体表面。然而，尽管五官长在身体靠外的部分，尽管它们主要接受外部世界传来的信息，但若说到五种感觉，却不是"外部感觉"。外感官、"感官感知"这些提法很容易诱使我们去想，通过它们产生的感觉是在感官那里发生的，或首先在那里发生。实际上，"感官感知"或"感官感觉"这些用语本身就十分可疑，因为它们好像在说："感官感知"之外，还另有一种心灵感知之类的东西。然而,并非我眼睛先看见了,然后心里看见。"目虽视而所以视者心也,耳虽听而所以听者心也。"[①] **感觉、知觉这类词总是把感官那里发生的事情和心里发生的事情连在一起说的**;而"感觉"这类词是这样言说的,这一点当然不是碰巧如此——是我看见,而不是我的眼睛看见;耳朵听到,也就是我听到了。

当然,还有种种较为复杂的情况。例如,错觉,例如,我埋头做事,忽然发现其实我一直听到走廊里有窸窸窣窣声,例如,一只土蜂在身上停了一下之后被赶走,我感到一阵疼痛,弄不清是它蜇了我还是我由于恐慌产生了想象的疼痛。这些形形色色的情况会让感觉问题即感觉概念变得相当复杂。我意识到其实我一直听到走廊里有窸窸窣窣声,并不是说,那声音一直在我耳朵里,现在传到我心里来了。(错觉论证粗率地认为,这类事例提供了线索,仿佛最终分析下来,我们应当一般地把感官那里发生的事情和心里发生的事情区分开来。)

某些事情先在感官那里发生,然后传到心里,这是生理-心理学的描述方式,我后面会做较详的讨论。不过,这里可以提到,生理-心理学描述一个连续的过程,感官"告诉"神经,神经"告诉"大脑,但告诉必须加上引号。一般说来,我自己的眼睛告诉我、我的耳朵告诉我、我的鼻子告诉我等都是隐喻用法;例如我自己的眼睛告诉我说的是我亲眼看到的之类;我的鼻子告诉我说的是我凭直觉之类。生理-心理学描述并不依赖于也不引向概念上的内外两分,在这个描述中,只有外,没有内,没有"告诉我(们)"这个短语,我(们)

[①] 王阳明:《传习录》下,《王阳明全集》,卷三,吴光等编,上海古籍出版社,1992年,第119页。

已经消失了。

第十三节　视觉 vs. 触觉

我们反倒可以注意到，按照语言的实际用法，事情几乎是反过来的：感知或感觉总是连着心灵一起说的，感官倒不一定有感知。尤其是，我们用眼睛看，但**看见通常并不能说成是一种"感觉"**或一种"感知"——我看见院子里有个人，不能说成我感觉到或感知到院子里有个人。视觉这个移植词已经沾染了理论，反正，我们不能从这个词想当然把看混同于感觉。

好，就来说说眼睛。对人来说，在很多意义上，眼睛是高标特立的感官。其中一个意义，哲学极关心的意义，是事物的存在与否以及对事物的清晰认识；我们有"亲眼看见""眼见为实"这样的熟语，清晰这个词，主要用于视觉，多多少少可以用于听觉，几乎不能用于嗅觉。视觉和听觉是最突出的外感觉。眼睛一般只能看到外面的东西。

跟视觉相对的一极是触觉。它多方面与看形成对照。看和眼睛整齐对应（与别的感官和感知方式明确区别），而"触觉"就没有与自己整齐对应的感官。我们是用皮肤来感觉压力和撞击的吗？反过来，皮肤也不是专门用来感觉的。此外，周身上下各个部位的"触觉"能力相差很多。实际上，我们把"触觉"和视觉并列的时候，已经离开日常用法有一段距离了——"触觉"概括了触、摸、按、压、碰、硌、疼、隐隐作痛、痒痒、舒服不舒服等等。

这些纷纷杂杂的"触觉"，可以做出不同的分类，最重要的，在我看,是主动与被动之分。手指头通常是去触碰,后脑勺和大腿外侧通常只会被触碰。实际上,我们通常用手去摸,而不是去触;反过来,除非被捆着被压着浑身不能动弹,我们不会用大腿外侧去触碰以获得某种感知。触觉中,手指头的触觉差不多是外感觉。身体某个表面部位感到痒、感到疼、感到别扭,我们经常会去看一眼,或(尤其那些眼睛看不到的部位)用手指头去摸一下,以便确定这个痒痒、疼痛、硌是由外物引起的抑或只是有那么种感觉。与此相应,触觉意义上的敏感有两个很不一样的意思。有些部位,一触碰就会很痛、很痒、很难受,但它们几乎分辨不出什么东西触碰了它们。另一方面,手指头的敏感在于它们能摸出各种各样的东西——天鹅绒还是亚麻布?木板是否刨平整了?

在触觉这里,在疼痛感这里,外感觉和内感觉的界限变得模糊起来。背部的溃疡导致我感到疼痛,这是内感觉还是外感觉呢?牙疼,可能是牙体受伤,也可能是牙髓发炎。胃疼是内感觉,但除此之外,它与背部的疼痛、牙疼有哪些重要区别?体内和体外的区分,并不那么鲜明。**区分内外**,也不一定是区分体内和体外,**倒往往就是区分真实、正确的感觉和错觉、幻觉等等**。我觉得冷,通常是因为天冷、屋里冷,但这次却因为我自己感冒了。区分这两类情况当然重要,但把这说成外感觉和内感觉之别,皮肤外层的感觉还是皮肤里面的感觉,至少可以说,不是那么中肯。

我们可以置身事外地看,单单为收集外部世界的信息看。**看格外理智、理性**。描述事物,差不多等于说用视觉意象来描述。我们可以把一样东西看得很清楚,但没什么感觉。(所谓视觉艺术作品,部分地在于让视觉重新有感觉。反过来,嗅觉等等缺乏复杂的智性因素，我们无法把它们做成艺术作品，格雷诺耶谋杀的那些少女不只芳香袭人，她们是一些容貌美丽的少女。）我们可以看到很远距离的东西，即使那是样危险的东西，我们也还有时间做考虑。客观客观，这个词把客和观连在一起。

触觉就不像看那么客观。你可以漠然地看，无动于衷地旁观，而你嗅到什么、尝到什么、触到什么，几乎都会做出即时反应。你撞上什么东西，一般来说，你首先关心的不是你撞上了什么，而是不管你撞上的是什么，你先避开它再说。即使气味不引致即时的身体反应，通常也会带来情绪上的较强反应。在这一点上，听觉间于视觉和味觉之间，听觉对收集外部世界的信息非常重要，同时也是让我们沉浸在自己的感觉中的一种重要方式。

第十四节 感觉语词的错综联系

我们已经看到，五种感官或感觉之间的差异非常大，关于它们的语汇错综复杂。在另一个层面上，感觉、感知、感到、觉得、知、知道、意识到、知觉、觉知、感、感情、情绪等等，更是盘根错节；它们不仅跟外语词汇完全无法一一对应上，而且，这些语词之间的概念联系解说起来也相当困难。但我们至少可以注意到，感、觉、感觉不是那么条分缕析，而是有点儿笼统、有点儿隐隐约约。在日常语言中，我们并不把看叫作感觉。上面说到，我看见院子里有个人，不能说成我感觉、我觉得院子里有个人。嗅、尝、触则多多少少可以说成感觉。看不能称为感觉，而嗅、尝、触可以称作感觉，嗅、尝、触不像看那么客观，这两个方面连在一起——感觉不那么客观。

感觉没有看那么高的清晰度，感觉在它自己和最终判定之间留有余地。我们有五官一说，没有五感一说；只是第六感这个用语隐示五官之觉是五种感觉，碰巧，第六感正是一种典型的感觉，有点儿笼统、有点儿隐隐约约。

通过对五种感觉的初步考察，我们也许已经感觉到，我们平常并没有明确划分五种感官感知，所谓五官、五种"感知"中的五这个数，并不那么确定。看、听、嗅、尝这四种挺明确的，摸、触、隐隐作痛等等是不是该归为同一种感觉就不那么清楚了。我们恐怕也感觉到，日常语言把看和听分开来，或者说，我们把各种各样的看统称为看，道理相当明显；但日常语言不大需要把这些感觉归为一类，并且用"对外部事物的感知"来界定这个类，从内外这个维度来看，这些感觉相差很大。重要的区分好像不在于，我看你用的是一个外部感官——眼睛，我感觉胃疼用的是一个内部感官。至少，这不一定是最基础的区分。我是看到还只是感觉到（关于看到和感觉到的报道各有多客观）？我单单只是看见抑或我有所感觉地看见？在何种意义上一种感觉是间接的？这些区分至少同样重要。

为了某种论理目的，我们也许可以分出五种感觉，可以把它们归为一个类，可以在内外这个维度上区分各种感觉。但在这样做的时候，尤其在依据这种做法开始去进一步论理的时候，我们必须记住我们在这样做的时候曾有些勉强之处，我们曾忽略了哪些、人为规定了哪些等等。例如，我们可以笼统地把看、听、触都叫作感知。（感知不是日常用语，是个较纯的论理词，论理家对它的使用有较大裁量权。说看是一种感觉不如说看是一种感知。）奥斯汀在讨论直接感知、间接感知、证实等等的时候，就考虑到了不同感官感知间的差别，例如，我们可以说间接看到，但很难设想什么叫"间接嗅到一种气味"。(第17页)触到，在一种意义上，是直接的感觉——我们直接就有了感觉。嗅到在很大程度上也是这样。在另一种意义上，它不直接——不知道发出气味的是个什么东西。视觉则相反，我看到那个东西，就"直接"知道那是个什么东西。再如贝克莱"感官不做推论"这一警句，瓦诺克在论证我们说"我听见有辆汽车"这话时是从某些声音进行推断(第137页)，奥斯汀注意到，瓦诺克选择了听觉，"这就微妙地加重了这种不牢靠的气氛"。奥斯汀承认，"单凭声音，的确经常可以说我们在说听见什么的时候做出了某种推论"。(第138—139页)但我们不能轻率地把这个结论转移到视觉上。① 另一些哲学家后来也注意到这个差别，例如，我们既可以说 I heard a car 也可以说 I heard the sound of a car，既可以说 I smell a rat 也可以说 I smell an odour，但我只能说 I saw a car，不能在同样的结构对照上说 I saw the... of a car。②

第十五节　看上去与实际所是

如奥斯汀指出的，艾耶尔对探究各种感知及其联系并没有真

---

① 我们听见有人在门外发动汽车，最多能像奥斯汀那样说，"经常可以说是做出推论"，究竟是否推论，还待进一步考虑。看见雪地上有兔子的脚印知道有兔子跑过去，看见荒岛上有可乐瓶子知道有人来过，这些都是做出假定或推论吗？需要对推论一族概念做更细致的考察。

② G. J. Warnock ed., *The Philosophy of Perception*, Oxford University Press, 1967, pp.8, 18. 汉语大概可以勉强说我闻到了葡萄酒、我听到了汽车，但更自然的说法是我闻到了葡萄酒的味道，我听到有汽车(来了)。

正的兴趣,他的兴趣,像当时多数英国哲学家一样,是要建立一种还原论的知识理论,感觉资料理论,即,我们实际上感知的总是感觉资料或简单感觉,只有它们真实无欺、不可能误错,其他一切都是由感觉资料推论出来、建构起来的,这个建构过程每一步都可能出错。

这里的那个不起眼的小词,really、实际上、其实,一旦转为名词,可以变成论理词中最重要的一个——reality,实在,真实。不妨说,一切理论都在于划分现象与实在。海德格尔在批判感觉资料理论的时候,直指这一理论背后的实在观念:感觉资料理论借助对直接这个词的误用,"有意义的东西被去掉意义,而剩余为实在。周遭世界被去生活化"[1]。他还进一步点明:"把真正问题扭曲了的,并不如某些人所以为的那样,单单是自然主义态度,而是理论的普遍主导,是理论的优先性。"[2] 我们平常面对的都是现象,理论家掌握实在。感觉资料理论与其他实在理论一样,目的在于找到终极的实在。只不过,以感觉资料为终极实在,从一个角度看,与古典理解一百八十度相反,因为古典哲学通常主张:感觉和现象是不可靠的,终极的实在是在感觉和现象背后。

我们平常当然也常常说到"实际上"。我一开始以为看到了一个人,后来发现看见的实际上是棵枯树;我以为那是匹马,结果那是头驴子;水里的筷子看起来是弯的,实际上是直的;你别看她对你热一句冷一句的,其实她爱着你。我们是怎么发现事情实际上是

---

[1] Marlin Heidegger, "Zur Bestimmung der Philosophic", in *Gesamtausgabe*, Villorio Klostermann, Band 56, 1987, p.89.

[2] 同上引,p.87。

另一回事的？奥斯汀雄辩地表明，我们会犯各种各样的错误，相应地，我们以各种各样的方式发现错误，以各种各样的方式发现事情实际上怎样一回事。有时候，我应该看得再仔细些，有时候，你把筷子从水里拿出来看看，或把看不准颜色的衣服拿到亮处看看。

我要加上说，有些错误是偶然的，有些错误是系统的错误，例如水中筷子的错觉，理论家可以发现产生这类系统错误的根源。而错误之能够被指出、被纠正，在于在多数情况下，或至少在有些可以确定的情况下，事情看上去是怎样，它实际上就是怎样。如果这动物看上去是猪，哼哼着猪的哼哼声，吃喝动卧都是猪吃喝动卧的样子，那它就是一头猪。然而，由于在水中筷子这类事例中**看起来**和**实际所是**形成了对照，哲学家就由此推广出一种理论，主张在任何情况下都有看起来和实际所是的分离。这种系统分离的结果是，世界有一个整体的实在，整体地隐藏在现象背后。

穷理的努力不在于找到或发明一种我们谁都没见过的真实，而在于确定我们所见的形形色色之中何为真实，如果单单指出它还不够，就须论证为什么这是真实。实际所是不在看似背后，而是在看似中间。

我们会说水里的筷子看起来是弯的，实际上是直的，但不会说每天餐桌上的筷子实际上是直的，而且看起来也是直的。并非在眼下这个事例里，看起来和实际所是正好相合，而是在这里不存在看起来与实际所是的分离。我们并非只有一个看上去的世界，我们也并非有两个世界，一个看上去的世界与一个实际所是的世界，两者相合为真——哪怕两者大多数情况下相合。我们首先有一个是的世界，这个世界里哪里出了疑问，出现了看上去，即出现了看上去和实际所是可能分离的情况,这时候我们要确定:事情看上去的样子跟实际所是相合抑或不相合。如果一开始从来没有过见山是山,我们就无法从见山不是山回到见山是山。

第十六节　证据-结论模式

　　艾耶尔在讨论感知的时候,采用了一系列古怪的说法,你明明光天化日之下看见一头猪,他却说:你没有直接看见猪,猪不在你视野里,你看见的只是猪的符号、象征,你没看到实在的猪,你永远不可能直接看到实实在在的猪,你看见的那是一头猪的证据,你推论那是一头猪。不难注意到,这种种说法,不是这里那里不小心误用了语言,或背离了语言的实际用法,它们是系统地背离。这种系统的背离基于一个统一的计划,一个统一的感觉资料理论。

　　从上段的种种说法,我们可以看到,感觉资料理论的要害是把证据-结论模式套到感知上,或曰,用这个模式来重述感知。正因为艾耶尔的种种说法都由这个证据-结论模式产生,所以,它们虽然不合通常说法,但只要你进入了艾耶尔的思路,它们似乎也就自成一统,不难理解了。

　　艾耶尔为什么要用证据-结论模式来重述感知?创造一种理解。借用一个熟悉的、其概念结构要点比较鲜明的模式来理解一个比较不整齐的现象领域,是一种主要的理解方式。这可以从隐喻的理解力量来看,争论-战争隐喻,水流-电流隐喻,把原子结构比作太阳系,等等。人的身体或一生是一个基本的理解模式,汤因比用人的一生来解说文明是突出的例子。我们前面说到过奥斯汀的"一体化"、维特根斯坦的"同化",现在我要说,一体化、同化属于理解的本质。关于理解的最好比喻是消化,其中的同化、一体化因素非常显明。维特根斯坦和奥斯汀所强调的差异和多样性必须在他们所针对的特定情况背景下来理解,不可当作信条。

借用另一个概念、借用某个模式来理解,这本身并没有什么不对的地方。但把证据-结论模式套到感知上,却深可质疑。奥斯汀用了一些篇幅来揭露艾耶尔"对证据观念的严重误用"(第115页及以下),不过,他多多少少是把这种误用作为一个单独的题目来处理的。我则愿强调,证据-结论模式处在感觉资料理论的核心。奥斯汀揭露出艾耶尔的说法与语言的自然说法相冲突,这是第一步。奥斯汀的工作进一步显示,这种背离自然语言是系统的。在我看,事情没有到此结束。首先,我们应该由奥斯汀已经完成的工作引导,勾画出这个隐含着的证据-结论模式;接下来,我们应当指明这个模式为何不能应用在感知领域。

这尤其是因为,这个证据-结论模式并不只是众多认知模式中的一个模式,它是独具一格、非同小可的模式。证据-结论模式是法庭上认识真相的方式,也是科学认识真理的方式。科学本来就在于通过理论及其允许的推论来认识我们无法直接经验的东西。大致说来,这种认知方式把我们通常的认识,即通过感知来认识转变为通过外部的、公共的证据来认识。

然而,我们在前面几节已经表明,感觉、知觉这类词总是把感官那里发生的事情和心里发生的事情连在一起说的;感知/感觉始终与感知者/感觉者相联系,可以称作有我之知,而非对象化的认识。[1]

---

[1] 参见第九章第三十五、三十六节中较详的讨论。

对感知/感觉的哲学反思必须始终保持在有我之思的层面上，一旦把关于感知/感觉的探讨转变为对象化认识，感知/感觉就消失了。感觉资料理论恰恰试图用证据-结论模式来处理感知本身，在这个理论中，我们平常所说的感知/感觉消失了，结果当然是，当它试图用我们平常谈论感知的话语来为自己作证的时候，总是张冠李戴，造成种种讹错。

第十七节　生理-心理感知理论与感觉资料理论

当然，感觉资料理论并不因为采用证据-结论模式来处理感知而成为一种科学理论。为明见于此，把感觉资料理论与生理-心理感知理论放到一起来对照会颇有教益。

我们多多少少知道生理-心理学怎样研究感知，例如视觉。第一步是光子落在视网膜上，视网膜是一个巨大的光感受器联合体，它们只能接受两种信息：落在刺激野上的光子数量与它们的波长，这些信息被传导给视神经纤维，再通过神经元之间的一系列电化学反应传导到大脑皮层。每一个神经元只知道前一个的兴奋程度，它不接受其他信息，例如，它不知道前一个神经元的位置。从视网膜到脑皮层就是这样一些单调的信号，然而，我们却看到一个五光十色、生生不息的世界。因此，克里克说："看是一个建构过程。"[1]

---

[1] 克里克：《惊人的假说》，汪云九等译，湖南科学技术出版社，1999年，第27页。克里克在这本书里对视觉生理做了深入浅出的讲解，他对相关问题的哲学思考也饶富意趣。

对视网膜的研究相当有把握，大脑皮层的研究还很艰难。这些研究已经从心理学领域转移到了生理学中。即使我们已经完全掌握了刺激野上的信息怎样传递到大脑皮层以及它们引起了大脑皮层的哪些变化，我们还不是很明白怎么一来一个人眼中的西施却是另一个人眼中的嫫母，这些问题需要求助于心理学甚至社会学。不过，在很多科学家看来，心理学只是草创阶段的生理学，是一个大箩筐，由于其原始而容纳从神经研究直到人格种类的课题，这些课题参差多样，有的已得到相当精确的研究，有的不可能得到精确的研究。

生理-心理学研究的是生理-心理过程。这个过程中的每一个环节都可以在不同层面上来描述。一般说来，物理学（广义的物理学，包括生理学，由于上段所说的情况，我们不能确定是否包括心理学）用低层面存在物的配置和相互作用来解释上一层面存在物的活动；物理学的"终极理论之梦"是一直达到物质的最低层面——夸克或弦。

哪怕对生理-心理学有最粗浅的了解，也能一眼看到，感觉资料理论与生理-心理感知理论无论从方法上还是从内容上都有根本的差异。作为对象化的认识，生理-心理学关心的是感知过程，这个过程可以分出第一步第二步，但从来不涉及直接看到/间接看到意义的直接间接。另一方面，我们看到，感觉资料理论则十分倚重关于直接/间接的区分，而直接/间接始终是从"我们"着眼的。前面曾提到，赫斯特从一个相反的方向反对主张我们直接感知到感觉资料：根据心理学，对颜色色块的感知照样不是直接的。这是个无从说起的话头，因为在生理-心理感知理论中，没有任何东西是被直接感知到的。

生理-心理学的视觉研究从落到视网膜上的光子开始,感觉资料理论从感觉资料开始。这只是表面上的对应。生理-心理学是物理学的一部分,光子落在视网膜上不是生理-心理学视觉研究的结果,而是它从整个物理过程中截取出来的一点,作为自己的工作起点,它的整个研究都是在此之后发生了些什么。而感觉资料理论的全部旨趣则在于证明感觉资料之为起点,艾耶尔并不关心怎么从这个起点到达终点,实际上他也无从描述这个过程。这固然部分是由于,如奥斯汀指出的,他并不当真关心感知,他关心的是知识的不可能误错的基础。但从根本上说,艾耶尔所从事(哪怕以错误的方式从事)的是哲学,而如维特根斯坦指出的,哲学的目标不是描述心理过程之类的过程;下面这段话,我已经引用过,但我相信在这里再引用一次是适宜的——

> 必须问的不是:什么是意象,或具有意象的时候发生的是什么;而是"意象"一词是怎样用的……这个问题不是可以通过指向什么东西得到解释的——无论对于具有意象的那个人还是对于别人都是这样;这也不是可以通过对任何过程的描述得到解释的。(PU,§370)

要讨论感知族语词是怎么用的,除了援引我们平常怎样谈论感知,别无他法。与感觉资料理论家不同,生理-心理学家无须援引我们平常谈论感知的话语来为自己的感知理论作证。科学意在掌握事物运动的真相,尤其是事物运动的真正机制。我看见一片红色,视网膜上、神经系统中都发生了些什么?生理-心理学研究这些的时候，不问我们平常都有哪些说法，不声称它更了解我们平常说法的深层含义，例如声称我们说红色的时候我们其实想说某一段特定的光波波长。

感觉资料理论与生理-心理感知理论的"共同之处"只在于：感觉资料理论的确错把物理学的诉求当作自己的引导。感觉资料理论的核心主张是：我们直接感知到的不是事物本身，而是感觉资料。**这个主张呼应物理学的要求：通过低层面存在物的配置和相互作用来解释高层面存在物的现象**。当然，感觉资料理论并不因此成为一种物理学理论。它只是哲学出于自身误解产生的伪科学理论，或用维特根斯坦的话说，由于混淆了事实研究和概念研究而形成的形而上学理论。[①]

像克里克那样主张，我们实际上"看见"的是光子，我可以明白。当然，我们从来没有看见光子，视网膜也没有看见光子，实际上，从来是我们看见，视网膜什么也没看见，所以，这里的看见加上了引号，提示它是"视网膜接收到光子的刺激"之类的代用语。这里涉及的不是对看见这个概念的分析，而是对与看相应的生理活动的陈述。

前面提到，不少批评者，如 Graham，认为奥斯汀过分依赖于哲学与科学的区分，赫斯特批评说，奥斯汀没有回答折射、反射、复视觉、似真幻觉这些事情是怎么发生的。然而，这些事情应该由科学也正在由科学研究，这不是清清楚楚的吗？赫斯特知道奥斯汀认为这些问题要由科学去解决，但赫斯特坚持，科学家提供的回答恰

[①] 参见第二章第三节。

恰是他们视之为具有哲学性质的回答，即，某种形式的表征理论。

我们很难否认，折射、反射、复视觉、似真幻觉这些事情是怎么发生的，都是典型的科学问题。那么表征理论呢？它的确"具有哲学性质"，这是说，表征理论还处在思辨阶段。现在，我们有开普勒-牛顿的太阳系理论，行星逆行、火星和金星的大冲等怪异现象都已解决。而在科学理论产生之前，思想家也尝试解决这些疑惑，他们"按道理说"，提出思辨理论。古希腊有些人主张，物体不断发出某种流，眼睛看到一样东西，就是接收到这样东西发出的流；有些人则主张，眼睛自身发出某种流，遇上一件东西反射回来，我们就看到了这样东西。这些都是关于视觉的思辨。这些思辨，就像德谟克利特关于原子的思辨一样，有可能隐隐约约地引导科学假说的提出。我们大概可以认为表征理论处在哲学思辨和心理学假说之间，只不过，在科学已经昌明的今天，很少有人耽于哲学思辨了，思考者通常会有意识地把这类思辨引向科学假说。[①]

我们可以指望，感知的科学理论更加成熟以后，将能切实而系统解答感知领域中的很多异常现象，不过，如本章再三表明的，感知活动与行星的运动不同，对前者的认识无法充分地转变为对象化的认识，心理学原则上不能充分归化为物理学。

然而，感觉资料理论不仅不是"科学心理学"，它也不是"思辨心理学"，它并不能引向科学假说。它并不是关于感知过程的思辨，而是关于感知的形而上学理论。它的确使用了 data、证据、判决的一套语汇，它的确谈论感觉的可测量性和**预言价值**，而这些正是实

---

① 参见第一章第二十六节。

证科学在确定事实和建构理论上的基本特征。但以上种种只是混淆了事实研究和概念研究而已。在这种形而上学理论中,要紧的是找到不可能误错的基础,其他一切,都是在这个基础上的建构。在这里,第一个环节,即感觉资料,是证据,而后面发生的事情,例如看到物体,是结论。关于感知过程的科学研究,当然采用的是证据-结论的方法,但那是就科学研究的方法而言,具体的感知过程的每一个环节都是通过观察、实验等等确定下来,没有哪个环节是从前一个环节推论出来的。前面的环节是时间上在前,而不是逻辑上更加基础。说到底,在关于感知的科学理论已经相当发展的今天,谁还需要感觉资料理论这样的思辨假说?

最后,我要说,不仅哲学家会错把自己的工作混淆于科学工作,科学家也会跳出自己的研究,发表"哲学结论",即维特根斯坦意义上的"形而上学结论"。克里克原本是在讲述感知的生理-心理过程,但他跳出来断定:"你看见的东西并不一定**真正**存在,而是你的大脑**认为**它存在。"(重点号是原有的)[①] 这话听起来很像是艾耶尔在说话。这当然并不表明感觉资料理论获得了科学的支持,具有了科学的根据,所表明的只是,优秀的科学家可以是糟糕的哲学家。

第十八节 看见图案的周边情况

从基础的东西推论出、建构起上层的东西,还有一种稍稍不同的方式值得提到,这是瓦诺克为感觉资料理论提供论证的方式。感

[①] 克里克:《惊人的假说》,汪云九等译,湖南科学技术出版社,1999年,第33页。

觉资料理论的核心主张是：我们直接感知到的不是事物本身，而是感觉资料。奥斯汀所引瓦诺克的一段论证简明扼要地解说了这一主张：

> 例如，我说我看见一本书。先让我们承认，这么说一点儿都不错。但在这种情形里仍然存在着某种**直接**被看到的东西（不是那本书）。因为，无论进一步的调查是否确证我看见了一本书这个申言，无论我是否知道或认为我看见了什么，无论我走近前去会看到、摸到、闻到什么，此时此刻在我的视野里存在着某种有颜色的形状，或由几种颜色组成的图案。这就是我**直接**看到的东西……在如下意义上，这比那本书本身更加"基本"：我可能直接看见这个由几种颜色组成的图案而那里并没有书，然而，除非某种有颜色的形状出现在我的视野里，否则我就没看见书，的确，根本**什么都没**看见。（第135页）

"我们直接感知到的不是事物本身，而是感觉资料"——大多数的哲学议论是在这一层次上进行的。感知、事物本身、感觉资料，这些词高度概括，而且有点儿生僻，用它们表述出来的道理，听上去也像对也像不对，在很大程度上，听着对或听着不对，有赖于听者的一般立场。瓦诺克这段话的一个好处，是降到了下一个层次，看、书、图案，这些语汇属于我们平常说话的层次，其中的道理说得通说不通，我们比较容易判断。

瓦诺克认为有两个层次的看见，我看见由几种颜色组成的图案和我看见一本书。但怎么来明述这种区分呢？我们已经看到，把前一种看见叫作直接看见并说"我们从来不能直接看到一本书在那儿"不妥，因为我们蛮可以说我直接看见那本书（例如对照于在镜子里看见）。瓦诺克似乎了解那么说不妥，于是他又尝试出现在我的视野里这个说法。"出现在我的视野里的只是由几种颜色组成的图案"？似乎好些，但仍不行，奥斯汀不依不饶，追问：那本书不也在我的视野里吗？（第136页）

这是一种典型的情况：哲学家觉得有点儿什么可说，但说出来总不对头。已经取了感觉资料理论立场的哲学家总觉得他的确有个道理要说。他大概得承认，日常说法里的确不能这么说；那么，怎么办？一种回应是：我有一套语言，你学会这套语言，你就明白了。核物理学家可以这么回应。艾耶尔大概认为哲学家也可以这样回应。瓦诺克则倾向于认为：我们最终要找到一种办法能用你懂得的语言把这个道理说明白。

让我们放弃直接看见、在视野里这些说法，让我们这么说：我可能看见由几种颜色组成的图案而那里并没有书，但**我不能只看见书在那里而没看见书封面上有些颜色、图案**。因此，图案是更基本的。

我觉得瓦诺克的这个论证是感觉资料理论最素朴的也是最能迷惑人的论证。奥斯汀对这个论证评论说：瓦诺克"自己承认我们可以在完全日常的、熟知的意义上说看见色块等等"，而且实际上也这样说；那我们为什么现在非要说它们是**直接**被看到的，仿佛它们需要某种特殊的待遇？（第136页）奥斯汀的评论不大周详，我愿稍加解释。让我们设想，这次我没看见一本书，我看见的是由几种颜色组成的图案，这时我该怎么说？当然，我说"我看见由几种颜色组成的图案"。为什么上次我看见由几种颜色组成的图案便"推论"那是本书,这一次我却不去"推论"那是本书呢?设想一下这两种情况。例如,朋友拿来一张图画纸展开在你眼前,上面有一幅由几种颜色组成的图案,也许他设计的就是一本书的封面。你这回看到的一幅图案,另一回看到的是一本书,和你看到它们时的周边情况相关。

周边情况用在这里是个很宽泛的词,可以包括,我刚才把一本书放在桌上,所以我现在模模糊糊看见桌上那地方有一样东西,就说"那是本书"。那一次我只看到白点,这一次我看到那是我家;周边情况可能是,我昨天用望远镜看过,可能是,我从旁边那个树林判断出来。

你看见的是由几种颜色组成的图案或看到一本书,你是看到了不同的东西,即使你只看到这本书的封面,封面上由几种颜色组成的一个图案。在这个意义上,这两种看到的情况是并列的,而非图案比书"更基本"。

感觉资料论者的基本思路是:我直接看到图案,由图案推论出书;换言之,看到图案和看到书是两个层次上的看。奥斯汀的基本思路是:在一种情况下,我看到图案,在另一种情况下,我看到书;换言之,看到图案和看到书是两种并列的看。区别只在于,书是比图案更多维度的存在物,看到"这是一本书"比看到"这是一幅图案"在更多的方向上可能弄错,例如,所看见的东西其实是平面的而非立体的,例如,它其实是做成书模样的装饰品,我们很容易理解什么叫"不是书却做成书的模样",在家具展销会上有很多这种东西,但不容易理解"不是图案却做成图案的样子"。

这里的争点也可以这样表达：感觉资料论者的看集中在图案和书上，奥斯汀的看是连同图案和书我们看到周边情况。在谈到小细棍半浸在水里时看上去弯曲的时候，奥斯汀提醒说，"这个事例的特点是，小细棍有一部分在水里，而水当然不是看不见的"(第53页)。"我听到一辆汽车"这一例(第137页)的争点相同。奥斯汀说：这个说法是否可能错误，并不在于我使用的话语的形式，而在于我把它用于何种环境之中。瓦诺克想的是：我听到像汽车那样的声音，而除了这种声音外就没有任何其他线索。奥斯汀问道：但若我先已经知道外头有辆车呢？如果我实际上能看见它，甚至也许还能摸到它、闻到它？同样，我们并非泛泛教给孩子这些小银点是星星，而是夜空中的这些小银点是星星。

奥斯汀非常强调周边情况，维特根斯坦也是。无独有偶，海德格尔一直强调要从生活世界、周遭世界开始。这是与科学还原论形成对照的一种视角，在本章第一节引用的那两段海德格尔语录中，他就把"周遭世界被去生活化"与理论还原论加以对照。我打算今后讨论还原论的时候再详细阐论周边情况这个概念。大致可以说，科学倾向于把事物对象化，成为各个分立的事实，然后用外在关系把它们连结在一起；而在感知中，在非对象化的思想中，任何事物都是与周边情况联系在一起得到认识和理解，周边情况不是脱离开事物的情况，而是内在地规定着事物之所是。我们无法从张三把钱交给李四的动作来判断那是借钱、还钱还是赠送。张三、李四都跳下水救人，但意图不同，张三是去救一个生命，李四是要获取溺水者保有的一个信息，这个区别不在跳下水救人的动作中，而在这个动作的前因后果中。

第六章　亲知与观念

第一节　有感之知

人们一向以各种方式对知识做出分类。墨子把知分为三大类，**闻**、**说**、**亲**，大致相当于听说的、推论出来的、亲知的。在这三大类之外，有人还愿加上**直觉**一项。张载区分德性之知与见闻之知。亚里士多德区分理论知识、实践知识、制造知识。中世纪的一种分法是 ratinalis 和 realis，前者是理性的、推理的，包括逻辑学、修辞学、语法学，后者是关于事质的，按抽象程度分为形而上学、数学、物理学。近百年来有不少哲学家热衷于区分命题知识和默会知识。我们的教科书里有感性知识和理性知识之分，十几年前，读过两本书的人说话时都会用上感性知识、理性知识这样的词儿。差不多每一个哲学家都从某种角度对知识做出某种分类，有的深刻，有的流俗，有的烦琐，有的成了主流，有的无人重视。

知识分类不同于化学元素分类或植物分类，而更像给纸板火柴分类；知识分类不仅无唯一之方，甚至谈不上哪种分类更加合理。一位哲学家要阐明关于知识的一些道理，把知识粗粗分成几类作为起点。

然而有一种两分却相当常见。休谟区分直接印象之知和依据印象进行推论所得到的知识。这种区分的现代罗素版题为亲知和"描述"（acquaintance and description）的区别。罗素所谓"描述"者，由听说和推论两项组成。推论和听说原本是很不一样的得知方式，应该像墨子那样加以明确区分，不过，上一章已经说明，罗素并不认真在考虑知识的分类，而是意在建构一种基础主义的知识理论——一切知识都来源于亲知。听说、推论，以及其他，不管它们之间有多大区别，对基础主义知识论来说都不重要，反正它们不是我们"直接知道"的，并因此都是间接的，因此不妨合作一类。罗素是诺贝尔文学奖获得者，英文自然是顶级的，但哲学家在构建理论的时候，给予自己使用论理词的极大自由，难免对语词的正确用法有点儿"漫不经心"。单说 description 这个词就用得奇怪——即使把推论和听说合在一起，似乎也不该用 description 来称谓。description 用在这里，是个概括词，选词不适当危害不大。acquaintance 就更糟。由于论理兴趣的根本不同，罗素所谓"亲知"与墨子的"亲"只是表面上一样，实则，"亲知"归根到底是些感觉资料[1]，不像墨子的"亲"大致就是我们平常所说的由亲身经历而知道。所谓 sense-data，有 sense 这个词在里头，sense 或 Sinn 有时译作感觉，有时译作意义，如果说哲学关心的不是事实而是意义，或更确切地说，如果哲学始终从意义方面关心事实[2]，那么，哲学从来不能离开感觉，从来都是有感之知。而在英国经验论的认识论

---

[1] 关于感觉资料，关于直接/间接，上一章已专门讨论。

[2] 参见事实章。

中，所谓知，差不多都是不带感觉的。

第二节 亲知的丰富性

罗素的亲知学说，集中于找寻不可错的知识基础，因此，亲知的首要的乃至唯一的特征，就在于确实性。亲知与确实性确实有紧密的联系，"眼见为实耳听为虚"这类俗语表达了这层联系。当然，这些俗语只是说个常情而已，不是在做出周密的认识论断言。细计较起来，**眼见的东西仍可能不实**，海市蜃楼、水里曲折的筷子、梦，这些是常引的例子。反过来，**听说的东西可能千真万确**，我没见过毛泽东，但千真万确有个毛泽东。想一想，你所知道的事情有多少真是你亲眼看到的？大一半倒是从教科书上读来的，从电视上看到的，闲聊时听说的。水可以电解为氢和氧，光一秒钟走30万公里，所有这些事情都不是我眼见的。另一方面，我们平常说到亲知，也不只包括"亲眼看见"，"亲耳听到"也是亲，表示不是辗转听说的，尤其在这类事例中：我亲耳听到他做出承诺，或听到他骂人，不是听人说他曾做出承诺或当时骂了人。

"亲知"这个词的字面意思比理论家赋予它的意思来得更丰富也更贴切，它差不多意味着：带有感觉地知道，有感之知。亲眼看到，亲耳听到，的确在强调确定无疑，不过，除了确定性，亲知或acquaintance，还包含其他方面的内容，例如生动、丰富、亲熟、贴己。我听你说有个人在院子里走来走去，我只知道有个人在院子里走来走去；我看见一个人在院子里走来走去，我将能够回答：男人还是女人？高个子还是矮个子？等等。百闻不如一见这话主要不是说眼见为实，怎样听说美目盼兮巧笑倩兮，总不如亲眼所见的那份鲜活饱满。

第三节　浅知深知

萨福是位出色的诗人，我对这一点有相当的把握，我从很多可信的西方文学史、希腊文学史专家那里读到了相当一致的评价。但是我自己没怎么读过萨福，更没有用希腊文读过。我对她的出色没什么感觉。说起李清照可就不一样啦，我自少年起就读过她所有的词，其中好多我背得滚瓜烂熟，而且，我对汉语有感觉呀，我读过其他很多中国古诗文。我知道李清照出色，我感觉得到她出色，你问我她哪些篇什最出色，好在何处，我能说出好多，而且都是有感而发。

在相对论里，时间和空间不是两个互相独立的变量。这个，爱因斯坦知道，我也知道，他和我都知道，但有深知浅知之别，我孤零零知道这个命题，在爱因斯坦那里，这个命题系在一整套复杂的理论上。

第四节　two hundred and sixty thousand

你在美国买房，经纪人说 two hundred and sixty thousand，你在心里把它翻译成二十六万。不能说你不懂 two hundred and sixty thousand，否则你就不能把它翻译成二十六万；既然你懂，为什么先要在心里把它翻译成二十六万呢？

看来，你懂 two hundred and sixty thousand，跟你懂二十六万不完全一样。怎么阐述这里的区别呢？可以说，你听到这所房子值二十六万，直接知道它值多少，直接懂了。听到 two hundred and sixty thousand 呢？在需要心里先翻译一道而言，可以说，间接知道。不过，泛泛说"间接知道 two hundred and sixty thousand 是什么意思"不大好，因为"间接"在不同场合对照不同的情况。例如，你完全不懂英语，去问人，人家告诉你 two hundred and sixty thousand 是二十六万。说你"大约知道"或"模模糊糊知道"更不合适，一个缘故是，two hundred and sixty thousand 准确对应二十六万。

这里的区别不完全是由于数字太大造成的。刚出国的人差不多都有这样的经验，买东西的时候总要在心里折算一下如许如许外币是多少人民币，哪怕那东西不过三五块钱。three dollars，你不需要在心里把它译成三美元，但你还是可能把它折合成人民币二十四块钱。

你为什么要折算一下呢？为什么折算成了二十四块人民币你就直接知道了呢？当然，因为你经常用人民币买东西，所谓直接知道，在这里就是说，知道二十四块钱能买什么东西。二十四元值多少，你不是通过单一汇率知道的，不是通过买一次东西知道的。

你不一定经常一次花二十四元，甚至可以设想你从来没有正好一次花二十四元。但你经常一次花二十元、三十元、二十二元五角，同时，你想都不用想就知道二十四元跟二十元、三十元、二十二元五角的大致比例。

你在美国生活了十五年，回国买东西，这东西七十五元，你在心里把它折合成十美元不到一点儿。你用美元买各种各样的东西很多年了。

第五节　知道与理解

我们知道，有时候只是孤立地知道一个事实，有时候则连着理解。

> 我知道这道二次方程的解。我刚刚看了一眼标准答案，把答案记住了。
> 我知道这道二次方程的解，这道题跟我刚练习过的习题一模一样。
> 我知道这道二次方程的解，这道题很容易，我对二次方程的各种解法都了如指掌。

第一个例子中，我"仅只知道"答案。这种知道和一个孤零零的事实对应。我不知道这个答案是怎么来的，这里没有理解，我知道这个方程的解，却不知道怎么解这个方程。第二个例子中，答案不是个孤零零的事实，它跟特定的演算步骤连在一起。第三个例子那里，我所知道的基于我所理解的。

知道和理解当然有区别。我知道教育部有这个规定，但我不理解这个规定。我不知道为什么会做出这样一个规定，不知道这个规定有什么意义，不知道这个规定怎么可能被执行，等等。

但在一定上下文中，知道和理解这两个词有时可以换用：

你知道他是什么意思吗？
你理解他是什么意思吗？

知道一事之为什么，知道一事之意义，即是理解一事。我知道这个机器工作的原理相当于我理解这个机器的工作原理。①

何谓理解？大哲学家以理解为题写了很多大著作，然而，要给"理解"下个定义还是没什么把握。我们倒不如从一个常见的比喻开始。我们经常**用消化来比喻理解**。我觉得这是一个特别合宜的比喻。像消化一样，理解是一个过程，也是一个结果。通过理解，知识变成了经验或精神的一部分，真相变成了世界图景的一部分，事实变成了理论的一部分。

理解有远近、深浅之别。想想孩子的"我明白了"，想想我们自己的"我明白了"。读艰深的著作，有时我似乎理解了，后来发现其实没理解，或者理解得极肤浅。在很多情况下，理解得极肤浅与理解错了难以分辨。事涉外部之知，我们有相对明确的标准，理解与否，我们却没有鲜明的标准。考试题经常分作知识题和理解题，每一个判卷的教师都知道前者有较硬的标准而后者没有。其中一个重要的缘故，就在于理解有远近深浅。

分析哲学是由一些逻辑学家开创的，他们尝试把一切都引向逻辑演算的方向，对"硬标准"有所偏爱。在逻辑学旨趣中生长出来的认识论，难免拘囿于符合论，几乎只关心从外部来确定正确与错误。知的其他维度，如对工具是否合用的知，如知标知本、深知

---

① 古汉语的知，与现代汉语的理解较近，与"仅仅知道"离得较远。

浅知之分，全然留在视野之外。认识论倾向于从认识和理解转向知识，转向"知道"，也就是一件相当自然的事情了。

所谓真知，从正确错误着眼难得要领。按照流行的知识论，真正的知识中的"真正的"一词颇显多余。真知只有在明理的维度上才能得到理解。饱汉不知饿汉饥，并非饱汉之知不正确，而在于那只是名相之知，不是经验之知。有感之知则有深浅之别。真知像真人一样，真在这里首先不是说正确，而是说：深刻的、深层的、典范的、有感的、有血有肉有体会的。没有人不知道生不带来死不带去，可你还需要修炼自己或需要一次顿悟才真正明白什么叫生不带来死不带去。

第六节　你怎么知道她是你妈妈？

墨子的知识分类法，亲、闻、说，大致相应于我们对"你怎么知道的"这个平常问题的回答：亲知的、听说的、推论出来的。赛蒙·道尔谋杀了妻子林内特——你怎么知道的？我亲眼看见的；波罗告诉我的；我从杰奎琳的一系列做法、从鲍尔斯小姐等人的证词推论出来的。

然而，我知道的事情，我都能答出"怎么知道"吗？我对你介绍说这是我妈妈，你问我怎么知道的，我该怎么回答？

对此类问题，维特根斯坦的一个主要分析是：只有可怀疑之处，才能说知道。维特根斯坦的分析有点儿道理；不过，这种形式上的分析并没有带我们走多远，因为我们本来差不多就在问：怎么一来我们就无可怀疑？很多很多事情，她是我妈妈，我饿了，我有两只手，家门口那个垫子下没有陷阱，我平常不说"我知道"，同样，我也不说我相信、我确信、我从不怀疑、我的看法是、我的信念是，或诸如此类，但它们显然站在可以说"知道"的事情一边。你不说知道她是我妈妈；你更不能说，我不知道她是我妈妈。你若问我知道不知道，我回答知道。法官在考虑被告知道什么、不知道什么的时候，当然会把这些归在知道一边。

不妨说，在这些场合下我们不说"我知道"，是因为比起我们说知道说相信的事情，我们对它们知道得更深、信得更深。但这个知得更深、信得更深，并不是更加千真万确的意思。我坐下去这把椅子不会塌陷，这是千真万确无可怀疑的吗？不是。你要让我估计2的平方根是无理数或水不是二氢一氧这个命题的可怀疑性和我家门口那个垫子下没有陷阱的可怀疑性，我大概会说，前者更不可能是错的。

我之所以不会说我知道或我相信我家门口那个垫子下没有陷阱，是因为我家门口那个垫子下没有陷阱**并不是一个单独的"信念"**——我相信的并非我坐下去**这把**椅子不会塌陷，我一般地相信椅子不会一坐就塌陷，椅子类的东西不会一坐就塌陷，比椅子更坚固的东西例如石头更不会一坐就塌陷，而棉花垛一坐上去就会塌陷。你进了会议室，随便在哪把椅子上坐下了，我可以说，这意味着你相信那把椅子不会坍塌，我也可以说，这意味着你相信会议室、教室、公共汽车上摆着的椅子一般不会人坐上去就坍塌。可以有十种说法，但不好说你有十种信念。

你从家里走到菜市场的整条路上都不怀疑脚下有一个伪装良好的陷阱，你在这条路上也不怀疑忽然有陨石砸到你头上，或流弹击中你头部。它们并不是一个个互相独立的"信念"。除非有什么特殊的迹象，否则，我家门口那个垫子下有没有陷阱就不可能单独成为一个事项，不可能从世界整体中分离出来。世界不是由一个一个事实组成的，需要一个机缘，一件事情才会从世界中分离出来，或曰，一件事情才会成为一件事情。如果命题指称的是与其他所有事情相隔绝的孤立事实，那么，我们相信的就不是命题或命题所指称的事实。

在另一个意义上，水不是二氢一氧也不是一个单独的事实，它与很多其他事实有联系，例如和盐是氯化钠有联系。然而，我可以知道水是二氢一氧而不知道盐是氯化钠，我却不可能相信走到菜市场的这一步脚下没有一个伪装良好的陷阱，而不相信下一步脚下没有一个伪装良好的陷阱。我们不说我知道或我相信她是我妈妈，我有两只手，家门口那个垫子下没有陷阱，因为这里并没有什么单独的事情是我知道或我相信的事情，我不能怀疑我有两只手而同时相信我有一个鼻子。

我手术后由于麻醉的作用怀疑我的腿是不是还在，与我无缘无故地怀疑我有没有两只手不是同一种类的怀疑。在前一种情况，我不怀疑我的耳朵还在，在后一种情况，我不是产生了特定的怀疑，我怀疑一切，我怀疑自己有没有两只手所根据的理由（或没理由）同样适用于我的腿、我的耳朵、世上的一切。

有些认识是孤立的，有些认识与其他很多认识编织在一起。这两种认识都可以用单独的命题说出来，从命题形式上，我们看不出它们的区别。我相信张三有个儿子，其实他没有。我相信中国出了个毛泽东，却不可能其实没出过。张三有没有儿子，对我所知的世界没多大影响，例如，我照样了解国共战争的前因后果，照样了解"文化大革命"的前因后果。世上多这个事实不多什么，少这么个事实也不少什么。明天，告诉我张三有个儿子的人又告诉我他弄错了，其实张三没有儿子，于是我就收回这个看法。不妨说，这个看法是个孤立的看法。

至于这是我妈妈，中国有个毛泽东，我有一双手，则与太多太多的事情连在一起，你问我怎么知道的，我实在无从答起。如果没出过毛泽东，不仅我的这个认识错了，我关于中国近百年来的认识差不多全都错了；如果我关于中国近百年的认识全都错了，我不知道我还能不能相信古今中外的任何历史，还能不能相信任何东西。

我坐下去椅子不会塌掉，太阳明天会照常升起，中国出了个毛泽东，与张三桌上摆着一盆兰花不是同样级别的事实。把我相信张三有个儿子和我相信中国有个毛泽东视作两个同等身份的原子命题，就抹杀掉了信念内容的巨大差别。

第七节　笼统所知

我不对我妈妈说，我知道你是我妈妈，也不对别人说，我知道她是我妈妈。然而，这里有一个系列——也许某种家庭传奇让我自幼和妈妈失散了，经过某种求证，我说：我知道你是我妈妈。

只有对一个多多少少独立的事项，我们才能称说知道、认为、相信。而椅子会不会塌掉，中国有个毛泽东，这些从来没有成为一个独立的事项。自然，我们没有一个类似于"知道"的词来称说它们。不过，它们在穷理之际却成了一个事项，这时，我们须把它们归在我们所知之事中；但若你问我是怎么知道的，我无从答起，这里的所知太笼统了，所知的来历太广泛了。或者，我回答说：I just know。

第八节　观念与观念体系

我们的一般看法，我们的观念，来自这类笼统的、广泛的所知。观念这个词跟看法相近。Auffassung，有时译成看法，有时译成观念；idea，有时译成想法、主意，有时译成观念。在汉语里，看法、想法、主意是轻小的词儿，观念是个大词。观念是对大事情的看法，or better，观念是大的看法、总的看法。对上海人的看法或观念、对一种职业的看法或观念、对地主老财的看法或观念，地域观念、就业观念、阶级斗争观念。据说，人是观念的动物。这话不假，我们谁没有一堆观念？爱情观念，消费观念，投资观念，就业观念。电视、电台、报纸天天都在营造和传播这种观念那种观念。

按理说，我们的观念是由经验培养的。我找工作，跳槽，看到有的职业辛苦挣大钱，有的工作轻松不挣钱，有的职业轻松挣大钱，逐渐形成自己的就业观念。我的就业观念包含了我的很多真情实感。但有时，我们的观念只有稀薄的感觉内容，甚至没什么感觉内容。我们小时候，对资本主义有个观念，而且还是相当强烈的观念，虽然都不知道资本主义真是什么样子。现在我们见到了，经历了，有感觉了，亲知资本主义是什么样子。我们老年人对现在的年轻人有个一般观念，说现在的年轻人啊没有理想，自我中心，什么什么的，其实，我们不一定跟现在的年轻人有很多接触，在极端情况下，可能毫无接触。

　　观念的理在于它跟真情实感的联系。观念而合乎观念之理，而跟真情实感相联系，我们会说它是有血有肉的观念。没有真情实感的观念，我们称作抽象观念。总的说来，观念大了，亲知实感的内容就比较稀薄。稀薄到一定程度，观念难免变得空洞、抽象。有的人一脑门子抽象观念。比如西方人不讲孝道啊，比如人和动物是平等的啊，比如基督教文明伊斯兰教野蛮啊。当然，有人真能体会到人和动物的平等，他或她的这种观念就不是抽象观念。

　　抽象观念是不合观念之理的观念，为了让观念显得合理，即使空洞的观念，我们也希望能把它伪装成具有真情实感。像现在的宣传报告那样，开具出一排一排观念，空洞就让它空洞着，虚假就让它虚假着，毫不伪饰，这种真率并不多见。

　　一排一排的观念连到一起，ideas 就连成 ideology，就成为意识形态。我们现代人，抽象观念特别多，一个主要的缘故，是我们有意识形态。"意识形态"是个近代产生的词儿，实际上，意识形态本身就是个摩登物事。当然，前人也有观念，只不过，前人有一套比较完整的习俗，他们主要从这套习俗中习得观念；今天，习俗荡然，取而代之的，是普及教育（普及教育既是习俗荡然之果，亦复习俗荡然之因）。从前，少数读书人受教育，若说意识形态，他们有点儿意识形态，以"有思想"为荣；普通老百姓把日子过好就得了，其中的佼佼者，有能力，有性格，也就够了，没那么多"思想"。到咱们这个平民时代，教育普及了，人人都识字读报读书，于是乎，贩夫走卒，也都有了自己的思想。从前人们行事须依于习俗，今人行事，要有上升到一般观念层面的理由。

所谓"自己的思想",当然很少有自己想出来的,还不是听来、读来的那些。统治阶级一向关心民众,既然民众希望有思想,统治阶级就会想办法为他们提供思想,制造意识形态就成为统治集团的一项主要任务。今人脑子里的观念,更多是从观念体系或曰意识形态习得的。

第九节　缘虚假的观念行动

通常,抽象空洞的观念只是说说而已,"只是个观念而已",对一个人的行止没有多少影响。有人信色即是空,但他像我们一样遇事权衡、算计、思虑、选择,有时比我们还多焦虑,算计得更精明。持人性善观念的人不一定都行善事,反过来,很多人抱有"自利是一切行为的动机"这种观念,他自己行事并不因此一定出于自利。

观念若好听而空洞,我们就不仅说它空洞,而要说它虚假了。有人具有众生平等的观念,进了酒店,对服务员大呼小喝。不少美国人认真持有反种族歧视的观念,但跟黑人黄人阿拉伯人打交道时,还是一身西方中心。专制国家的革命者,好多都认真怀抱民主观念,可他们做起事来,还是专制那一套,读过现当代史不能不对这一点印象深刻。

我说他"认真",也许用词不当。不过,我想说,这观念虽虚假,倒不是说他要用这观念来骗人。我们所怀的虚假观念首先是把自己骗住。

如果空洞观念和虚假观念只是与实际行动脱离,"只是观念而已",我们原不必太拿它当真。然而,我们不仅会出于真情实感行动，我们也会依循或基于某种观念行动。你喜欢一件衣服，也许因为它漂亮，或穿着舒服，也许只因为它是个著名品牌。你反对一个人、打一个人，可能因为那个人欺负了你，让你愤怒，也可能因为他是阶级敌人，因为他是基督徒，或反过来，因为他不是基督徒，他没有直接做过任何有损于你的事情，你甚至此前根本不认识他。你可能不是为了省钱而是基于环保观念节约用水，你可能不是因为不相信盗版盘的品质而是基于尊重版权的观念而不再买盗版盘。我们改变了关于动物生命的观念，会反对用动物来做实验，不再购买兽皮大衣。我们放弃了土葬接受了火葬，其中涉及一系列观念的改变。

依循观念行动本身没什么不好，可虑的是，人们也会缘虚假的观念行动，它们产生的情绪和行为，甚至会十分强烈。你十来岁，从来没有历史反革命给过你苦头吃，实际上你一个历史反革命都不认识，可是阶级斗争的观念却驱使你扑上去给他一拳。你心中充满仇恨，这仇恨来得奇怪，它是从观念生出来的。异教观念、巫师作祟的观念、反犹观念、阶级斗争观念、狭隘民族主义观念，引发过无尽的人间仇恨，造成数不清的屠杀，其残暴血腥殊不亚于"史前人类"，其规模还远远过之。狗熊就不会有这类仇恨，他不会因为谁是犹太人就扑上去击他一掌。狗熊也不会因为崇拜哪个歌星去谋杀他，或自己割腕。是的，甚至为殉情而死，也不一定足够真实，仍然可能出自空洞虚假的观念。胡平曾说到模仿维特当真自杀了的青年，死似乎证明了他们的爱情是终极实在的，但在福楼拜的解剖刀下，我们也许仍能见到近代爱情观念中的虚幻之处。

出自虚假观念的感情、行动、生活，在物理意义上是实实在在的。但它们,即使剧烈乃至暴烈,并不表明其所从出的观念是真实的,是有血有肉的。

第十节 何不跟着感觉走?

我们常有抽象的、空洞的、虚假的、虚幻的、错误的观念。那**我们干吗要有观念**? 20世纪八九十年代有句话:跟着感觉走。我们干吗不直接跟着感觉走?

我们无法只跟着感觉走。有时,你没什么感觉;或者,你有太多的感觉,这些感觉又随时随地变化,感觉纷纷杂杂,甚至互相矛盾,你一时感觉他带有敌意,下一分钟又觉得他很友好。说话不能总前言不搭后语,做事不能总颠三倒四,说话做事,多多少少得有点儿统一性。观念本来是感觉的组织,为我们的行为提供统一性。尿憋了,你却不跟着这感觉在繁华街口撒尿——除了尿憋的感觉,你还有别的好多感觉要照顾。

我不是说,狗熊的行为不统一,而是说,人在另一个层面上获得统一。人本是有观念的生物。观念不是处在生活之外那样来影响生活,仿佛我们能够脱离观念生活似的。我们的"具体生活"本来就是充满观念的生活。人不只是动,不只是动物,人行动。而所谓行动,指的就是与观念相联系的活动。唯存在真观念,才可能出现虚伪的观念,否则,它要伪装成什么呢? 只有在可能存在更高的真之处,才谈得上犯错误,才谈得上虚假和虚伪。我们的感觉里浸满了观念。我们不可能把观念消除掉,只留下真实无欺的感觉,于是可以放心大胆跟着感觉走。

习俗破碎了,甚至意识形态也破碎了,不再有什么观念能够"指导"行动,这时候,我们就只能跟着感觉走,虽然不敢肯定这些感觉真实无欺。我们到了个陌生地方,既没有经验,手里又没有地图,于是,我们跟着感觉走。不真实的观念泛滥成灾,整个观念体系、意识形态一片虚伪,认真的人就会警惕观念、反对观念。反对的是不真诚的观念,单纯观念的东西,脱离了生活经验,脱离了深厚的感觉。跟着感觉走这句口号,主要并不是在选择跟着观念走还是跟着感觉走,而是在反抗占据主导地位的空洞观念,宣布现有的观念只是些陈旧过时的观念。80年代人意识到了这些,说:十年动乱,十年乱动。旧的观念破碎了,新的观念阙如,我们仿佛不是在行动,而是在乱动。

第十一节 观念批判

虚假观念产生虚假感情、促生虚假行动、引导虚假生活,缺乏观念的生活又琐碎无稽,乱动动乱,这让我们如何是好?

这种两难局面使观念批判成为一件重要的事情。观念批判是读书人的职责。读书人不会给老百姓盖房子,不会种菜,读书人的天职在于明理,批判空洞的观念、虚假的观念,以求它们转变为有血有肉的亦即合理的观念。前面说到,宣传是引向空洞、虚假观念的主要途径。满文件满报告都是关于历史和现状的虚假观念,满街、满电视屏幕的靓男丽女和新潮商品似乎要逼迫人们形成关于美好生活的虚假观念。

此外,我愿格外加上一点——观念批判还包括:我们行为举止,并不需要也不可能事事获得观念的辩护。谁不得发发傻、抽抽风？守其大端可矣。事事都要显得合乎或明或暗的意识形态，是当代生活的重大疾病。我们倾向于把平平常常琐琐碎碎的动机与欲望"上升"为观念。

但观念批判并不是要也不可能一般地回到纯粹的感觉。观念批判始终是在观念的层面上展开的。但我不大想像哈耶克那样说，我们用观念反对观念，仿佛我们要用另一套观念来取代现行观念。**观念批判从根本上说只是否定性的**。观念批判这项工作，止于揭露流行观念及意识形态的空洞和虚伪就很好。我一直觉得，今天的读书人，要用一套正确的观念来指导时代，不仅是虚妄，更多是错误。观念转变不能指望观念批判来包办。批判松解了虚假观念的束缚，敞开一片空间，好让真情实感的观念生长；而要生长出有血有肉的观念，所需的不是读书人的指导，而是每个人自己和每个民族自己的经验与实践。

前面说到，只有在可能存在更高的真之处，才会有虚假和虚伪。反过来，只要存在着更高的真，就不可能根除错误和虚幻。观念批判是无止境的。诸子以来，凡事要讲个道理，跟着就来了自欺欺人。也因此，**诚**被举为安身立命之本。**诚**当然要求我们不骗人，但首先是要求我们不自欺。读书人不是先知，不是要用自己的观念取代别人的观念，用自己的观念指导别人的生活。读书人不是世外人，其受虚假观念之制，殊不少于大众，对自己的观念进行深入的反省和更严厉的批判，应是深刻的社会批判的前提。

第十二节　观念批判与概念考察

我们有时说到就业观念,有时说到就业概念,它们意思相近,但不相同。观念主要指某种总的看法,概念则强调一种看法里面包含的一般道理。报纸呼吁年轻人转变就业观念,不能换成说转变就业概念;"在凯恩斯那里,就业概念获得了新的涵义",不宜换成说"就业观念"。一般说来,观念是笼统的、社会指向的,与我们的行为模式连在一起,而概念更多涉及对义理的理解。可以说,概念是观念中的义理结构。观念批判接近于社会-文化批评。这类批评也常借助对语词的分析展开,考察"师傅"这个称呼怎样逐渐取代了"同志"这个称呼,考察在何种情况下人们使用"首长"而在何种情况下使用"老板",等等。这些都不是概念考察的重点。

在这里,我们可以这样区分广义和狭义的哲学——观念批判是广义的哲学,概念考察(穷理)是狭义的或核心意义上的哲学。相应地,思想史主要研究观念的发展演变,如果它侧重于概念发展史,那就是哲学史了。我们可以把观念讨论、观念批判视作普及性的哲学,概念考察则是更加"专业"的哲学家的工作。伏尔泰是观念批判的一个典范。从我们这代人举例,王小波是个典范,他对社会哲学也许无何贡献,但他在观念批判上成就多多。

观念批判既要求对社会现象的敏锐观察,又要求对概念义理的分析。可以说,是观念批判把我们引向概念考察。概念考察即是观念批判的穷理之学,在很大程度上,概念考察是为观念批判服务的。维特根斯坦说,我们的语法考察从哲学问题得到光照,我愿模仿这话说：观念批判为概念考察提供了"光照"。概念考察（穷理）也是批判性的，只不过这种批判性不是直接针对流行观念的，而是针对观念批判层面上的概念误解。观念批判要深入义理，概念考察工作就会被提到日程上来。当然提到日程上来并不一定就有人去做，但若长久如此，观念批判就会流于浅薄。

狭义的哲学家就是那些专门梳理概念义理的人。维特根斯坦完全在狭义上界定哲学、从事哲学的。一般说来，普通读者不会去读也读不懂概念考察方式的哲学；也最好不去读，因为他们几乎注定由于不了解概念考察的针对性而误读。概念考察是哲学的核心工作，完全是在学理意义上说的，而不是在社会意义上讲。在社会意义上说，概念考察工作永远是非常边缘的，是那种永远坐在冷板凳上的工作。社会的思想文化热点永远是观念批判，因为它和我们普通人直接相关。

第七章　看法与论证

第一节　μετὰ λόγου ἀληθῆ δόξαν ἐπιστήμην εἶναι

要确定一个概念的位置，不妨先看它与哪个概念对举。"知识"在不同的语境中和不同的概念对举，例如知识对无知，知识对迷信，知识对信仰，等等。在知识论里讨论得最多的，则是知识对看法。这个对子来自古希腊哲学中 ἐπιστήμη 与 δόξα。哲学家一开始就声称他们所提供的是真正的知识，ἐπιστήμη，有别于普通人的 δόξα，看法；为此，他们就有义务告诉我们，知识与 δόξα 或曰普通人自以为知道的东西有什么不同，我们怎样区分什么是真正的知识，什么只不过是各自的看法。区分 ἐπιστήμη 和 δόξα，可说是希腊认识论的主题。[①]希腊思想对后世思想有无可相比的重要性，这对概念也成为后世认识论的主题。

柏拉图的《泰阿泰德》篇中，泰阿泰德对 ἐπιστήμη 先后提出三种定义，它们大致是：一，ἐπιστήμη 是感知；二，是真的 δόξα；三，

---

① 柏拉图：《美诺》，97d—98b。

μετὰ λόγου ἀληθῆ δόξαν ἐπιστήμην εἶναι[①]，大意是 ἐπιστήμη 是带有 λόγος 的真 δόξα，ἐπιστήμη 是由 λόγος 展示为真的 δόξα。对这三个定义，苏格拉底一一加以质疑。这篇对话的结尾处，乃至在柏拉图的全部对话中，柏拉图到底也没有提供关于 ἐπιστήμη 的适当定义。

尽管第三个定义同样受到柏拉图的质疑，但亚里士多德和中世纪乃至近代知识论还是大致采纳了这一定义。在当代英语知识论里，这通常叫作知识的 JTB 定义，即把知识定义为 justified true beliefs，"经过辩护的真看法、真信念"。

这个定义中原来的三个关键词，ἐπιστήμη、δόξα、λόγος，都是关键的希腊论理词，不管怎么翻译都不可能准确。λόγος，在这个上下文，英文翻译成 account、reasoning、justification 等，大意是提供说明、理据、论证，带有推论、辩护，说出理由、道理；本书兼用说理和论证称之。ἐπιστήμη 通常译作知识、科学等，它的特点，如泰阿泰德尝试的第三个定义以及所谓知识的 JTB 定义所表明的，在于带有说理-论证，在于是由说理、论证、辩护所展示的，这个特点，造就了西方源远流长的哲学-科学传统。δόξα，英语多对应以 belief，中文通常译作意见、看法、主张、信念。这些词，以及英文词 belief、point of view、idea、opinion、claim 等等，当然不是同义词，不过，就本文的论旨言，我们不必详做区分，下文间用看法、主张、信念。不过，δόξα 不尽等同于我们一般说到的看法等等，而主要是指我们深深依赖的看法、信念，我们深信的东西。那么，μετὰ λόγου ἀληθῆ δόξαν ἐπιστήμην εἶναι 大致可以视作：哲学-科学是由说理-论证展示为真的深厚信念。ἀληθῆ δόξαν 颇近于我们所说的

[①] 柏拉图：《泰阿泰德》，201d。

真知，真知之为真通常不等于符合论意义上的正确，我们更多在明理的意义上说到真知——真正的、深入的理解。

第二节　说理-论证，证实，证明

与多数现代汉语论理词不同，说理和论证都不是移植词，并不对应某个特定的西语词。查各种汉英辞典对论证的翻译，我们可以查到一大堆相应的语词，它们错综联系，有日常用法也有专门用法，如 reason, reasoning, justification, argument, argumentation, demonstration, proof, verification, explanation, exposition, evaluation, 等等。单从汉语说，**论证可以视作较为正式的说理**，基本意思在于为看法给出理由，提供理据。提供理据，与争论有关，论证总是针对或显或隐的反对意见，反对意见可以来自他人，也可以来自自己心中的怀疑。

理由、理据可以是事实方面的，也可以是比较纯粹的道理方面的。事实当然是重要的理据，不过，铁证如山，"事实俱在更有何话可说"，反倒不叫论证了。**论证总包含"按道理说"**的方面——摆事实讲道理，即使拿出了事实，还需要说理。科学家正在讨论火星上有没有水，哪年宇航员到了火星上，在一个洼地舀起一碗水来，谁都不用再论证了。拿出事实就结束了争论的情况，最好说"证实"而非"论证"。

证实不能代替论证。证实与论证的关系是间接的，证实所证实的是结论部分，而不是论证的有效性，即不是论证与结论之间的逻辑关系——我可能通过错误的推论认为火星上有水而结果火星上证实果然有水。论证中推理的有效性是由推理本身来保障的;当然,结论既经证实,推理的有效性便间接地得到了支持。

从道理这方面讲,论证可以是比较宽泛的说理,也可以是严密的数理证明。数理证明的确也称作论证,并且可以视为最优越的论证。原则上,数理论证可以消除看法上的分歧,达到公认的结论,"无论谁,只要他有充分的经验并且依理思考(reason)他的经验,他就将达到那唯一的真结论"[1]。这种触目的优越性吸引了人们的眼光,不能自已地把数理证明视作一般论证的目标,似乎非数理的论证都是证明的残缺形式,都是未完成的证明。然而,在伦理、政治的广大领域,牵涉到"价值"的广大领域,从没谁"达到那唯一的真结论"。有些事情上,论证(包括拿出事实),能达到唯一结论,例如在法庭上;有些事情上,论证只能是零零散散的——我们支持一种政治主张,反对一种政治主张,但谁都没有达到过唯一结论。在伟大哲学家的著作中,几乎碰不上演算和证明;但这既不表明在这些领域并没有真正的论证,也不表明这些论证只是尚待完成的证明。它们与证明不是同类。得到证明的看法是知识,得到论证的看法还是看法。虽然我在讨论说理这个题目的时候不能不怀着对帕斯卡尔的特殊敬意,但我还是不能苟同他的这个论断:"说服的艺术,真正说来,无非是方法上的、完备的证明过程。"[2]

作为比较正式的说理,论证跟学术有更密切的联系。在一个有限的意义上,不妨认为科学是论证的典范。实际上,近世关于论证

---

[1] Charles Peirce, "The Fixation of Belief", in *Philosophical Writings of Peirce*, Dover Publications, Inc. 1955, p.18.

[2] Blaise Pascal, *Thoughts of Pascal*, Robert Carter & Brothers, 1850, p.71.

的讨论多半落在科学方法论上。不过,古人所说的真知或 ἐπιστήμη 不是近代意义上的科学。不仅其他学科同样依赖于论证,而且日常生活中也充斥着说理-论证。皮尔士谈到确立 belief 的四种途径,独独把 reasoning 归在科学方法这一途径中,[①]这是一种常见的错误观念。罗素批评维特根斯坦说,他不应该只是说出他的想法,而应该为之提供论证;维特根斯坦回答说,论证会玷污思想的美丽。[②] 我相信,在这段对话那里,罗素和维特根斯坦两人都把论证理解得过于狭窄了。论证并不一定都采用"因为所以"的模式。我们用多种多样的方式来论证,例如,我们常用举例、类比等等来论证。后面会说到,即使介绍自己产生某种看法的来由也可以视作某种论证。

综上所述,我们区分说理-论证,证实(摆出了充分的事实),证明(通过数理演算)。这种区分与普通用语不尽相同,在普通会话中,论证包括狭义的证明,而广义的证明包括证实。

演算与证明由数学和狭义的逻辑学研究,我们关心的是一般说理、争论、辩护,以及通常称为哲学的穷理活动。

第三节　为什么要带有说理-论证?

为什么要带有论证,看法才能成为真知呢?知识论里的通常回答是,这个定义可以排除碰巧猜对。在扑克牌戏法中,我把赌注押在黑桃皇后上,一翻开果然是黑桃皇后,但我们显然不认为这是真

[①] Charles Pierce, *id*, pp.11-20.

[②] Ray Monk, *L. Wittgenstein: The Duty of Genius*, Penguin, 1991, p.54.

知。① 罗素设想过一个例子：张三的手表12点停了但他并不知道，一整天后他想知道时间，看表刚好得到一个正确的时间，他有个"真看法"，但不该说他真正知道正确时间。② 这个例子设想的情况几率很小，有些情况下猜对的几率则极高。月亮上有没有水？你说有，我说没有，咱们两个准有一个是对的；虽然你我一个对，一个错，但你我可能同样是胡蒙乱猜，没有哪个真知道。真知异于是——我若了解那个戏法，能够说明为什么这张牌是黑桃皇后，我就是真知道那会是黑桃皇后。科学家若主张月球上有水，那他是根据某些理据推论而知。

论证、提供理据，简单说，就是讲出所以然。理性认知不仅知其然，而且知其所以然。只有知其所以然，才叫理解。一个正确的答案，如果我们不知道它为什么正确，不知它的由来之路，那对于我们来说，它和错误的答案有什么区别呢？用恩披里克的说法：即使真理来临，我们又怎么认得它？论证的观念就是探索和指明道路的观念。当然，如果你把恩披里克的话理解为彻底的怀疑主义，你还要追问：你怎么能分辨正确的道路和错误的道路？这也是讨论论证时必须面对的问题。

第四节　抬杠

我们平常总是先有看法、主张，然后加以论证。自己没有看法

---

① 参见齐硕姆：《知识论》，邹唯远、邹小蕾译，生活·读书·新知三联书店，1988年，第1页。

② Bertrand Russell, *Human Knowledge: Its Scope and Limits*, Taylor & Francis, 2009, p.91. 我稍稍改动了罗素的故事版本。

和主张而与别人争论,俗话叫作抬杠,比较正式的形式是大学生辩论赛。柏拉图所称的诡辩,大致指的是这个;哲人是有主张的,并努力讲出这种主张道理何在,诡辩家没有自己的主张,谁给钱就为谁辩护。宽和一点儿,可以认为"为辩论而辩论"是一种"思维训练",辩论技巧训练。即使在限定条件下可以采用这种训练方式,我觉得也不宜大肆采用。最好的训练方式是为你真实持有的主张提供论证。我觉得这已经足够困难,因此已经足够提供训练了。

第五节 论证只是装饰?

我们有看法才去论证,却也带来一个明显的问题:无论做不做论证,看法反正已经有了,那么,论证岂不只是装饰,甚至只是乔装?

有一种流行的看法,认为我们的看法和主张原不过是一些偏好和趣味,趣味无争论,用西方人的说法,taste has no dispute,萝卜白菜各有一爱。为看法提供论证,不过是为无理可言的趣味、偏好编造一些理由而已。这个说法本来多用在审美领域,后来也流行在文化、道德、政治领域,在这些领域,相当明显,人们各有偏好,而谁都没有为自己的偏好提供出充足的理由,让所有人都信服。晚近,更有些知识社会学家甚至把科学理论也说成是偏好。(关于这种看法,后文再做讨论。)

有些论者,不走这样的极端,在他们看来,世上毕竟还有不偏不倚的科学,而采纳科学态度,就意味着自己不取任何立场,事先并无看法,唯此,才可能从事严肃的论证。于是,严肃的论证就被设想为只有前提尚无结论的推论活动。

第六节　没有事先看法的推论

推论和论证的确是两个密切相关的概念。论证多半是以推论的形式提供的。上引柏拉图那段话里的 λόγος (logos)，我们译作论证，不少英译本译作 reasoning，这个英文词我们通常译作推论。然而，论证跟不知结论为何的纯粹推论其实有根本的区别。

只有在数理活动中才有从已知的前提推出未知结论这回事。这是因为，只有在数理活动中才有从某个确定的前提只能推出确定后承这回事。经验推论、举例、类比，它们能导出何种后承是不确定的。康德根据这一区别区分理性推理和经验推理，经验推理不像理性推理那样提供必然性，而只是"逻辑上的推测"，最多达到一般性而不能达到普遍性。在我看来，只有数理推论提供必然性，哲学家的推理不是这种推理，它们不提供必然性，因此也达不到康德所冀望的那种普遍性。这包括康德本人在内；实际上，在讨论康德的相关看法后，邓晓芒似不经意地说道："但康德自己运用更多的是类比推理。"[①]

当然，即使在数理活动中，一般说来，我们也是先有看法，或先有模糊的直觉，然后回过头来推论。有时候，例如在解一道方程题的时候，我们事先当真不知道会得到什么结果，只有一步步推理直到获得结果，但这在数理活动中也是边缘情况。至于我们这里所

[①] 邓晓芒：《论"好像"在康德哲学中的用法》，载于《中国社会科学辑刊》2010年6月号，第112页。所讨论的康德思想见康德的《逻辑学》，《康德著作全集》，第9卷，中国人民大学出版社，2010年，尤其见第132—133页。

说的论证，无论从"论证"这个词的词义来看，还是从人们实际进行论证的情况来看，都是有了看法、主张，然后来论证。理据本身并不能提供确定的方向，是我们事先的看法提供了论证的方向。

其实，把论证理解为事先并无主张的推论，"真知是带有论证的看法"就成为一个很奇怪的想法了——真结论须从真前提推出，在何种意义上，真结论是真知而它所基的真前提倒反而不是真知？考诸实际，哲学家从来不是从自明之事推论出原不知晓的结论，他从来有所主张，并为他的主张提供论证。唯此，哲学家才是哲学家，而不是电脑。

论说文的标准样式是论点、论据、结论，但第一部分，论点，常常会被省去。于是，仿佛在推论结束之前，我们还不知道会达到何种结论。这样做有时有道理，例如，论者认为他所要论证的看法必须相当严格地依存于特定论据才不被误解。但另一方面，这种形式不仅可能误导读者以为论者最初并无自己的论点，进一步以为其结论是给定了前提就不得不得出来，而且可能误导论者本人。

我们须先把有看法才去论证的实情承认下来，至于理解实情产生的困惑之点，则需要通过澄清论证概念来加以消除。

第七节　从自明者开始推论

先有看法后来论证，这在古人认为当然。然而，近代以来关于真知的界说却倾向于反其道行之，采用推论模式：从自明之事开始，经过推理，达到真知。

关于这个模式，近世多有批判。周遭世界中有很多明显真实的东西,如果不知道要推论出什么,我们该选择从哪些东西开始呢?无论对话还是争论,无论在物理学中还是关于善恶美丑,我们都是在广大的共识背景下理解一点点新东西,争论一个极为有限的问题。

不过,自明起点论者所要求的,不是常识所认的自明者,因为——这早就是老生常谈——平常看来明显为真的东西有时竟发现其实是假的,你明明看见张三开枪射杀了李四,结果那只是人们在拍摄电影。自明论者要的是经过反思仍保持其自明性的东西。我们必须想方设法排除一切可能的怀疑,才能确保真正的自明。Evident 这个词于是获得了一种超级意义:不是平常所说的自明,而是绝对自明。

不仅如此。自明者的观念通常与建筑模式连在一起——自明者必须能作为建设整座知识大厦的基础。于是,我们不仅要找到自明的东西,它们足够可靠,我们还须证明它们具有建构知识大厦的必然性。

经过这番严格的筛选,自明起点论也许有望把自明的东西限制在极少几样东西甚至限制在某一样东西上。然而,关于这一样或几样东西究竟是什么,自明起点论者从来没有达成过一致的意见。仅此就令人对绝对自明产生疑虑。

我这里要指出的则是下面两点。一、既然绝对自明者不是平常所说的自明者,**其为绝对自明这一点本身就须通过论证才能确立**。实际上,自明起点论者也无不先就何为绝对自明者做一番论证。然而,如阿奎那所言,只有不自明的东西才需要论证。二、**就算我们达到了公认的自明之事,从它们能推论出什么,仍然悬而未决——**

除非你能表明你的推论具有数理推论的必然性和唯一性。

第八节　树上十只麻雀

在经验世界里，仅仅给出自明的前提，我们仍然无从推论。推论需要对背景环境的了解。有时候人家让你评理，你说"我不熟悉这件事情的背景"。

有一道人所周知的少儿测验题：树上有十只麻雀，你开枪打死一只，树上还剩几只？一个孩子答九只，另一个孩子答说一只也不剩；后者被设想为正确答案。第一个孩子只做了数理部分：10-1=9。第二个孩子则首先设想环境，当然，他也作了算术：10-10=0。但出题人显然不是要考核孩子的计算能力，而是要考察对环境的设想。给你一道算式，你只需要会演算就行了；给你一道应用题，你得出结论来说，他有三个半弟弟，你没算错，但这道应用题做错了。算术部分是普遍的、"永恒的"，即脱离环境的。日常推理和解释则是在一定的背景上或一定框架里进行的，而关于环境的设想依赖于经验。

给出正确答案的孩子想到的是，一只麻雀死了掉下来了，另外几只吓飞了。然而第三个孩子可能设想——这十只麻雀都被绑在树枝上，于是他给出的答案是：树上还有十只。第四个孩子也回答说还剩九只，但他设想那些麻雀又聋又瞎，不管你怎么开枪，它们还是站在树枝上。你还可以设想其他更为特异的情况，并且由是给出形形色色的答案。

这些形形色色的答案并不等值，因为有些环境是自然环境。在现实生活中，现实感引导我们确定什么是自然的环境，什么设想离谱。就那道巧智题而言，我们没什么特别的道理去设想更为特异的情况。我们把第二个孩子的答案当作正确答案，是因为他所设想的情形是我们地球上的自然情形。有一个正常、自然的情境，这是这道小测验能够成立的一个条件。当哈维论证说，现在只剩一种可能性，那就是血液是循环使用的，他没有去考虑荒诞不经的设想，例如上帝或魔鬼每一秒钟吸干我们身上所有的血液然后又把新鲜血液注入我们的身体。

自然不是必然，通常情况和不通常的情况会改变。月球人所经验的"通常情况"也许近乎那些麻雀又聋又瞎。从隔壁屋子里传出说话的声音，五百年前，你可以很有把握地推断那屋子里有人，今天你想到也许隔壁开着电视，或者那是录音电话机。晨适越而午至，在春秋时候显然悖理，现在有了飞机，这成了平常事。他不在现场，所以人不是他杀的，这是因为那时的人们一方面已经不相信用魔魔法杀人，另一方面还没发展出用遥控装置杀人。如怀特海所说："一个情境只在它所处之处才是这个情境，这一点属于每一个情境的本质。"[1]

逻辑学家研究纯粹形式的推论。罗素说："在一切推论中，唯有形式是具有本质重要性的，推论的特殊对象除了可以保证前提的真实性之外，是无关紧要的。"[2] 关于苏格拉底有死的推论，"前

---

[1] Alfred North Whitehead, *Modes of Thought*, The MacMillan Company, 1966, p.165.
[2] 伯兰特·罗素:《我们关于外间世界的知识》，陈启伟译，上海译文出版社，1990年，第33页。下面两句引文出处相同。

提和结论的联系绝不依赖于所说的是苏格拉底,是人,是有死性",只依赖于推论的一般形式。罗素在这里只说到形式和对象,没提到环境,因为数学和逻辑不是在环境中推论,而是在**形式框架**中推理。这个形式框架屏隔开我们平常所说的环境。我们平常所说的环境其实已经包括在罗素的所谓"对象"之内;如果推理仍然需要顾及某些环境因素,这些因素就须作为前提呈现出来。"如果说推论不仅在前提的真实性上依赖于推论的对象,那是因为前提没有全都被明白陈述出来。在逻辑上,讨论有关特殊情形的推论是浪费时间。""全都明白陈述出来"谈何容易——一般说来,环境无穷多样。夫妻争吵,会做出在我们听来匪夷所思的"推论",但他们并不一定"不合逻辑",而只是推论所依赖的背景太琐碎太个别,即使你弄明白了这一桩的来龙去脉,到下一桩你还是不知所云,难怪人说清官难断家务事。

第九节　形式推论与框架

像日常推想在特定环境中进行一样,演算有其形式框架。欧几里得几何的演绎在欧几里得公理系统中成立,10-1=9 是在十进位制的框架中进行的。这里说到框架或形式框架,是就形式系统来说的。经验推论的环境,其自然/不自然、正常/特异之间没有明确界线,随时改变;而形式推论的框架:(1)稳定而自明,不需要我们每一次加以考虑。(2)各种框架之间有明确区分。(3)框架是事先一次性给出的,在该框架内的推理和演算不反过来影响框架。第三点很少得到重视,但这里也不深论。

只有在一个明确而固定的框架中，我们才能制定严格的推理程序。严格的推理程序可以导致推论的唯一性。这种唯一性造就有效的长程推理。一个数学证明可以长达几页、几十页，而一个自然推论最多走上两三步。在哲学中，几乎不存在纯粹的形式推理，像日常情况下一样，哲学推论依赖于环境。这一点，仅从哲学探讨中从无长程推论即可想知。

形式推理当然还涉及这种推理所使用的符号系统，或曰，所使用的"语言"。逻辑的形式化必定要求它所使用的符号是人为规定的形式符号。弗雷格开创新逻辑，第一步是制定"概念文字"。论理词是自然语词的一种形式化，但它们从来不是人为规定的符号。仅此一点，就使得哲学中的推论无法具有唯一性。

在数学和逻辑中，我们已习于在确定的形式框架中推论，习于从给定的前提做出一致的推理，这几乎会让我们忘记日常情况下从给定的前提可能推出多种结论。你和苏格拉底约好在公园门口见面，已经过点四十分钟了，他还没来，怎么回事？你可以设想无限多样的可能性：他可能把约会忘掉了，他可能遇上了严重的塞车，可能被车撞了，他可能忽然病倒，他可能忽然决定当和尚，正离开北京往五台山走去，他也可能在对面小饭馆里吃饺子，看你东张西望那副着急样儿发笑。经验人人不同，情势时时变化，推测的结果也就千差万别。这些推论中的"特殊对象"远不是"无关紧要的"，它们与苏格拉底是个什么样的人密切相关。苏格拉底是你朋友，你知道他从不忘掉约会，你知道他不会忽然出家。你还知道其他好多事情。如果你们这座小城一共只有几辆汽车，你就不会想到塞车。

读者也许注意到，在等人的例子里，我有时说推论，有时说推测。推理、推论、判断、推测、猜测等等当然不是同义词,研究这个词族本身会带来很多收益。我们可以相当自由地在推理或推论中选一个词专门用来命名纯粹形式的演绎。这些都不妨碍我在这里所要说的:推论需要一个环境或一个框架。在形式推理中,推论的确定走向是由明确稳定的框架及符号使用的单一性保证的,给定严格的推理程序,给定充分、必要的条件,我们可以从前提达到唯一的结论。哲学家的推论却通常并不具有逻辑教科书所要求的那种高度的形式性,不能指望他们从同样的前提一定会推出同样的结论。前面说,就算我们达到了公认的自明之事,从它们能推论出什么仍然悬而未决,就是这个意思。如果我们一开始没有看法、主张,推论就会盲无方向。

第十节　直觉

柏格森推重直觉,贬低理智。依柏格森,我们认识事物首先靠的是"直觉"。直觉最根本的特点,在于它直达事物本身,融会于绵延之中,而理智则是外向的,只能把握分离的事物。

推论是一种典型的理智活动,实际上,柏格森与直觉相对照时,常常说的就是推论。我们的深厚看法并不来自推论,相反,推论一般受到直觉指引,这一点,我颇同意柏格森。不过,他关于直觉的不少说法还待商量。柏格森所说的直觉是一种达于事物本身的心智活动,达乎事物本身,当然不可能错。我们平常所说的直觉却并非如此,直觉经常会出错,而在不少事情上,例如在著名的三门问题那里,直觉倾向于出错。而在有些事情上,人们有相反的直觉——有人直觉死刑不该废除，有人有相反的直觉。因此我们才会去证成或否证直觉。论证和推论当然也会出错，前提可能是错的，推论的过程也可能出错。但这些"理智"的、形式化的认知分成一步一步，每一步都是可重复的、可单独检验的。如果你推论错了，我能指出你错在哪里。虽然结论的真假不能一望便知，但论证中的每一步却相对比较容易判别真伪。即使你的直觉正确，也不意味着论证就是多余。你一看就知道球面面积等于该球体大圆面积的 4 倍，但为此提供证明不是没事找事。这不仅是证明的训练。有些论证简单，它们的结论一望便知，有些复杂，一眼看不到结论，但它们都依赖于同样的原理和定理进行。通过原理和定理，形形色色的几何图形互相联系，从而产生了几何学的理解。

而且，有些事情，直觉帮不上什么忙——曹雪芹生于壬午还是癸未？我们只有求助于推理-论证来寻求答案。也许有位红学家会说，他一向的直觉就是曹雪芹生于癸未，但他的良好直觉显然跟他多年的考证功夫分不开。初级反思往往只注意到感觉-直觉是开端，忘了感觉、直觉都需要培养。应该在哪里落子？常昊跟我会有很不一样的直觉。同样，只有数学家才有良好的数学直觉。

不过，柏格森所说的直觉，是一种极端意义上的"经验"。他把自己的哲学称作"真经验主义"，直觉所把握的实在是"经验到的实在"，而在《形而上学导论》篇终，他明确把直觉定义为"真实完整的经验"。[①] 在一个意义上，经验当然是不能错的，如果经验只是说，

---

① Henri Bergson, *Introduction to Metaphysics*, The Bobbs-Merrill Company, Inc, 1955, pp.36, 42, 62.

某人如此这般地经验了一件事情。然而,"经验"有一个绵长的指称,一端与"实在"的直接接触,另一端则是依于经验做出的判断。在这点上,直觉、经验、感觉、看、洞见、判断这些词纠缠在一起,例如,"我有一种直觉"也可以说成"我有一种感觉"。论证所可能否认的"直觉",不是柏格森所谓的"真实完整的经验"(integral experience),而是依经验做出的判断。

一方面,我们说到看法,意味着它们多多少少有点儿根据;另一方面,这些根据并不是看法的充分根据。我们的看法依赖于经验提供的线索,这些线索提示结论而非确立结论,从线索到结论需要判断。判断与猜测内容接近,但强调的方面不同,猜测突出没有充分理据这方面,判断突出结论方面。

我们只在包含判断的情况中说到看法,如果已知情况足以确立结论,我们就不再说判断、看法。远远看到他的步态,我判断他是张三;他走到我面前,我不再判断他是张三。买了两斤苹果、三斤鸭梨,共买了五斤水果,最后这个结论不是一个判断或看法。从前提到结论,需要或小或大的一跳,我们说判断;两者一步一步连上了,我们就不再说判断。

有人直觉敏锐,或者说,判断力出色;有人善于调查,推论能力和论证能力强。无论在日常生活中还是在科学研究中,我们都见到这种差异。判断力与演算能力更是两种明显有别的能力。[①] 演算所要求的是掌握规则之间的逻辑关系,判断力更多依赖于经验,要

[①] 参考帕斯卡尔《思想录》(何兆武译,商务印书馆,2011年)开篇关于敏感性精神与几何学精神的著名论述。L'esprit de finesse(敏感性精神)也译作直觉,英文则译作intuition,几何学精神也译作数学精神。下面的引文出自该书第4页。

求在纷繁事物中发现并分辨哪些是最有意义的线索，用帕斯卡尔的话说，这里的原理"精微而庞杂，我们必须依靠精微而清明的感觉才能感知它们，并在感知它们的时候做出正当的判断，同时却一般无法像在数学中那样一步一步给予证明。……我们必须一眼看到事情的全部，而不是借助推理程序——至少在一定程度上是这样的"。如果谁在傍晚6点看到表针指在12点就认为"现在是12点"，这个人就完全缺乏判断力。

在实践活动中，循规蹈矩的办事员无法担当领导，领导人物必须具备出色的判断力和洞察力；推论能力和演算能力在论理活动和科学活动中则显得更重要，但即使在这里，也唯那些富有洞见的人物才能起到引领作用。

第十一节　灵　感

卢梭在《法兰西信使报》上偶然读到有奖征文的启事，题目是"科学、艺术、道德的联系"。他突然间激动莫名，甚至流下泪来，无数思想刹那间涌上心头，他的那篇名文《论科学与艺术》就由这些灵感所催生。在他的《忏悔录》里，卢梭出色地描述了灵感袭来的情形。灵感袭来的迷狂，我们还可以从很多哲学家以及科学家传记那里读到，其迷狂初不亚于灵感降临诗人之际。所谓有思想，是想别人未想到的。尼采话说："谁从不中止去经验，去看、去听、去怀疑、去希望和梦想异乎寻常之事，这个人就是哲学家。"[1] 唯不同

---

[1] Friedrich Nietzsche, *Jenseits von Gut und Boese*, § 292.

寻常的洞见才叫思想。

不过，没谁停留在灵感上，每一次授精，无数灵感精子一点儿机会没得到就被多走半步的思考淘汰掉了。那些瞬间涌上心头的思想，杂乱无章，有些也许并不相干，有些初时显得自相矛盾，要让这些思想按部就班，条分缕析，还须下很大功夫。

从灵感涌现走到条分缕析，有很多步骤。哲学家并不个个走到条分缕析的尽头，就说卢梭吧，或者同样著名的还有尼采，比起大多数哲学家，离开原初的灵感状态更近些。柏格森也是一个，用桑塔亚那评他的话说，柏格森"不做论证，但富有说服力"。这样的哲学家，我们读来，很多阐论衔接松散，甚至自相矛盾。深受卢梭影响的康德却正相反，长于分析辩证，要把一切思想都安排得井井有条。他们不仅代表两种各有千秋的风格，更代表着从灵感到论证途上的两大站。卢梭有点儿混乱，康德有点儿呆板，能从卢梭的乱里读出他的内在理路，能从康德的板里读出他的内在激情，读者之幸欤？作者之幸欤？

哲学洞见不是靠推理获得的。当然，灵感会在推理过程中袭来，就像诗人的灵感会在推敲语词的过程中来临，不一定都在做梦时出现，但灵感本质上是某种新异的东西，我们可以在艰苦工作中召唤灵感，却不能从常理推论出灵感。单就此点而论，"莫不因其已知之理而益穷之，以求至乎其极"[1]这种表述，有把论证视作推理之嫌，实际情况毋宁相反：我们先有洞见，然后尝试把洞见连回到常理。

---

[1] 朱熹：《大学章句》，《朱子全书》，第6册，上海古籍出版社，2010年，第20页。

诚如尼采所言,哲学家的思想是新闪的电光,我们不知它从何而来,有时,它直接击中我们,无须解说,甚至无可解说。"不是风动,不是幡动,仁者心动"点出了一个道理,它可能醍醐灌顶,沉迷者顿然醒悟。但我偏没有慧根,怎么都不明白:明明是旗在动,风在吹,怎么成了我心动?"是尔心动"这种话语方式,点拨,却不展开,你不明白,就先糊涂着,等你自己去悟。你驳斥他,他笑而不答。

但有时,一个奇异的思想需要也可能解说、解释、论证。我们尽可以抱怨学者们过度强调了解说、论证,忽视了感觉、直觉、顿悟,抱怨学究们在无须论证的地方进行烦琐的论证,在无可论证的地方编造虚假的论证,不过我仍要说,哲学,或曰西方哲学-科学,本来主要指带有论证的思想。整个哲学-科学都是从论证发展出来的。哲学帝国主义是不对的(不过哲学早丧失了帝国的地位,反倒在为自己的生存申辩),科学主义是不对的,但这当然并不意味着在需要也可能给予论证的地方,我们也要拒斥论证。而且,洞察力固然是一种卓异的能力,论证却也同样充满创造性,要求一种与洞察力不尽相同的卓异能力。

说理里或有禅机,但不尽同于禅机。你要讲给我听的道理,固然是新鲜的道理,甚至是异乎寻常之理,但你用以说服我的道理,你所依据的道理,则是我已经接受的道理。有多种多样的论证,但大致说来,所谓论证,就是把异乎寻常之理与常理连结起来,把我不理解的东西连到我已有的理解上,我们是以辨明洞见是真是幻,甚至以此辨明那究竟是个什么洞见。出乎常情之外复入乎常理之中,不仅这些洞见得到了解释,这些常理本身也获得了新的光照,焕发出新鲜的力量。

第十二节 《静静的顿河》的作者

灵感、直觉，都是就其奇异言之，我们的大多数看法，来历普通，由我们的经验慢慢培养起来。

我一直有一个看法：《静静的顿河》的作者不是肖洛霍夫。我第一次读这部长篇小说，就为它着迷，于是把肖洛霍夫的其他小说找来读，《被开垦的处女地》《他们为祖国而战》《一个人的遭遇》，结果颇为失望，它们与《静静的顿河》相比，不啻土丘之比太岳，于是我怀疑《静静的顿河》并非肖洛霍夫所著。细想，的确，《静静的顿河》开始写作时，肖洛霍夫不到二十岁，第一部发表时也只有二十三岁，此前并没有丰富的阅历，而这部史诗一开篇就气象万千，人情世态在广阔的视野中次第展开，处处含蕴深厚的历史感。后来又读到肖洛霍夫剽窃白卫军官克留科夫的故事，原来的看法就变得更坚定了。

也有很多人持相反的看法。尤其是1999年发现了《静静的顿河》的手稿，经专家鉴定确为肖洛霍夫手迹。这份手稿的发现确实对我的看法提出重大的挑战，但不足以改变我的看法，因为它并没有抹去我原来的怀疑，例如它没有解释他后来的作品怎么会差那么多。发现手稿还到不了"事实俱在更有何话可说"的程度，事情也可以是，肖洛霍夫根据克留科夫的原稿改写后留下了改写的稿子。

我介绍了我实际上持有的一个看法：《静静的顿河》的作者不是肖洛霍夫。这番介绍是否本身已经构成论证？

这番介绍的主要内容是：哪些事情让我产生了这个看法。这些事情合情合理地导致我持有这种看法,就此而言,我已经开始论证了。阐明与论证没有明确的界线。不过,这并不意味着复述经验等同于论证。

首先,经验并不一定带来明确的看法,也许我读肖洛霍夫的其他小说觉得不对劲,却并没有形成《静静的顿河》是另一个人写的这种看法。在这里,我实际上有一个明确的看法,而唯当有了明确的看法,才可能展开论证。

其次,由于我有明确的看法,我的复述就带有强烈的选择性质。我已经开始瞄向论证来组织我的经验、讲述我的经验了。在形成这个看法的时候,还有很多其他因素在影响我。产生这个看法的时候,我也许正处在凡事都爱起疑的心境里;我也许在为某个成名作家剽窃了默默无闻的我的一个故事构想愤愤不平;我也许痛恨一个作家在专制制度下名声显赫;我也许刚好听到一个传言,说流传为毛主席新诗词的那些诗词其实是一个叫陈明远的年轻人写的。我今天介绍这个看法是怎样产生的,略去了这些内容。我选取的内容,是那些跟我的特殊状况没多大关系的事情。论证必须具有某种公共性。斯塔克在研究传教时发现,尽管归信的首要因素是传教人与归信者之间的感情纽带,但归信者回顾其归信过程时很少谈起这一点,他大谈特谈的是教义。[①]

通常,我们并非通过介绍哪些事情让我产生了相关看法来进行论证。我的看法通常来自无数微不足道的细节,无论挑选出哪些,

[①] 斯塔克:《基督教的兴起》,黄剑波、高民贵译,上海古籍出版社,2005年,第21页。

都显得不够有力。我和李四相交三十年,我知道他绝不会肇事逃逸,但我拿不出足够强有力的事实来支持自己。

逻各斯是公共的(赫拉克利特语),论证依据于公认的东西,依据事实以及公认的道理。正是在这种公共性的基础上,我们有了法庭的建制,有了科学的建制。我认为肖洛霍夫不可能是《静静的顿河》的作者,这个看法来自我的多种特殊经验提供的线索,我的看法相当牢固,但离开定论还远,还需要多方面的更具普遍性的论证,尤其是需要对相反看法做出回应,以让别人确信此点,也使自己更加确信无疑。

为了强有力地论证《静静的顿河》的作者不是肖洛霍夫,我钻进档案馆搜索一年,这里所发现的证据多半都不是一开始导致我产生那个看法的东西。"'你根据什么这么认为?'这一问题可能意味着:'你是根据什么推导出这种看法的(你推导过吗)?'但也可能意味着:'你事后能为这种看法向我提供什么根据?'"(PU,§479)论证是一门艺术。从事这种艺术的能力,有时在于把感觉到的东西明确表述为论证,更多的时候在于寻找和建构论证。

我不知走了多少弯路和绝路,花了两天时间,终于证出一道题;我给人讲解这道题的证明,清清楚楚,只用了十分钟。我在乱岩上攀爬,拨开野蒿前行,好多次来到断崖只好折返,终于到了山顶。站在高处俯视,山林形势看得比较清楚了,联系刚才攀爬所经,看出该怎么上山才对。今后别人问我怎么上山,我并不教他把我东闯西闯的都重走一遍,实际上,我可能根本弄不清我当时是怎么上到山顶的。

前面说到,我们有看法才去论证带来了论证是否只是装饰的疑问。然而，大多数论证是事后追加的，并不意味着它们是多余的，或甚至是虚伪的。反过来，只要具有公共可通达性，我介绍自己产生看法的缘由抑或重新建构论证，并无区别。"给出理由有时是说'我实际上是这么来的'，有时是说'我可以这么来'"。(LC, Ⅲ, §15) 从特殊经验转向论证的转变即是从"实际上是怎样"转变为"应当是怎样"，从实然转向应然；"我可以这么来"，由于有了"可以"，"我"变得不重要了，"我可以这么来"这话在很大程度上是说：谁都可以这么来。

你我有不同的立场，怀抱不同的希望。立场和希望会影响论证吗？当然。双方发生争论，自然各有自己的偏向、立场。双方各自把事情描述成支持自己心爱的观点。然而，争论若意在求得结果，双方就须转向事实和逻辑。事实和逻辑不仅对他人有效，对自己同样有效。我认为《静静的顿河》不是肖洛霍夫所著，现在，发现了肖洛霍夫的手稿，这是个恼人的事实，但它是个事实，我得接受下来。服从于理据的态度即哲学-科学态度。哲学-科学要求论证。

我们先有看法才去论证，但论证并非虚设。我搜集理据，原本是要加强自己原有的看法，但理据也会挑战甚至改变我原来的看法。我有理由认为肖洛霍夫不是《静静的顿河》的作者，但当然，我的看法最后可能并不成立。用理据来支持看法，意味着我们承认自己要服从于理据。看法，依定义，原则上可能被表明是错的。何况，我们不仅通过论证说服他人，我们经常需要向自己提供论证。我昨天先见到张三后见到李四，也许不是别人不相信，而是我自己记不确切了。

第十三节　看法与偏好

把论证统统视作伪饰，与把看法统统视作偏好和趣味是连在一起的。然而，我们平常的"看法"一词，也不等于浮游的偏好，为看法提供理据，并不意味着看法本身没有根据，实际上，唯已经有一定根据，才能说是"看法"。我认为《静静的顿河》的作者不是肖洛霍夫，这虽非定见，但并非偏好而已。我们依据经验提供的线索获得看法，做出判断，形成主张，而论证者，则是把这些线索转变为理据，或发现这些线索之外的进一步的理据。

如果我只是瞎猜，就不可以说是我的"看法"。前面说到我猜那张牌是黑桃皇后，把这叫作"看法"，只是因袭知识论中的常见说法。"这张牌是黑桃皇后"这个猜测漂浮在那里，与我对其他任何事情的看法都不连着，没有任何经验厚度。月球上有水吗？我胡乱选个答案说有或没有，也不是看法。若说我对月亮上有没有水有个看法，那么，无论我多么外行，我多多少少还是根据些什么，例如，我读过一些科普文章和报道，我根据我的可怜的知识做过些考虑。当然，这些根据不足以为我的看法提供充分的支持，但即使科学专家也还没有搜集到充分的理据。在确证和胡猜之间有着广阔的领域，这就是看法的领域；我们通常要区分的是，哪些根据更可靠、更合理，哪一方的根据更加充分，等等，而不是把没有得到确证的东西统统视作瞎猜、偏好、个人口味。

罗素那个手表停了的故事不同于瞎猜黑桃皇后。我们不说张三在瞎猜，而会说张三认为现在是12点。手表指针与"现在几点钟"

有常规的联系,乃至于我们只要看一眼手表就敢说现在是几点钟。不过,这种联系还需要周边情况的支持,如果张三是在傍晚6点看表,他恐怕不会看看表针就称"现在是12点"。这里发生的类似于受骗:通常可以持为根据的,在特定情况下却不能持为根据。论争通常涉及的都是这种情况;争论时我们会大声说"你毫无道理",但若对方真的什么道理都没有,你简直无法跟他争起来;论争多半是指出他持有的根据在这个特定情况其实并不提供支持。

把看法等同于个人口味意义上的偏好,是为害极广的错误看法。最严重的危害在于导致否认在政治、伦理、文化、艺术领域的严肃论证。遑论政治分歧和道德观分歧,即使在"纯粹审美领域",我们也不仅有偏好,而且有看法。到电影院门口站站,到诗人圈子里转转,你到处听得到人们就艺术作品进行严肃的争论。固然,在这些领域中存在很多偏好,但并非只有偏好;固然,这些领域中很少有固定的论证程序,发现有效论证的方法更加困难,致使很多争论最后流于瞎争,但这与其说表明这里并没有实质的争点,不如说表明这里要求更高的论证艺术,而争论者尚未找到适当论证的方法。

第十四节　看法的厚度

唯已经多多少少有些根据,才是"看法"。看法的根据,可多可少,可薄可厚。我一直认为我的一个远房堂兄当过兵,我有点儿根据——这事是他自己告诉我的。后来我知道他没当过兵,他在新疆那些年,不是当兵,是在兵营旁边开小卖部。我好多年相信斯大林是苏联人民的救星，现在我不再持有这个看法。

关于我堂兄的看法，不妨说，是个孤立的看法①，很容易被证伪，证伪了，这个世界没什么改变，我关于世界的千千万万的其他看法都不受影响。证伪关于斯大林的看法却困难得多，它跟太多太多的事情编织在一起；改变这个看法，我原来的很多别的看法也跟着变了。

你可以改变我关于周初有过个姜太公的看法，但你不能改变我关于苏俄曾经有个斯大林的看法，虽然这两个人我都从未见过。乃至于，即使最后证明统治苏联的那个人不叫斯大林，而叫作朱加什维利，我也可以说，我的看法并没有什么错。"苏俄曾经有个斯大林"不妨说是我的一个巨大的看法星团的名称。

看法有深有浅，有厚有薄。我用"看法"等等来翻译 δόξα，不过，如本章开始处所说明的，希腊人所说的 δόξα，并非可以轻易打发的轻薄之见，而是那些我们虽不曾或不能提供理据却是深厚坐落在我们生活之中的看法。

我们可以用一句话来陈说一个看法，也会用一篇论文甚至一本书来表达一个看法。我用"《静静的顿河》不是肖洛霍夫所著"表达我的看法，这句话陈说浮在面上的、相当于结论的东西，但这个看法还连带着很多其他内容，例如，肖洛霍夫其他作品都比《静静的顿河》差得很远，《静静的顿河》的真正作者是克留科夫，或与之相似的人。赫塔·米勒的一段话也许把我要说的表达得更加清楚，虽然她并不在说我要说的——

---

① 参见第五章第六节。

在许多沉默的句子中，写下的句子是一个具有证明能力的句子。只有它的可证明性能将它与沉默的句子区别开来。因为它具有证明性，人们可以认为，它比沉默的句子来得重要。然而它并不更重要。它能够证明，只是因为她通过承前启后包含了沉默的句子。[1]

第十五节　论证的结构不是看法的结构

肖洛霍夫其他作品都比《静静的顿河》差得很远和《静静的顿河》不是肖洛霍夫所著是一个看法还是两个看法？在一个明显的意义上，它们是两个看法，有人同意前者而不同意后者。《静静的顿河》不是肖洛霍夫所著和《静静的顿河》是克留科夫所著是一个看法还是两个看法？同样，在一个明显的意义上，它们是两个看法，我可以相信前者而不相信后者。

在宽泛的意义上，"《静静的顿河》是克留科夫所著"和"肖洛霍夫其他作品都比《静静的顿河》差得很远"都是理据；但这两类"理据"的逻辑地位不同。从逻辑上说，我可以相信《静静的顿河》不是肖洛霍夫所著但并不认为肖洛霍夫其他作品都比《静静的顿河》差得很远，但我不能相信《静静的顿河》是克留科夫所著而不相信《静静的顿河》不是肖洛霍夫所著。前者"逻辑地导致"后者，而肖洛霍夫其他作品都比《静静的顿河》差得很远则是为这个结论提供了一种支持。这时候，我们最好不把前者称为理据，因为两者构成了逻

---

[1] 赫塔·米勒：《镜中恶魔》，丁娜等译，江苏人民出版社，2010 年，第 207 页。

辑-演算关系,而非平常所说的理据-结论关系。

论证具有理据-结论的结构。**这却不是看法的结构**;毋宁说,看法中的诸多内容交织在一起,互相支持,肖洛霍夫其他作品都比《静静的顿河》差得很远、十八岁的少年不可能有这样的壮阔感受等等是一些互相联系的看法,它们是《静静的顿河》不是肖洛霍夫所著这个总看法的不同内容。《静静的顿河》是克留科夫所著也是这个总看法的一部分,它与《静静的顿河》不是肖洛霍夫所著互相支持。如果前者不是一个看法而是个事实,那么,后者也就不是看法而是个事实了。

第十六节 假如《静静的顿河》是外星人所著

我认为"《静静的顿河》不是肖洛霍夫所著",按说,我该欢迎所有支持这个看法的证据。然而,若有人提出证据说《静静的顿河》是某个神童或某个名叫哥德尔的外星人所著呢?我的看法并不因此得到支持,倒是我的看法完全被否定了。

"《静静的顿河》是某个名叫哥德尔的外星人所著"逻辑地支持"《静静的顿河》不是肖洛霍夫所著",然而,我的看法,"《静静的顿河》不是肖洛霍夫所著",与我的其他相关看法连在一起,与这个整体看法分离开来,它就不是我的看法了。外星人理据虽然支持了"《静静的顿河》不是肖洛霍夫所著"这个命题,但现在这个命题并不是我原有的那个看法。

看法既可以指表达看法的那个句子的命题内容,又可以指这个看法与其他看法的勾连。我们可能只是在形式上把这些盘根错节的勾连分成论据和结论。你提供的**理据可以是你的主张的一部分**,这时候,我们并不能明确区分你是在论证一个看法抑或在对看法做更完备的阐述。

有时候,要看你怎么论证,才能知道你确切主张什么。我们都碰到过这样的情况:过于草率地听到对方与自己的观点相同,接下来却发现蛮不是那么回事。

我们可以从很多方面说到一个看法,例如,真与假、厚与薄、深与浅。在那篇提出真之冗余论的著名论文里,兰姆赛提到了这一点。这篇论文讨论真与假,分析哲学多半限于讨论命题层面上的真与假。随着看法薄到命题,真也就薄到了冗余。兰姆赛本人在这样做的时候,清醒地意识到这种做法的局限性,他小心翼翼地指出,这样做难以避免"没有价值的形式主义"之嫌,"回避了问题的最难和最有趣的部分"。① 可惜,后来不少分析哲学家忘记了这些。在我看,这种做法是在为逻辑学做准备,对讨论我们的实际看法以及论证看法不仅无何益处,而且常常造成阻碍。因为,在我们的看法中,"理据"和"结论"的关系是直接可感的,或曰,理据对结论的支持是直接可感的;说理-论证一般并不在于通过推论的逻辑强制性让我们接受一个结论,**而在于创造使结论得到理解的途径**。整个论证形成了一个 Gestalt 或曰整体形态。理据是整个看法的一部分,与其说理据提供了我们由以推出结论的前提,不如说论证建立起前提与结论的联系。看法以及论证首先与意义相连,因而,用斯宾格勒的话说,在这里,"关键词不是'正确'与'错误',而是'深刻'

---

① F. P. 兰姆赛:《真之本性》,载于《世界哲学》2010 年第 3 期,第 128 页。

与'肤浅'"。① 更加要紧之处在于,看法的多种维度,例如深刻/肤浅维度与正确/错误维度联系在一起。我们不了解一个看法的深度,就无法判断它是对的还是错的。

斯密特认为琼斯会得到那个职位,他认为(或知道)琼斯兜里有十个硬币。② 这两个看法之间没有联系,或者说,这两件事之间没有联系。这里,明明确确,斯密特有"两个"看法。我们可以设想在某种语境下,他不说"琼斯兜里有十个硬币"而说"会得到那个职位的人兜里有十个硬币",但他并未因此把两个看法联系到一起形成一个总的看法,这句话表达的仍然是一个看法,只不过他的表述方式中预设了另一个看法,即琼斯会得到那个职位。

结果,不是琼斯而是斯密特自己得到了那个职位,而且斯密特兜里也有十个硬币,事情虽然跟斯密特一开始想的不一样,但据说,"会得到那个职位的人兜里有十个硬币"这个命题仍然为真。我不知道命题为真是什么意思,但我知道,现在,无论你说还是斯密特本人说"得到那个职位的人兜里有十个硬币"表达的不是斯密特原来用"会得到那个职位的人兜里有十个硬币"所表达的看法。

第十七节 不被说服与终极理据

发现《静静的顿河》的手稿,的确为肖洛霍夫是《静静的顿河》

---

① 奥·斯宾格勒:《西方的没落》,吴琼译,黑龙江教育出版社,1988年,第一卷,第94页。

② 参见 Edmund L. Gettier, "Is Justified True Belief Knowledge?", in Michael D. Roth and Leon Gails ed., *Knowing*, Random House, 1970。

作者提供了强有力的证据，但我未被说服，一个突出原因是，我还有很多疑点未被这一事实消除。例如，这个事实不能解释为什么肖洛霍夫后来其他作品都比《静静的顿河》差得很远。

我们常见争辩双方各自滔滔雄辩，却少见谁当真说服了谁。我们的重大立场，更不容易被一番论证说服。演化论已经积攒了一个半世纪的证据，并且对特创论的方方面面加以批驳，特创论还是有很多人信。以色列人和巴勒斯坦人何时能说服对方改变立场？

于是我们设想，基本立场归根到底是非理性的、任意的，所以不为说理所动。论证归根到底依赖于无可论证的东西。按照这种设想，说理与任意性，理性与非理性，截然两分。说理过程依赖于事实与逻辑，一步一步，大家一致举手同意；我们最后却来到一个点上，这里是我们的真正分歧，这里，两造立场不同，基本价值观不同，或诸如此类，它们是终极理据，而终极理据是任意的，没什么道理。

这个设想其实只是逻辑主义的想当然耳，完全误会了说理的实际困难所在，而这又在于误会了说理的实际情况。这种设想把论证视作一个线性过程，每一个理据依赖进一步的理据，最后落到一个单独的理据头上。实则，我们的立场并不是一个单独的理据，一个单独的终极理据；深厚的看法由多种多样的"理据"组成。我认为《静静的顿河》不是肖洛霍夫写的，我的终极理据是什么？在基本看法的论争中，两造的争执之点形形色色，各自提供多种多样的理据，有些相互重合，有些有待澄清。随着论争的展开，新的理据被提出来，旧的理据被重新阐述。论证混同于不断的重新阐述，随着争论的发展，争点似乎在时时转移。

第十八节　改变他人主张的诸多途径

我们有时能够说服别人，有时会被他人说服并纠正修正自己。在科学中，在学术领域中，我们通过论证改变他人看法的机会更多一些。但是，对说服勿抱不切实际的期待，甚至在学术和理论领域。

稍有常识的人都知道，我们很难指望通过说理-论证改变他人的深厚看法。实际上，要使人转变看法，我们有多种多样的更加有效的途径，训练、实地考察、恳求、纠缠，说理不成，我可以动之以情吧。关于归信的社会学研究表明，归信的首要因素是感情纽带，对陌生人传教导致归信的几率极低。还有，引征权威或大多数人的看法。还有，小说、电影。一篇《汤姆叔叔的小屋》，一部《猜猜谁来吃晚餐》，改变了很多人的种族歧视态度，被说理说服的人恐怕不多。还有"不言而教"呢，榜样往往比用道理来说服更具"说服力"。最后，还有宣传、欺骗甚至武力威胁、金钱利诱。安陵君的使臣唐雎跟秦王说理："安陵君受地于先王而守之，虽千里不敢易也，岂直五百里哉？"理是这个理，可惜秦王不听。唐雎最后也不是靠说理说服了秦王，而是靠挺剑而起暂时让秦王改变了吞并安陵的打算。皮尔士在上引论文中提到不断重复一个看法颇可收确立信念之效，戈培尔更有"谎言重复千遍就成为真理"的妙论。这些手段也许不够美好，但很难否认它们改变人们看法的效力。我们本来准备推举张三来当我们艺术研究院的主任，但有人愿出一千万资助，条件是让李四做主任，我们不会改变主张吗？我们一定是见利忘义吗？利益不也可以是一种重要的理据吗？

我们很难通过说理-论证改变他人的看法，只有过于天真的理性主义者才看不到这一点。他们未免把人想得过于理性了。过于理性？实地考察和看电影不理性吗？被利益"说服"的人不理性吗？哲学家按说很理性吧，谁说服过谁？即使在最讲究理性与论证的科学争论中，谁也说服不了对方的例子也不鲜见。

第十九节　口服与心服

说理-论证与小说、宣传、利诱等等的区别何在？我们会想，说理-论证依赖于事实与逻辑的力量。是的，你手握事实和逻辑。事实和逻辑有一种强制力，铅比铝重，$3 \times 7=21$，是每个人都不得不接受下来的事情。清清楚楚的事实和逻辑，如果是对照欺骗、残缺的逻辑等等而言，当然是说理所要努力达到的。然而，我尝试说服某人，从来不是因为他不承认铅比铝重或不承认 $3 \times 7=21$。我们通常所谓论证，不是严丝合缝地由铁定的事实与无瑕的逻辑组成的。哪个深厚的看法能够充分还原为事实和逻辑？上帝存在的证明，不存在上帝的证明，外部世界存在或不存在的证明，共产主义必将到来或不可能到来的证明，都不是用铅比铝重或 $3 \times 7=21$ 这样的方式构成的。

理据是争论双方都能够承认和接受的东西。但承认你的理据又怎么样呢？论证不是线性推论，而是多方面的印证。你的理据之外，还有千千万万理据。你我怀着不同的立场和希望，会选择不同的理据。你选了一批来支持你的主张，但还有好多可以支持我的主张。我们的根深蒂固的看法，依赖于众多细微的、难以标明的线索，我们并不因为某一根据失效就必须改变看法。事实不是那样简单，逻辑不是那样高度形式化，所谓事实和逻辑的力量，很难与能言善辩区分开来。①你滔滔雄辩，说得我哑口无言，可我仍然不愿接受你的看法——这一定是我不理性不讲理吗？你用"逻辑"证明了外部世界不存在，如果我连"外部世界存在着"都不相信了，我为什么要相信你的"逻辑"具有不可抗拒的力量呢？笃信上帝的人蛮可以问：为什么相信逻辑比上帝存在具有更强的强制力呢？

对人情事理懵懂无知，只是把自己捡来的学院命题祭作一切思考的法则，便以为自己掌握着逻辑的强制力，谁要在逻辑面前仍然有所保留，便是非理性的、不可理喻的生物。庄子最早讲到"服人之口"，说的不是通过威胁利诱让人口不敢言非，倒是"鸣而当律，言而当法"。与暴力、利诱、欺骗相对照，逻辑的力量是内在的，但与心悦诚服相对照，逻辑的力量是外在的。

你向我论证，是把我不接受的结论连回到我接受的道理上来，你的论证通常采用推论的形式，通过我知道的、理解的前提和步骤，推出我本来不接受的结论。不要以为你的推论的强制性会迫使我接受它。这个结论我可能接受，也可能不接受。我接受它，并不是你的推论具有强制性，而是，我虽然不曾想到这个结论，但它是可理解的，亦即，它合于我已经具有的对世界的理解，或者说，合于我所理解的世界。你的论证充当了重新组织我的理解的干线。我借助你的论证理解了这个结论，而不是被你的逻辑逼着接受它。在

---

① "'理性的强制力'几乎不可能与说服的力量完全区分开来。" Bernard Williams, *Truth and Truthfulness*, Princeton University Press, 2002, p.26.

严格证明中可以出现这样的情况：我不理解推论达到的结论，但我必须接受它。长程推理更多地依赖于推理的连续的逻辑强制性，而不是前提与结论的直接的、可理解的联系。我承认前提正确，承认每一步推论都是正确的，我就得承认结论，哪怕我仍然不理解结论。但不要把一般说理混同于证明。说理不是要我们即使不理解也接受结论，而就是要我们理解。我如果不明白外部世界怎么会不存在，你让我接受这个结论有什么意义呢？

与其说论证的目的在于从智性上使对方臣服，不如说论证旨在创造新的理解途径。我为了论证《静静的顿河》的作者不是肖洛霍夫去做大量的研究，即使研究的结果否定了我最初的看法，我并不因此徒劳一场。

第二十节　论证求取所以然

关于论证的浅俗理解，核心在于从浅俗的手段-目的来看待说理-论证，我手里有真理，我的目的是要让他人同意我，亦即接受真理，说理-论证是达到此一目的的手段。如果说理-论证只是使他人改变主张的种种途径中的一种，那它实在是较少成功的一种，挺可怜的一种。

说理-论证之际，我们不是的确相信自己正确吗？说理难道不是为了说服他人吗？是的。然而，我们需要对"为了某某目的"做更深入的探讨。如果把目的理解为一个现成的终点，那么，我要说，生活，以及生活中的种种活动，主要不是从它所服务的目的获得意义，它因自己这种活动的特点获得意义。说理不是与感化、宣传、欺骗相并列的一种手段,仿佛无论通过何种手段,它们达到的都是同一个目的,区别只在于说理-论证这种手段是提供理据的手段。不是的。固然,有时候,说服他人同意自己是当务之急。这时候,说理接近于宣传。但在更多的情况下,提供理据主要不是一种手段;我们把看法分辨为理据和结论,我们营建理据,是为了**探索事物之所以然**。而探究事物之所以然,构成了一种新的理解世界的方式。诗、音乐、训练改变我们,内在地改变我们,但它们不是通过理解事物之所以然来改变我们。

论证并非只是为某种洞见披上外衣,从根本上说,论证是一种自成一统的理解方式——通过对所以然的探究把东一处西一处的道理联系起来,使我们获得整体的眼光,或曰 Uebersicht,综观。维特根斯坦说:"我们对某些事情不理解的一个主要根源是我们不能综观语词用法的全貌。"若不拘泥于"语词的用法",我会更宽泛地说:"我们对某些事情不理解的一个主要根源是我们没有获得综观。"我们的经验不同,所愿援引的论证也不同,但不管何种论证,都不妨说是把各种道理联系起来。这种联系给予我们的看法一种深度,真知即深知。

维特根斯坦接着说:"综观式的表现方式居间促成理解,而理解恰恰在于:我们'看到联系'。从而,发现或发明中间环节是极为重要的。综观式的表现这个概念对我们有根本性的意义。它标示着我们的表现形式,标示着我们看待事物的方式。(这是一种'世界观'吗?)"(PU,§122) 通过论证,原本不相连属的东西联系起来,我们的零星所知、零星理解和洞见连成一片。ἐπιστήμη、真知、哲学、科学,这些概念都强烈地要求这种明确的整体性。尽管我们在着手论证之前，已经有为之进行论证的看法，但获得了论证的看法，在整体性的光照之下，也不妨说是新的看法。开普勒为阿里斯塔克提供了论证，这是次要之点，在根本意义上，他参与开启了近代科学，开启了看待世界的崭新眼界。这是不是一种"世界观"呢？是不是一种新的理解-生存方式呢？我们对孩子说理，并不是由于这是让孩子服从的最佳途径，我们生活在说服的文化中，或，我们考虑到，孩子长大了要在这样一种文化中生活。

就这种广泛意义的、在我看来也是更适当意义的论证来说，维特根斯坦当然像其他哲学家一样提供论证，我甚至认为他是论证的高手，尤其在他后半期的工作中，在那里，他运用着多种不玷污思想美丽的论证方式。

第二十一节　威胁、欺骗、利益之争

若把说理-论证只视作改变他人看法的一种手段，它就该和小说、宣传、利诱等等并列，而说理的效果，恐怕是这些手段中最差的。而明于说理-论证的理解性质，我们就能清楚地把它与改变他人看法的其他"手段"区别开来。

你本来想投张三一票，因我施加威胁结果你投了李四的票。在极浮面的意义上，可以说你"改变了主张"，但显然在另一个意义，一个更基本的意义上，你并没有改变主张。

你本来因为张三加强网络管制打算投他的票，我编造了张三反对网络管制的消息，诱使你投了李四的票，比较起用暴力威胁你，这在稍深的意义上让你改变了你的主张。这里，我们把投张三一票视作一个单独的主张，而没有联系更广阔的背景。我诱使你改变了投张三一票的主张，却没有改变你赞成网络管制的主张。

所谓改变看法，可以是不同深度上的改变。我本来同意方案 A 而后来转而同意方案 B，这可以是一个局部的改变，也可能是由于我改变了我的整体观念的一个结果。在前一种情况，我们有时会这样说：我现在同意采用你对这件事的处理，但我仍然保留我对这件事情的看法。

我本来准备推举张三来当我们艺术研究院的主任，但后来主张推举带来一千万资助的李四。这个例子牵涉到利益作为理据的一般问题，我另找机会讨论。这里只简短说明，单纯的利益之争，看上去最适合通过"说理"来解决。不过，这里所谓"说理"，意思是谈判、讨价还价。虽然我们的利益不同乃至相反，但我们却用公认的、一致的方式来谈判。相反的利益之间常能达成"一致"。买卖是个典型，对卖方来说，价格越高越好，对买方来说，价格越低越好，高低之间若无重叠，买卖做不成，但只要高低之间有重叠之处，就能做成买卖。买卖做成做不成，并不改变我们的一般看法。当然，利益是个极复杂的概念，我捍卫某种理想，我渴望某位佳人的芳心，这些都可以是我的利益。所以上面我加了限制说"单纯的利益"，所谓单纯利益，差不多在定义里包括"与我们的一般观念没有联系"这层意思，因此是可以清楚计算的利益，利益争端可以通过演算求解，或者，通过演算证明无解。当然，在现实生活中，真正碰上"纯粹利益"的时候并不似想象的那么经常，利益通常是跟"按道理说"纠缠在一起（例如艺术研究院主任一例），跟爱恨、观念、意气纠缠在一起。

第二十二节 不愤不启

理当然不能只是一个人的理，但它也不能与人无关。理通过理解与人相连。我们不要只看逻辑的强制力，我们还要看理的渗透力或穿透力。说理并非只是展示逻辑的强制力了事，说理需要与向之说者的自我连起来。深刻的道理要透达人心。

说理不仅不局限于一造说服另一造，甚至也不局限于相互说服。我们须更广泛地把说理理解为一个共同努力获得理解的过程。在这个基本意义上，你尝试加以说服的一方，他自己希求理解，希求真理。不愤不启，不悱不发。朱熹解曰："愤者，心求通而未得之意。悱者，口欲言而未能之貌。启，谓开其意。发，谓达其辞。"庄子视说服的至境为心服，心悦诚服，这不是虚悬过高的标准，而是发说服的真义——论证是一种教化。

"举一隅不以三隅反，则不复也"这句话就连在"不愤不启不悱不发"之后。在一事上说服别人，尚不是说理的目的；说理的目标要更高些：通过在此一事上的说服，让对方获得理解，让对方自己获得理解的能力。说理的目标，若从根本上说，与其说是在此一事上让对方接受自己的看法，不如说是一种心智培育。

说理并不是演算的一种残缺样式，仿佛说理一旦完善，所有的分歧都会消失。正由于论者过于狭隘地限定说理-论证的目的，从而把科学领域中的论证设为论证的标准，他们才会无视事实，断定在审美-道德-政治领域不存在论证，或不存在"真正的论证"。

是的，哲学家虽然提供过很多美妙的论证，但他们并没有让我们获得共识。迈蒙尼德为上帝存在提供过出色的证明。谁由于这种证明信教或改宗？哲学家可曾证明外部世界并不存在？谁信过？伟大的哲学家没证明过什么，他们为我们理解世界开辟了新的道路。依此，我们也许就不会再因为哲学史中虽俯拾皆是精妙的论证却始终不曾把哲学家引向一致的结论而感苦恼了。伟大的哲学家那些精妙的论证为我们提供对世界的新理解，但没谁由此提供出关于世界的唯一真理。

我们不要把目光总盯在说服他人达成共识上面。据说，论证依赖共识，又据说，论证的目的是达成共识。那我们的分歧在哪里？只是在从共识前提达到共识结论的路径吗？对说理来说，提升理解是首位的，是否达成一致看法倒在其次。实际上，在事涉 δόξα 或深厚看法的场合，指望通过说理和论证达成一致看法，难免期待过高，而这种期待，又常常是因为我们愚蠢地相信，别人持相反的看法是因为他们错误、愚蠢，甚至因为他们邪恶。

强势理性主义者的论证理论把理当作摆好在那里的东西，无论什么时候拿出来，它都具有让人不得不接受的力量。自己手握真理，一番论证之后，持相反看法的人们自会弃暗投明。我对这种态度充满警惕。他们的自大不仅来自对理的浓厚误解，也来自远为世俗的方面——他们所持之理，是理学一统天下时的理学之理，是科学主义一统天下时的科学真理，是学院理论尽收国家基金和国际奖项时的学院之理。孔子的儒学与称王称霸的儒学是两种儒学。面对强势者的一套套道理，我们要说："你别跟我讲道理"。

"你别跟我讲道理"并非都发自强权者。事实上，在这个时代，尽管强权者心里一直默念"你别跟我讲道理"，嘴上倒不这么说，他倒是总做出或说得像是道理总在他那一边的样子。那些总处在被说服地位的人，年轻人、女人、弱势者，也会说"你别跟我讲道理"。他们说这话时的涵义与强权者判然有别。弱势者固然因无权无势而弱势，但他们也经常是因讲道理讲不过你而弱势。年轻人对一套一套道理的警惕乃至反感，并非一概来自青春期反叛心理。年轻人的自我正在成形，保持自我以让它自然生长至关紧要，他需要的是培育，需要某些东西来辅助他的生长，而不是需要一套套泰山压顶的道理来把他从头塑造。伴随ἐπιστήμη的言说，写在学习者的灵魂上，它"不但能为自己辩护，而且知道该对谁说，该对谁保持沉默"①。说理亦有其"时"，这个"时"不是附加在现成道理之上的东西，它内在地构成说理。不当言而言，失言。

第二十三节　申辩式说理

本章开始处说到，柏拉图关于真知的第三种界说中的λόγος可以从很多角度来理解，例如，可以理解为辩护、justification。说理并非都意在积极进取力求把对方的立场改变得同于自己，经常，说理只是为自己提供一种解释，为自己的理解，为自己的生活方式，提供辩护。

面对强势理性主义的论证理论，我不仅愿意重提"不愤不启不悱不发"，我还愿意特别注意这种申辩式的说理——或明或暗受到指责、受到排挤、受到轻视者申诉自己一方的道理。积极说理者希

---

① 柏拉图，《斐德诺篇》，276a5—6。

冀对方归服于自己的正确看法，申辩者异于是，他毋宁希冀对方理解自己、容受自己。比起积极说理，申辩更彰显了说理的理解本性：申辩者天然站在生态多样性一边，说理不是为了求取一致，而是求取多样性之间的相互理解。如果芬德利（Findlay）说得对，这一点黑格尔早已洞明，"对黑格尔来说，真诚道德的最高状态，并不是要与具有完全不同的生活方式的人们取得一致性，而是这些人们彼此和解的容忍和宽恕"[①]。

科学旨在求得唯一真理，科学中的论证是积极论证。离开科学论证越远，越接近人生问题，申辩性越突出。人生没有唯一真理这回事。

第二十四节　理据要多普遍？

在讨论说理的时候，常听人说，理由不能只对论证者成立，它必须为他人承认为理由。这话当然不错。然而，其中却有一个模糊之点，那就是："他人"指的是一个他人、一些他人，抑或所有他人？如果是一个他人，会引出一些麻烦；如果是所有他人，会引出另一种麻烦。如果只有一个他人承认那是理由，似乎跟你一个人承认那是理由区别不大，反正，离开普遍性还远得很。实际上，无论你提出什么理由，差不多总能找到几个人愿意附和。那么，所有他人承认？当然谁都不会真的去问所有他人承认不承认，这里的"所有他

[①] J. N. 芬德利（J. N. Findlay）：《黑格尔》，载于 D. J. 奥康诺，《批评的西方哲学史》，洪汉鼎等译，东方出版社，2005年，第619页。

人"是个修辞说法,这话也不妨说成:无论有谁没谁承认,它都成立。

铅比铝重,3×7=21,也许算得上没谁不承认的事实和逻辑,但我们平常说理-论证,到达不了这样的普遍性。我论证《静静的顿河》的作者不是肖洛霍夫,略去了单属于我自己的特殊情况,但我仍然需要听众与我有某些共同经验,例如,我指望听众有多多少少与我相似的阅读经验,能够读出《静静的顿河》中的沧桑之感,否则"不到二十岁的少年写不出这样的内容"这个论证就要落空。

前面说,理不是与人无关的东西。说理不是与说理者与向之说理者无关的抽象过程。我们总是在向那些有相当经验的人、有他自己一套道理的人说理。"无目者,不可示以五色……不可以往者,无所开之也。"① 你从来不向一个初小学生论证你的政治立场、经营理念或婚姻观。他没有任何经验基础。有相似的经验是论证的必要条件。在经验相差太远的场合,你放弃论证。有时候你只好说:"你要是在斯大林政权下生活过,你就知道这个政权多么邪恶了。"

在批评可靠论的时候,苏珊·哈克指责可靠论"绕过了主体的视角",把论证变成了一个"外在的观念","我们的证成标准是我们认为是某信念为真的标志或可能是真理标志的东西。然而,可靠论将证成标准等同于任何事实上显示真理的东西,而不管我们是否这样认为。"② 理由不能是我一个人的理由,但我们不要一下子跳到另一个极端,把理据的普遍性当作不受限制的普遍性。认定所谓论证的公共性与任何特定的个人无关,仿佛给出了这些理据,必然

---

① 《鬼谷子全书》,万卷出版公司,2018年,第268页。
② 苏珊·哈克:《证据与探究》,陈波等译,中国人民大学出版社,2004年,第139—140页。

会得出这样的结论。于是,我们又不由自主地被吸引向数理逻辑演算。

我们当然也不是要在一个人和所有人之间找到一个中点,我们需要的是对普遍性这个概念本身做一番考察。

第八章　普遍性：同与通

第一节　我们从不同的角度关心普遍性

我们从不同的角度关心普遍性这个话题。也许是想探究为什么数学真理普遍有效，也许想知道古今中外有没有不变的道德原则，也许在关心民主制度是否适用于中国国情。而今"多样性"一词流行，无论在论理上还是在实际上它都包含着一些困惑——无论政治上的多样性诉求还是价值观上的多样性诉求，都是对一统天下观念的反抗，但另一方面，在多样的每一样内部，是否还有多样性呢？伊于胡底？似乎总要在某个层面上请出普遍性来加以约束。

这些思考都连到普遍性这个概念上。关于概念的思考，我谓之穷理，意在探究与这个概念相连的各种思考之间的联系。不能把普遍性想成一个专名，仿佛有一样东西，叫作普遍性。那还不如说，普遍性这个词有若干重意思。但是，既然这些意思都汇集在普遍性名下，那么这些意思总有个共同点吧？不一定；例如，维特根斯坦提出家族相似概念，提示说汇集在一个词之下的东西不一定有共同点或曰共相。汇集在普遍性名下的各种意思互相联系，联系的方式不止一种，也许是有共同点，也许是家族相似，也许是别的。

我们将讨论普遍性的几种常见的意思，力图多多少少揭示它们之间的联系。

第二节 Universal 和 General

普遍性有种种不同的意思。首先，"普遍"这个词就有不同的意思。"普遍价值"我们译成 universal value，但"群众普遍存在不满情绪"，译成英语多半会想到 generally、widespread 之类，而非 universally。反过来，universal 多译成普遍，但有时也译作共相，普遍和共相当然有概念上的联系，但不像对应的西语词，本来就是一个词。现代汉语论理词与西方论理词的关系剪不断理还乱，不过，不到必要，我们不谈论相关汉语语词与西语语词是怎样联系的。

第三节 理性的普遍性和经验的普遍性

哲学家区分**理性的普遍性**和**经验的普遍性**。在哲学讨论中说到普遍性，多半说的是 universality，指的是无处无时不在，无处无时不如此，例如 2+2=4。所谓经验的普遍性，尽管也可以达到百分百，达到周遍，例如：一个袋子里的所有乒乓球都是橙色的，但原则上仍然可以设想反例；即使事实上所有官员都贪污，但仍可能设想不贪污的官员；即使所发现的、所记载的天下乌鸦都是黑的，仍能设想明天发现一只白乌鸦，换言之，白乌鸦不是个矛盾用语。理性的普遍性或逻辑的普遍性则不是这样，2+2=4，并非 2+2 经常等于 4，而是 2+2 到处等于 4。

2+2 不仅到处等于 4，2+2 **必然**等于 4；不会有谁明天发现 2+2 不等于 4，发现有个圆的方，发现某种物体没有广延。在逻辑学中，普遍命题通常被界定为：在一切语境、环境中为真的命题。引入"可能世界"概念，则普遍性可被界定为"在一切可能世界中为真"。的确，"不管环境如何"是理性-逻辑普遍性的一个突出含义。

理性和经验的对照，还有很多近似的表示法：理性 vs. 事实，观念 vs. 事实，分析 vs. 综合，必然 vs. 偶然，逻辑 vs. 经验，语义 vs. 事实。讨论这一大组两分的文献汗牛充栋，我丝毫不打算提供全盘解说，当然，原也没有全盘解说这回事，每一次我们都只能提供多多少少摸索得到的线索，多几条这样的线索，全盘的轮廓有望渐渐显现出来。

普遍真理是无处无时不为真的真理。就此而言，普遍真理也是绝对真理。数学真理常被引为普遍真理／绝对真理的明显范例。据康德，道德的普遍性也是这样一种理性的普遍性。康德并不是做了一番人类学-社会性考察之后得出结论说，我们最好不要说谎；"不得说谎"是个绝对命令，不得说谎是人之为人的应有之义、必有之义。

哲学家更着迷于理性的普遍性或曰没有例外的绝对普遍性。为什么有的民族信萨满、有的民族信法老，这由人类学家通过经验研究来解释。但所有人心里怎么会有同样的道德法则，似乎只有哲学家能做出说明了。孟子的人同此心心同此理，笛卡尔的天赋观念，更多是对普遍／绝对真理的断言而非解释。"从个别的美开始，好像升梯一级一级逐步上升，直到最普遍的美"[①]，似乎也没有透露

---

① 柏拉图，《会饮》，211c。

出普遍者何以为普遍者的契机。20世纪以来，人们尝试从规定性或约定性来看待旧时所称的普遍真理——所有物体皆有广延，因为"有广延"是物体这个词的含义的一部分，没有广延的东西，例如思想，我们不称作物体；象棋规则是普遍适用的，因为你不遵行这套规则，你就不是在下象棋。这条思路也许有助于说明某种普遍性的来源，但也留下不少疑点。人都有父母，这是因为"有父母"是人这个词的含义的一部分吗？

人都有父母，人皆有死，这些是经验的普遍性还是理性的普遍性？光在真空中永远以299792.458公里/秒运动，这是靠实验测出来的，但我们会发现一束光有更高的速度吗？康德论证说不得说谎是个绝对命令，但我们是否能设想在有些情况下，道德竟要求我们说谎？理性和经验的两分源远流长，但关于这个两分也一直存在争议。这些争议几乎无不关系到普遍性的性质和来源究竟是什么。这一点已经体现在关于这种两分的多种多样的表达方式中——表述为语义 vs. 事实，普遍性似乎来源于语义；表述为必然 vs. 偶然，普遍性似乎来源于必然性。

第四节 相对主义

相对主义（也有称作特殊主义的）否认有普遍/绝对真理。极端相对主义否认一切普遍/绝对真理；常见的相对主义不见得否认数学真理的普遍性，而是否认道德-政治领域的普遍/绝对真理。这里会产生另外一支问题：数学真理和道德-政治领域的真理是性质迥异的两类真理吗？这两类真理在哪里划界？

相反的主张，即主张道德-政治领域同样存在着普遍/绝对的真理，被称作**普遍主义**（universalism）。普遍主义所主张的"无处无时"可以带有大家默认的限制，例如，普遍主义并不主张道德-政治领域的真理适用于草履虫和中微子。更谨慎的哲学家在主张普遍性时，把道德-政治真理的普遍性限于"处在相仿环境中的个体"。这个限制固然显得更加周密，不过也带来一个困难——"处在相仿环境中的个体"很难界定，海难和战争是相仿环境吗？侵略战争与卫国战争是相仿环境吗？遇到海难时，船长和怀抱婴儿的乘客母亲是"处在相仿环境中的个体"吗？道德原则是否具有普遍性，其全部争点可能恰在于环境是否相仿。

相对主义如果只是主张任何真理都只在一定范围内成其为真理，那么它与普遍主义就没什么原则区别，因为普遍主义当然也承认普遍性的范围限制；只从适用范围来考虑，两者的差别也许仅仅在于：普遍主义主张有些道德-政治真理适用于全人类，而相对主义则主张每个民族的道德-政治真理都只适用于它自己。我强调"仅仅"，因为这种类型的相对主义，只是把普遍的范围缩小了一点儿而已，道德-政治真理虽然不普适于全人类，却普适于某个民族中的所有人。要是想得彻底一点儿，不仅中国人所谓道德可以不同于英国人所谓道德，而且北京人所谓道德可以不同于河南人所谓道德，我的道德可以不同于你的道德，我此时的道德就可以不同于我彼时的道德。到这里，还谈得上道德不道德吗？若根本没有道德这回事，当然也谈不上道德是相对的还是绝对的。

如果相对主义是在主张任何真理都是相对于特定环境成其为真理的，那它与"处在相仿环境中的个体"的提法也相去不远，区别也许仅仅在于：普遍主义对"相仿环境"的认定较宽，相对主义的认定较窄。

通常所见的普遍主义与相对主义之争，在同一个平面上打转，它们共同把真理视作现成的东西，然后从外部来考虑真理的条件和真理的适用范围。

第五节 "普遍性寓于特殊性之中"

也许有人会说，普遍主义与相对主义各执一片面，在辩证法里，普遍性与特殊性既对立又统一。怎么个对立统一法？教科书里说，**普遍性寓于特殊性之中**，我们通过抽象，从特殊性上升到普遍性。我把这类"哲学命题"称作"初级概念反思"；我们刚开始在概念层面进行反思的时候倾向于落入这样的套路。它们并不是"哲学上的结论"，倒是概念思考的起点。

先说"上升"。为什么是上升而不是平移或下降？上升是个隐喻，这个隐喻已经隐示：普遍性高于特殊性，普遍性是鹄的和归宿，"从个别开始，好像升梯一级一级逐步上升，直到普遍者"。

再说"寓于"（inhere in）。这大概也是个隐喻。它会不会是说：各个盒子里除了装着些不同的什么，例如坚果、石子，还都装着某种或某些一样的东西，例如一只甲虫？抽象出普遍性，就是把每个盒子里的甲虫都取出来放到一起。天下乌鸦都是黑的，我们不管乌鸦还有什么别的属性，单把黑色抽取出来，黑对乌鸦是普遍的。这个比喻不太好，因为众多盒子并非共有一个甲虫，乌鸦却"共有"同一个黑色，更接近于房间里的人"共享"同一个灯的灯光。但灯光比喻也不太好，因为灯光在众人外面。各种意象和比喻浮现出来，各有短长。

黑色之"寓于"乌鸦，与乌鸦性之"寓于"乌鸦，其方式似乎颇有区别。一个明显的区别是，黑色不仅寓于乌鸦，而且寓于其他很多东西；乌鸦性则专门寓于乌鸦。与之相应，乌鸦是一个类，或曰，天下乌鸦是"一种"东西；黑色的东西却并不形成一个类，黑色的东西不是"一种"东西。的确，关于普遍性或共相的传统讨论区分三种主要的共相：类、性质、关系。且不说关系，我们应当怎样区分类之为共相和性质之为共相呢？雌与雄是性质上的共相抑或类上的共相？

第六节 抽象普遍性

从不同事物中抽象出它们的共同点所获得的普遍性，黑或乌鸦性，黑格尔称为"抽象普遍性""外在普遍性"。

达到**抽象普遍性**的一个常用办法，是用普遍性程度很高的词儿来说话。例如，人家说水热了，我说量变了；人家说水开了，我说质变了。人家说院子里有条狗在跑，我说空间中有物体在运动。学会用这种普遍性程度很高的词儿说话，就离掌握普遍真理不远了。人家说，水到摄氏一百度沸腾，我说，量变引起质变。人家说，这衣服漂亮是漂亮就是太贵了，我说，天下的事物都是一分为二的嘛。人家说，铁柱和秀兰离婚了又复婚了，我说，事物发展的一般规律是否定之否定。人家说，股市可能要崩盘，我说，物极必反。

或以为，哲学和论道以这种"抽象的普遍性"为鹄的，于是论道成了极简易之事，不需三两步，即来到最一般的概念、最一般的道理。一分为二，物极必反，这些也许是万事万物的普遍规律，可惜的是，它们太普遍了，你要等分一角，你要决定何时抛出股票，它们帮不上什么忙。书面语言里称作"放之四海而皆准的真理"，平常就叫它"废话"。

"水开了"携带着自己的语境，即使在书上读到，我们也大致知道这话是在哪类场合下说的。"事情都有两个方面"这样的"普遍命题"，可以说"在一切语境、环境中为真"，这种"普遍命题"脱离了一切语境，放之四海而皆准，于是放到哪里都没什么意思。（物极必反，人都有一死，甚至"事情都有两个方面"，放到适当的语境里当然会有意义，唯当它们作为"普遍命题"，它们才毫无意义。）

说理盘道，理固然不可能只是某一事之理，道必是不同之事相通之道。唯如此，上升便成了方便法门，上升为概念，上升为理性，上升为普遍真理，越上升越轻飘，越上升越空洞。亦唯如此，怎样始终把事质保持在眼界之中，始终"寓于"特殊性，避免上升到抽象普遍，才是说理盘道要修的真功夫。

第七节 关系共相

性质和类这两种共相都是就个体的共同点说的，规律则是就个体之间的关系来说的，相当于传统形而上学中所说的**关系共相**。2，4，6，8，10，12，这些数的一个共性是：它们都是偶数。1，4，7，10，13，16，这些数有什么共性？很难说它们有什么共性，但它们的排列是有规律的：相邻的两个数都差3。

初学算术我们就知道，这样的数列叫等差数列。例如：

(1) 2, 4, 6, 8, 10, 12……

(2) 3, 6, 9, 12, 15, 18……

这里有两重普遍性。第一重是两个数列内部的普遍性：在(1)里，相邻的两个数都差2，在(2)里，相邻的两个数都差3。第二重是两个数列之间的普遍性：两个数列里，相邻两个数的差分别都是相同的数。第一重普遍性若用n来表示，则我们有$a_n=a_1+(n-1)2$。第二重普遍性若用d来表示，则我们有$a_n=a_1+(n-1)d$。到此，我们有了等差数列的一般表达式。

第八节　稳定的共同点

现在引入另一个数列，

(3) 1, 4, 7, 10, 13, 16……

(2)与(1)属于一类呢还是与(3)属于一类？从相邻的两个数的差的共性来看，显然(2)与(3)属于一类。如果考虑的是数列的第一项即是该数列相邻两个数的差，(2)与(1)就该属于一类，只不过就等差数列这个概念说，第一项是个什么数是不相干的，所以我们平常并不这么归类。然而，刚学算术的孩子，很可能一眼就看出(1)和(2)的规律性，看出(3)的规律性却较为费力。数列的第一项即是该数列相邻两个数的差，这一点对初学者认识等差数列有重要的作用，不过，进一步掌握等差数列的概念，恰恰要求学生抛开这一点。

学习等差数列，包括学会忽略第一项是个什么数，专注于数列里相邻两个数的差。忽略哪些，注意哪些，这本身是学习的一个重要内容，如果不说是主要内容的话。

然而，我们为什么要忽略某些共同点而专注于另一些共同点？我们为什么要上升到等差数列这种普遍性，而不是上升到"数列的第一项是同一个数"这种普遍性？简单说，等差数列这个概念有用。这个"有用"包括：这个概念对数学的发展有用，这个概念与其他数学概念处在有意义的联系之中。

这样那样的共同点太多了。不妨说，共相是这样一些共同点，它们通过互相联系为我们提供了借以认识世界的网络；那些无缘进入这个网络的共同点自生自灭，没有成为稳定的共相。共相，这些**稳定的共同点**，仿佛坐在那里等我们向之抽象。

第九节 "内在规律"

传统形而上学通常区分三类主要的共相：类、性质、关系。但它们并不是并列的三类共相。一般说来，关于规律或曰关系共相的认识是更深一层的认识。

2，4，6，8，10，12……我们一眼就看出这个数列的规律性。

1，4，9，16，25，36……唯学过乘方的学生才能看出这个数列的规律性。

2，6，12，20，30，42……这个数列有什么规律性？它是把自

然数列代入 n^2+n 所产生的数列。

幻方里诸数排列的规律性则更难看出来，需要相当高深的数学才能找出其规律性。

到这里，规律成为"**内在规律**"——"内在规律"是个有点儿奇怪的表达式——"规律"多多少少是在表观层面上说的；所谓"内在规律"就是**机制**，机制隐藏在现象背后，决定着现象的规律性。代数公式就像一个机制，我们与其说找出"2，6，12，20，30，42……"这个数列的规律性，不如说我们找出这个数列背后的机制。

2，6，12，20，30，42……没有一眼可见的规律性，但它们都是 n^2+n "产生"出来的，n^2+n 是它们共有的机制。机制既不是站在外部从纷繁现象中抽象出来的共同点，也不是基于约定的所谓分析性的必然性，而是作为根源或原理的一，内在地制约着多的一。这种内在地制约着多的一，即是恰当意义上的"本质"。

初，关系共相似乎是与性质共相及类共相并列的一种共相，但随着对更深的"关系共相"的认识，我们从共相进入了机制，或曰进入了更深一层的"共相"——universality：把纷繁之多联结为一。找出这个机制，靠的不是从天下乌鸦抽象出黑色或乌鸦性那样的抽象，也不是对符号意义的分析，靠的是广义的"数理之学"。对"数"的研究，一开始不是我们今天所说的数学，而是对规律性的研究，进而是从表面的规律性探入机制的研究。牛顿并不是从苹果、冰雹、眼泪这些东西都下落归纳出了万有引力，万有引力不是在"反复出现"这一含义上的"规律"——有很多东西落下来、很多东西互相吸引，同样也有很多东西上升、飘浮、互相排斥。万有引力并非意在描述各种物体互相吸引的共同点，它作为一条物理定律，与其他物理定律互相配合，刻画机械运动的普遍机制，这个机制不仅能够说明冰雹为什么向下落，同时也能够说明为什么月亮不落到地球上来，说明木星卫星的旋转、地球的形状、潮汐运动等等看似完全无关的各种现象。

现象的规律性是通向机制和原理的线索，得鱼忘筌，我们达到作为机制的本质，表面的普遍性就不那么重要了。

前面说到，哲学并不关心经验的普遍性，它关心的是理性的普遍性，关心由于必然如此而成就的普遍如此。纷繁现象必然由之产生的共同者就是机制。依照传统哲学对感性和理性的区分，感性至多发现现象的规律性，只有理性才能探入深藏在纷繁现象背后的机制。哲学-科学理论的根本目标，即在于发现世界的机制——周易、阴阳五行学说、牛顿的"宇宙体系"、康德的纯粹知性概念或曰范畴、达尔文的演化理论、乔姆斯基的普遍语法。

第十节　人必有一死

但一般归于经验普遍性的东西也并不止于从很多乃至所有个体那里发现的共同点。我们并不是由于见到或听说一个人死了，另一个人死了，然后归纳出人必有一死。从我们的自然理解来说，死与生，与兴衰荣枯，与鸟兽鱼虫草木春秋的循环变化连在一起；从生物学说，死与细胞、基因的机制连在一起。一个少年即使没有见到或听说谁死，他自会知道人必有一死。这不像一袋子乒乓球，我不把它们倒出来看一看就无法知道它们是什么颜色的；或者，我摸出一个是橙色的，又摸出一个还是橙色的，但我仍然不能断定第三个将是橙色的。因为橙色和乒乓球没有什么联系或只有微弱的联系（乒乓球不大会做成黑色的），因为是什么颜色和装在同一个袋子里没有什么联系或只有微弱的联系（装在这个袋子里的有可能是同一批产品）。我把所有乒乓球都倒了出来，看到它们都是橙色的，获得了周遍的普遍性，这种普遍性仍然不同于人必有一死的普遍性。

在这里，理性和经验的两分不仅远远不够，这种两分实际上妨碍我们看清此中的道理。不妨说，在这里，理性和经验是站在同一边的，需要区分的是由于**交织在多种联系中**而具有的合理的、可理解的普遍性与孤零零的、只能通过周遍查看才能确定的普遍性。乌鸦都是黑色的与乌鸦都是卵生的并不是两种并列的"经验普遍性"，黑色是一种孤零零的属性，而卵生却与乌鸦是鸟并因此与有翅膀、两足等等连在一起，你可以设想灰色的乌鸦，但设想乌鸦而不卵生却没意义。有如此这般的翅膀和如此这般的足也不是两个并列的"共同点"而是两个互相联系的特征。

我来到一个陌生的国度，例如，来到亚马逊，那里的婴儿像我们中国婴儿一样吃奶我不会为这种普遍性惊奇。如果那里的女人像中国女人一样裹小脚，这种普遍性就会使我吃惊，因为裹小脚这事儿原本跟一种因过度成熟而腐朽的文化连在一起。如果有人告诉我那里的人也写骈文，我不仅不相信，我弄不懂"也写骈文"是什么意思，因为骈体只能坐落在一种特定的语言-文字中，离开了这种语言-文字我们就不知道什么叫"写骈文"。

亚马逊的婴儿也吃奶，这种"普遍性"是自然的。"自然"并不仅仅是说司空见惯，吃奶由于与其他事情——例如婴儿没有牙齿——连在一起而自然。

第十一节　普适性

Universality 有时不被译作普遍性而被译为**普适性**。我前面已零星使用了普适性这个词，前文说到相对主义与普遍主义，那里的普遍主义，实为普适主义（也称作普世主义）。的确，在很多场合，尤其在道德-政治领域，我们在一种特定意义上谈论普遍性，所关心的并非事情普遍是怎样，而是事情应该怎样。康德说不得说谎是一条普遍的道德律，当然不是说，从来没有人说谎，而是说，它应该普遍得到遵守。一种道德要求，虽然有些人没有遵守，但他们应该遵守；一种政治制度，虽然有些国家没有施行，但它们应该施行。如果普遍性在这里是说事实上从无例外，例如天下人从不撒谎，所有国家都在施行民主制，再谈论不撒谎或民主制的普适性反倒没有意义了。

不得撒谎的普遍性不依赖于从来没有人说谎，它同样也不依赖于我们是否在所有民族那里都发现有不得说谎这条戒律。康德所说的普适性不是这种经验普遍性，而是理性的普遍性。即使在不少地方没发现这条戒律，不得说谎仍可以是普遍的道德要求。反过来，即使我们在所有民族那里都发现同一条戒律，这仍然是经验上的发现，并不表明原则上可以有哪个民族没有这条戒律，也不表明我们因此就应当接受这条戒律。即使有史以来所有民族都禁止同性恋，这也并不表明我们同样应当禁止。当然，发现曾有些民族并不禁止同性恋而照样生活得好好的，对质疑同性恋禁令会是个鼓舞。

第十二节　英语没有骈文

前文已经说到，"普遍适用"中的"普遍"通常是有限制的。不得说谎以理性生物为限。主张民主普适性的人当中，大概很少有人认为这种制度适用于宋神宗或阿育王的时代。这种限制不言而喻，不必抬杠。实际上，从适用范围来考虑民主制的限制，充其量只是表浅的考虑。在这种考虑中，我们把民主制和各种时代背景视作相互外在的，这两样东西可能相合，也可能不相合。

然而，民主制之于阿育王的时代，倒更近乎骈文之于英语——我们不大想得出来什么叫在阿育王时候施行民主制。今天我们也许会说，对于施行民主制，阿育王时代没有做好准备，但阿育王时候的人不这样说，他们会奇怪：民主制是个什么制度呢？民主制并不是一个可以脱离历史-社会环境来设想的东西，就像我们无法脱离特定的语言-文字来设想骈文是什么文体。民主制并不是一个历史-社会环境之外的现成物，正在寻找它可以寓于其中的历史-社会环境，**我们必须连着某种历史-社会环境才能知道民主制是什么**。

不得说谎这条戒律在理性存在者范围内有效，这不是因为我们对理性存在者理应提出更高的要求，而是因为只有理性存在者才会说谎，而这又是说，只有在理性存在者身上，我们才理解"说谎"是什么意思，相应地，才理解"不得说谎"这条戒律是什么意思。——"为什么狗不会伪装疼？是它太诚实了吗？能教会一条狗假装疼吗？也许可以教会它在某些特定场合虽然不疼却好像疼得吠叫。但它的行为总还是缺少正当的周边情况以成为真正的伪装行为。"

(PU§250) 这里涉及的不是某个概念、某条戒律的应用范围之争,而是它们是否具有可理解性以及在何种程度上具有可理解性的问题。我们说,民主制镶嵌在一定的历史-社会环境之中,我们不是说,无论如何,民主制在那里,现在需要找到能够镶嵌它的历史-社会环境,我们是说:民主制始终是连着它镶嵌于其中的历史-社会环境得到理解的;换言之,历史-社会环境并不是外在于民主制的东西,它规定着何为民主制。在一篇关于个人权利的演讲里,约瑟夫·拉兹提到《世界人权宣言》里关于教育权的段落,接着评论说:"对初级教育、技术教育、高等教育所做的那些区分在石器时代和许多其他时代都毫无意义可言。把其中任何一部分视为义务教育也毫无意义。"[1] 这里出现的不仅是时代差别,根据相似的理由,我们也可以就当前世界的某些地区做出同样的断言。

谨慎的普遍主义者提出"处在相仿环境中的个体"来限制普遍道德律的应用范围,谨慎是更加谨慎,但其思路与康德式的普遍主义初无二致,在这条思路里,普遍者仍然被视作无需环境就已经规定好了的东西。

第十三节　翻译同一性

我不是要说,英国有英国的民主制,日本有日本的民主制,伊朗有伊朗的民主制。这么说没什么错,但也正因为这么说不可能有

---

[1] 约瑟夫·拉兹:《新世界秩序中的个人权利》,邓正来译,载于《中国社会科学辑刊》,2010年3月号,第100页。

什么错，这么说没有什么意思。不，这话也许有个意思，那意思也许是：每个国家的历史-社会环境都是独特的，无论什么制度，落到一个特定国家里，就成为一种特殊的制度。

这个说法里有一种深深的纠结。这话想说的是：不存在同样的制度，每个国家的制度归根到底都是不同于别的国家的制度；但"无论什么制度"这个表达式里的"制度"，却明明是同一个制度。这个纠结，可以适当地称之为**"翻译同一性问题"**。

我们在第三章第二十二节曾初步讨论过这种同一性，其中的要点是，这里的同一性不是抽象的同一性，也不是乔姆斯基普遍语法中的同一套规则或同一个机制的同一性，而是可翻译性和可解说性。此前，我曾引用 Glock 的话说，"但像'understanding'这样一个个别的词的语法，就其他语言也有相等同的（equivalent）词而言，是普遍的"。我们不知道汉语中哪个或哪些语词正好与 understanding "相等同"，但我们能够在不同上下文中适当地用理解或领悟或明白或某个别的语词来翻译 understanding；实在不好翻译，我们还可以用汉语来讲解这个英文词。英语中没有对应于我们的虫子的语词，但英国人能够理解我们的虫子，这不需要他们造出一个与虫子严格对应的词来，他们可以用例如"worm 和 insect 合起来被称为虫子"这类解说的方式来理解我们的虫子。不同语言之间的理解是一个翻译和解说的过程，不是一个寻求或创制第三种语言（而前两种语言各自作为其分有形式）的过程。在发现或发明尺子之前，我们就能够比较两张桌子是不是一般长。哲学语法或一般哲学思想，并非通过"共有的形式"获得普遍性，而是持守在翻译-解释活动这种互相通达的普遍性中。用德里达的话说："除非这后一种意义上的翻译①是可能的，否则就没有哲学。从而，哲学的主题就是这种普通意义上的可翻译性，亦即，把一种意义或一种真理从一种语言转移到另一种语言中而同时没有造成重大伤害。……哲学的源头是翻译或可翻译性主题，于是，这种意义上的翻译失效之处，不啻说哲学发现自己已被击败。"② 以种种不同形态体现出来的道理在对话中互相通达，在对话中被确定为同一或不同的道理。我们并不需要创造出某种超级道理、某种"共有的形式"，才获得同一的道理。如果"同一的道理"总是把我们引向对超级道理的渴望，那我们不妨放弃这个用语，用"道理相通"或"相通的道理"等等取代之。

第十四节　从相通而不是相同来理解普遍性

书和 book 是不是同一个意思？女儿问我 book 是什么意思，我说："book 的意思是书"。人家说 reading a book，我们说读书，人家说 bookshelves，我们说书架；可是人家说 book a ticket，我们就不说"书张票"，我们说书房，人家就不叫 bookroom。那我不说书和 book 是同一个意思，而说书和 book 的意思有大面积重叠。这里不拟展开对相关纠结的讨论，我在这里想说的是，这个重叠的部分，这个书和 book 的意义的同一部分，不是一个独立的单元，没有一

---

① 这种意义上的翻译指的是"把一种语义内容转送到另一种赋义形式中"，应包括用一种语言解说另一种语言。

② Jacques Derrida, *The Ear of the Other*, Lincoln and London: University of Nebraska Press, 1985, p.120.

个现成语词来指称它，而这又在于，book 的这部分语义，与 book 语义的其他部分是连在一起的，书的这部分语义，与书的语义的其他部分是连在一起的。或者更简单地说，book 是个英语词，它在诸英语语词的联系中有其位置，书是个汉语词，它在诸汉语语词的联系中有其位置。

若说书和 book 中有什么同一的东西，对两者来说普遍的东西，它却始终分别寓于书和 book。用黑格尔式的措辞，"这种同一自身是绝对的中介，而不是一个有中介的东西"[①]。没有什么独立于这两种语言的"同一个意思"；在书和 book 之上，并没有一个抽象的普遍性，我们也从不先上升到哪里才会在很多上下文中把 book 翻译成"书"。翻译的能力只在于你既理解你的母语，又理解另一种语言，并不需要第三种语言，代表抽象普遍性的语言，作为过渡的桥梁。

不仅如此。翻译虽然是在两种语言之间进行，但翻译是有归宿的。"book 的意思是书"，这么说，汉语已经是理解的归宿，两种语言中总已经有一种"试图使自己而不是另一种成为理解的媒介"。[②]

我们用书来翻译 book，与其说书与 book 意思相同，不如说两者意义相通；一般说来，翻译是交通、相通而不是相同。我甚至愿意一般地**从相通而不是相同来理解普遍性**。当然，在不同场合，我们有时说通有时说同，同也不总是意谓抽象同一，两个人有共同语言，并不是说两个人总说同样的话，更多倒是说两个人能在同一个层次上交谈，而唯当他们各自有特殊的内容，才能交谈，交谈才有

[①] 黑格尔:《逻辑学》，下卷，杨一之译，商务印书馆，2001 年，第 268 页。
[②] 汉斯-格奥尔格·伽达默尔:《真理与方法》(诠释学Ⅰ)，洪汉鼎译，商务印书馆，2010 年，第 541 页。

意思。君子和而不同,其斯之谓欤?

第十五节　普遍性之为特殊性的注脚

不存在一种普遍的或标准的语言,仿佛各种语言只是它的子语言,各种语言通过这种普遍语言互相联系,例如,我们从英语翻译到汉语,直接就从英语翻译到汉语,而不曾经过作为普遍者的第三种语言。(这里不讨论乔姆斯基的普遍语法设想。)同样,不存在一种普遍的或标准的民主制,仿佛各个民主制只是它的子制度,我们学习例如英国的民主制,直接就学习英国的民主制,而不须经过作为普遍者的民主制本身。

实际上,我们关心民主制,关心这种制度是否适宜,**从来都是有出发点的有归宿的**,那就是:给定中国的国情,我们是否应当并可能采纳民主制?这在一方面意味着,我们并不是面对一个无论从何种角度来看都同样的民主制本质,我们会把眼光投向例如英国的民主制、日本的民主制,会较少考虑到古代雅典的民主制,等等。另一方面,"采用民主制"这个说法含有隐喻,我们既然面对的是镶嵌在各种历史-社会中的制度而不是某种不变的本质,所谓"采用"就始终带有学习和翻译的性质,就像我们无法"采用"book这个概念,而只能把它翻译过来,例如,翻译成"书";book这个词仍然保留它与其他英语词的联系,而"书"这个词则在一批中文词中有其位置。

"我们是否应当并可能采纳民主制"这个问题若有意义,当然意味着,我们现在不处在宋神宗的时代,无论你对这个问题回答是或否，你都明白"中国现在采纳民主制"是什么意思。然而，这并不是民主制是否普适的问题。中国现在有一种特定的社会状况，有一批特定的问题，民主制有助于在这种特定状况中解决这些特定的问题，这就够了。民主制是否**普适则是个不相干的问题**。阿育王时候是否该施行民主制，民主制是否适合当今世界上的其他国家，都不相干。即使世界上大多数国家不适合施行民主制，我们照样可能得出结论说中国适合。当然，很多国家施行民主制并且繁荣稳定，对采用这一制度的人们是一种鼓舞。

从可翻译性来理解人类生活中的普遍性，当然不导致否认某个时期的人民有着某种普遍的政治要求。拉兹在上面所引的演讲中，提出"共时普世性权利"的概念，并说明，提出这个概念并不是依据什么理论，但"存在着一些重要的实际理由"。其根本之点在于，"我们将人权视作所有现今活着的人因现今生活中的共同条件而拥有的那些权利"。[①] 现在通行的人权观念是从西方来的，这一点并不妨碍它可以成为非西方人民普遍要求的权利。不过，这种普遍要求不是从普世性推导出来的，毋宁，倒是普遍要求这一事实在为"普世性"提供支持。因此，虽然我相当赞同拉兹的基本立论，仍对这里采用"普世性"这个提法有所保留——widespread 比 universal 更适合表述这里所要表述的内容。

我们从中国的国情来考虑是否应当并可能采纳民主制，在这种考虑的指引下，我们努力扩大自己的视野，去考察另外一些老牌民主制国家的情况，去考察不施行民主制的那些国家的情况，去考察

---

① 约瑟夫·拉兹：《新世界秩序中的个人权利》，邓正来译，载于《中国社会科学辑刊》，2010年3月号，第101页。

那些新近采纳民主制的国家是怎样学会施行这种制度的以及它们在采纳该制度前后的变化，视野的这种扩展仍然与抽象普适性没什么关系。这些考察并非意在发现英国民主制、日本民主制、伊朗民主制以及古代雅典民主制的共同本质，发现某种不依任何观察角度而改变的民主制本身；这些考察始终与我们自己的境况相连，不妨说始终是一对一的考察——日本与我们，伊朗与我们。有些文著，从英文译到中文，有些文章，从日文译到中文；普通语言学也许有助于提高我们的翻译水平，但它不是必要的。特殊性不是普遍性的注脚，相反，普遍性是特殊性的注脚。

然而，即使只在两方之间，似乎仍然有一个普遍性问题。普适性本来都是有限定的，限定于当今世界上的国家还是限定于英国中国两家，似乎没有原则上的差别。是的，即使只有两造，仍然有普遍性问题，但我希望到现在我们已经看到，根本的问题不在于寻找抽象的普遍性，而在于澄清翻译—会通意义上的普遍性。日常我们有"变通"这话，古人则有"一阖一辟谓之变，往来不穷谓之通"①之说。若说抽象普遍性之为同是静态的，那么会通则是在变化中生成的。

第十六节　典范与本质

为简明起见，本章结束之际，我把关于普遍性的理解分成两种。第一种，可套用一个流行的论理词称之为"**本质主义**"。本质主义的本质在于：本质可以脱离范例得到规定和理解，换言之，本质不依具体事例、具体观察角度和思考角度而改变，它"在一切可能世

---

① 《易·系辞》。

界中为真"。环境对本质不具规定作用,唯当涉及本质的应用才需要考虑环境因素。抽象普遍性是一种肤浅的本质主义,机制普遍性是较为深刻的本质主义。本质主义从根本上是物理学式的;在我看来,它在很大程度上扭曲了它所欲理解的人类活动。

另一种则从典范来理解普遍,为了对称,可以称之为"**典范主义**"。优秀的品格活在具体的人身上,优越的制度内嵌在特定的历史-社会之中;具体和特定并不妨碍我们学习这种品格、这种制度,相反,唯具体和特定才使学习成为可能;只不过我们不可把"向典范学习"简单化为"普遍者的应用"。学习过程不是把这种品格从具体的人身上剥离开来,把这种制度从特定的历史-社会中剥离开来,然后应用到自己身上,这个学习过程倒是一个可以恰当地用翻译来描述的过程。我还愿顺便提到,不仅弟子不必不如师,而且,我们向一个优秀的人学习,多半并不是想要变成这个人,"君子不例而同之也,取其善焉已尔"[①]。

"向典范学习"和"普遍者的应用"这个区别,不仅是对普遍性的智性理解的区别,它更是一种**态度上的区别**。我们向典范学习,典范却不是为了把自己做成典范让人学习。手握唯一真理的人,难免自视为真理的传教士,要用自己的行为来为人类立法。朋友之间,没谁想把别人变得像自己一样,也没谁要把自己变得像别人一样;没谁要把自己树立为别人的典范,同时,每一个都视他人为师,敏而好学,不是要把自己变得与别人相同,是要使自己变得更优秀、更丰富。

---

① 何景明:《与李空同论诗书》,《何大复集》,李淑毅等点校,中州古籍出版社,1989年。

第九章　事情本身与事实

第一节　事实概念处在近代思考的核心

事实概念处在近代思考的核心。在认识论方向上，人们谈论事实与逻辑；莱布尼茨区分事实真理和理性真理。在伦理学方向上，人们谈论事实与价值；休谟问：我们怎么能从是跳到应当？在人文历史科学及文化批评领域，人们争论有没有事实——尼采说："没有事实只有解释"。在存在论上，维特根斯坦说：世界是由事实组成的，不是由物组成的。

事实有比较宽泛的用法和比较严格的用法。宽泛的用法大致相当于实际情况，实有的事情，现实，事情本身。这些词当然不是同义词，例如现实更偏向于指整体，差不多可以说，现实是事实的总和，是实际情况的总和。但这里无须就此多说什么。

亚里士多德这样界说哲学-科学："从事物对我们是怎样的到事物本身是怎样的"。邵雍《观物外篇》云："以物观物，性也；以我观物，情也。性公而明，情偏而暗。"亚里士多德称说哲学探究 τὸ ὂν ᾗ ὄν，初浅想来，就是以物观物。

近现代哲学中的事实，有时指一般意义上的事情本身，但总体上沿着愈来愈狭窄严格的方向走下去，走向"原子事实"。

事实是个移植词，追根溯源到拉丁词 factum，res facti，无法再向前追溯到希腊文。Priscianus 曾用 factum 这个拉丁词来对应 τὸ γενόμενον καὶ τὸ ἔργον，但这个希腊短语并不能一般地被理解为"事实"。不能追溯到希腊文的核心论理词汇并不多，事实是近代思想的核心论理概念，却不能追溯到希腊文，这一点值得注意。

Factum，res facti，以及相应的英语词 fact 和德文词 Faktum，一开始主要用在法律活动中，可以中性地表示"做下的行为"，但更多指犯罪行为，所以通常含贬义（"你做下的好事"）。Matter of fact 则特别用于上帝在历史中存在的证据，此后也一般用来指上帝在自然中的证据。直到我们汉语的事实一词，仍然与证据具有极为密切的联系。

第二节　事情与事实

万德勒曾专门讨论 fact 和 event 的区别[①]，这两个词我分别译作事实和事情，以下几段关于事实和事情两个概念的讨论即参照万德勒展开。当然，事实和事情这两个中文词跟 fact 和 event 并非正好对应，例如，我们会说，事情明摆在那儿，这时，我们不会用 event 来翻译这个句子，倒可能翻译成 it is a fact that……

我们常以同样的方式说到事情和事实——

[①] 泽诺·万德勒：《哲学中的语言学》，陈嘉映译，商务印书馆，2023 年，第五章。

希特勒迫害犹太人这件事情还正在逐步升级。

你无法否认希特勒迫害犹太人这个事实。

但这两个概念也有区别。事实或实际情况是实有的,已有的。没有"尚不存在的事实",除非用作反讽。事实都是客观事实,"客观事实"只是事实的强调提法。没有主观的事实;心理事实和涂尔干所谓的"非物质事实"也是客观事实。我们可以说,"这件事情是想象出来的""虚构的事情""愿望的事情",但"想象出来的事实"[①]"愿望的事实"则是矛盾用语。在这层意思上,事实与一些概念形成重要对照,例如,事实(或实际情况或现实)与幻想,事实与理想,事实与逻辑、事实与可能性,事实与解释、事实与价值,等等。相比之下,事情比事实宽泛。我们可以很有把握地推测曾经发生过某件事情,预期某件事情将要发生,但我们不能把这些当作事实,用作证据。[②]

与此相关的一个更重要的区别是,事实(实际情况)总是从静态着眼的,事实摆在那里。与事实相比,汉语的"事情"是一个更广泛的词,既可以说事情静态摆在那里,也可以从动态说到事情的发生、发展。我们说发生了一起恶性事件,事情正在起变化,事情的经过一波三折,事情终于过去了,但我们不能说"事实发生了","事实的经过","事实过去了",等等。上面说到,事实是实有的事

---

① 我们有时的确说"想象出来的事实",意思是"误当作事实的想象"。"捏造事实"的语法同此。

② 我们有时也说"这将成为事实",但这是一种特殊的修辞,表示对某种推论的绝对肯定,但无论多么肯定,这种"事实"也不能在法庭上充当证据。

情、已有的事情，当然，只有已经发生的事情和实际情况才能"摆在那里"。尚未发生的事情，可能发生的事情，将来之事，没摆在那里。已经发生的事情或实际情况当然也可以"摆在那里"，但如上面那些语例所提示的，我们并不总是从摆在那里说到一件事情。事情发生、发展、结束，事实却不发生，也不发展或结束。

实际情况是连成一片的，而事实则好像互相分立。一个事件可以忽然中断，但一个事实不能中断。我们可以参与一个事件，我们不能参与一个事实。

事情发生、发展、结束，事实却总那个样子摆在那里，因此，事情有时态而事实没有时态。事情曾是一个样子，现在成了另一个样子，将来会成为一个样子，事实却老是一个样子，事实就像定律一样，用的是一般现在时。我们不能说"那曾经是一件事实，后来又不是事实了"。的确，有些事情曾长期被当作事实，但我们后来认识到它并非事实，这时我们不说它"曾是事实"，而说它"曾被当作事实"。

我们讲述或描述一件事情，一件自己发生、发展的事情：他偷了她的钱包。接着这件事情发生的事情是——她到处找她的钱包，她立刻报了案，他大把大把花钱，他从此不敢再见她，他居然还有脸来向她求欢，等等。事情在时空中生灭，一件事情引起另一件事情。

我们陈述一个事实——他偷走了她的钱。从这个事实可以推断，这个事实说明——他是个骗子，他应该归还这笔钱，她可以控告他，他今后一定不敢再来见她，等等。事实主要从论证方面着眼，我们用事实来说明道理，支持理论；或者反过来，我们在一个理论中使一个事实得到解释。结论与事实的关系是论证关系，是结论与论据的关系，不是对先后继起的事情的描述。结论和论据不是由时空联系的。

第三节　Happening

西语里有些词完全从发生的方面着眼说"事"，如英语词 happening，德语词 geschehen。把 geschehen（发生）首字母大写得到 Geschehen（事情）这个名词，和 happening 的来路差不多，也是从发生方面命名"事情"；德语词 Ereignis 是又一例。我在汉语里没找到一个单从发生方面来命名"事情"的词——汉语里的"事情"既可以发生、发展，也可以静态摆在那里。这也部分说明为什么很难找到恰当的词来翻译 happening、Geschehen、Ereignis 等词。事件庶几近之，不过事件这个词有一大块语义与 happening 等无关。倒是口语出事儿了中的事儿，大致从发生着眼。

"物"与口语里"是个东西"的区别，类似于事情与事儿的区别。海德格尔关于古德语词 thing 的解说，更近于"是个东西"，而非哲学书里的"物"。

我们还可以从这个角度来看待康德意义上的现象和"芙蓉姐姐现象"的现象，即 epiphany（显象）意义上的现象。事儿、是个东西、"芙蓉姐姐现象"，它们是有中心的、有突出点的、吸引我们注意的、具有拢集作用或照耀作用的东西，另一方面，事情、物、康德意义上的现象是静态的、平均的、平等的东西。我们可以从这里看到两种互相对照的叙述世界的方式。

从静态来看待世界,是理论化的一个特点。柏格森、怀特海、海德格尔,深深感到这是个缺陷,创造进化论、过程哲学、Ereignis特别注重把发生、生成保持在反思的视野里。这既使他们的反思变得更加困难,也为他们的哲学带来了巨大的活力。

第四节　树林与木材

抽象地讲,凡已然发生的事情、凡摆在那里的事情,都可以叫作事实。近代哲学家偏爱以这种抽象的、平均的方式来界定事实,我几乎想把这种抽象的、平均的事实概念径直称作**哲学的事实概念**。维特根斯坦所谓"世界由事实组成"中的事实概念是突出的一例。

以这种抽象的、平均的方式来界定事实,世上的事实无穷之多。这片草坪里有多少事实?每一株草的样子都是一个事实。这还刚刚开始,一厘米一厘米的草茎的宽度和青色有细微的差别,你还可以精确到一毫米一毫米。

若离开抽象理论,事实这个词的实际用法提示我们,给予事实以其所是的,是其证据身份。事实是用来论证的——我们有某种看法、主张、理论,用事实来论证。世上的事情千千万万,我们在其中裁取某些来论证我们的看法和理论。

我愿把世上的事情比作树林,把事实比作木材。树木生长、壮大、死亡,树根长在泥土里,又跟别的树的根系纠结在一起,枝叶互相交叉,又有藤蔓缠绕其间。我们要打桌椅、盖房子,跑到树林里,伐下合适的树,截成立柱和檩子,制成木板。树是自生之物,事实是有用之材。我们从自生之物取有用之材。我们从林林总总的事情那里选择、截取事实，为某种看法提供证据。事情在时空中生灭，一件事情引起另一件事情。一个事实却并不引起另一个事实，而是在逻辑上支持一个结论。

第五节　全部事实与相关事实

既然事实由实际情况选取、截取而得，自可以不同方式选取、截取。李四打了张三一拳是个事实，但这可能是从"张三先打了李四两个耳光，李四回了张三一拳"截取下来的。张三的确说了这句话，但他是私下说的，抑或在公共场合说的，他是开玩笑说的，抑或一本正经说的，差别可能极大。由于截取的角度、长度、密度不同，从同一件事情可以提供出颇不相同的事实，有时甚至会"歪曲事实"：呈现出来的不是事情的原貌，而是扭曲的面貌；尽管通过别有用心的截取来扭曲事情的面貌不同于凭空捏造。——在大事情上，经济、政治、历史，每天发生无数多的事情，实际情况极为复杂，要论证某个结论，何需编造事实，两个人挑选的事实不同，足以引出完全相反的主张。你问我这是不是事实，我有时甚至会说，你先这么说着，但我要等你引出什么结论才能定下来那是不是事实，就是说，我现在不知这样描述这件事情是不是合适。

我们选取的事实不同，事情就会呈现出不同的面貌，这个明显的事实让不少后现代学者干脆主张根本没有事实这回事。这种主张显然瞄错了方向。我们身边满是事实，五点钟开会还是六点钟？房价涨了还是落了？他是你老板吗？我猜，他们并非当真主张世间没有事实，他们怀疑的是大批量的事实有没有唯一可靠的组织和解释，例如，怀疑有没有完全客观的历史综述。这是另一个问题。

那么，把实际情况完整地呈现出来，把所有事实都陈列出来如何？在法庭上，不仅要求"所陈述的都是事实"，还要求提供"全部事实"。然而，我们当然无法字面上穷尽"全部事实"。所谓"全部事实"，当然是说全部**相关事实**，包括可能相关的事实，因为我们事先并不能知道哪些事实相关哪些不相关。

我们为了论证什么才确立事实、寻找事实。我们倒也常说：先不要急着下结论，要先把事实弄清楚。不下结论，不等于调查没有目的，不等于没有大致的引导。这个目的指引我们究竟要把哪些事实弄清楚。先把事实确定下来，说的仍是有关的或可能有关的事实。在调查过程中，我们并不总能事先确定哪些是有关事实，哪些不是。这时我们必须在较宽泛的范围里搜集事实，但这只因为这些事实可能相关，而非因为它们无论如何是个"事实"。如果"纯粹事实"说的是脱离了所有目的、框架和程序的事实，那么我看不到有这样的纯粹事实。一间屋子里有多少事实？屋里有三把椅子是个事实，左边那把椅子下有一根长头发是个事实，那根头发是棕色的是个事实。世上的事情纷繁万态，连绵起伏，相互重叠，此消彼长，无论我们在调查什么，绝大多数事情必然略过不表。我们略过不表的，波罗可能觉得意义重大，尽管他也不一定知道这件事情意味着什么，但这一点仍然很清楚：他是从这个事实可能意味着什么的方面来关心这件事实的。波罗比我们富有经验，他感觉到某件事情大有干系，虽然他的感觉最后也可能证明是一种错觉。

事实本身不能告诉我们哪些事实是有关事实，多少事实构成了全部事实，以及什么是决定性的事实而什么事情微不足道简直称不上是个事实。是我们所要论证的事情决定这一切。脱离了具体要论证的事情，无法界定"相关"。张三开车撞了李四，如果他们素昧平生，调查以撞车为起点，如果他们两个素有私仇，调查范围就要扩大很多。

第六节　复杂事实与原子事实

我们常常需要在纷繁复杂情况中确定哪些是相关的、重要的事实。在哲学中，有一种与此相应的理论：我们把复杂事实分析为原子事实。

复杂事实与原子事实最早由维特根斯坦提出。他使用的Sachverhalt这个德文词并无原子事实的含义，不过，这个词以及相关的Tatsache、Sachlage等词在维特根斯坦那里的用法是高度人为的。英译本把Sachverhalt译作atomic fact，这一译法为他自己认可。他追索语言何以有意义的问题，来到原子事实。他坚信意义包含在语句之中，要找出意义，就需要对语句进行分析，分析而一直达乎原子命题，而原子事实就是与原子命题对应的东西。他后来放弃了意义包含在语句之中这个一般思想。

脱开维特根斯坦的特殊理论，原子事实这个概念体现了事实概念原有的很多特征，并把这些特征推向极端。其中最核心的**两个特征是：事实的确定性和事实之间互相独立**。罗素没有完全弄懂维特根斯坦达至原子事实的思路，但他一见之下就把这个概念接受过来，就是被这两个特征吸引。极端独立性与罗素已经主张有年的外在关系说一拍即合，终极确定性与他拥戴的感觉资料学说相契。

知识确定性的问题几乎吸引了分析哲学认识论的全部注意力。我们一时认为是事实的东西，甚至曾长期被公认为事实的东西后来受到怀疑，最后被否认，这样的事情当然经常发生。长期以来，人们认为《周礼》为周公所著，后来经过多方考辨，否认了这种看法。纳粹屠杀犹太人，在我们看来是公认的事实，但还是有人怀疑。基础主义的一般思路碰到这种问题，便希望在更基础的层面上获得更高的确定性。按照他们的设想，较高层次的陈述是由较低层次的陈述外加一个判断构成——证人以为他看到了血迹，实际上他只看到了一片红渍，是他把那片红渍判断为血迹。较低层次的陈述是一个事实陈述，或较接近于事实的陈述，附加上一个判断，形成较高层次的陈述。出错的总是我们的判断。较低层次的陈述更接近于事实，较少可能出错；不断重复下降，直到最低层次，即可做到不可能误错。这条思路的理论终点是最基础的事实，或原子事实。原子事实概念主要活跃在英美感觉经验主义传统中。在这个传统中，原子事实一般被确定为感觉资料，感觉资料是终极确定的东西，是一切知识的起点。

下面我会经常谈论"原子事实"，不是在《逻辑哲学论》的框架中谈论，而是用它一般指谓更为基础的或最为基础的事实。

第七节　从金星到星星不是确定事实

在讨论感觉资料理论的时候我们提到一条思路——说你看到一颗星星比较起说你看到金星更不容易出错，证人说他看到一片红渍比说他看到血迹更不容易出错。关于这条思路，后面详论。但简单说来，我们把看见血迹改说成看见红渍，把看见金星改说成看见星星，这是减少承诺，而不是逼近事实，如果我们能用这种办法逼近事实，事实就太容易获得了。

第八节 事实的"分解"

与原子事实对应的是复杂事实或复合事实。复杂事实或复合事实这个短语就别扭。我们倾向于说事情很复杂，情况很复杂，实际情况很复杂，而不是事实很复杂。

但有时候，似乎的确有复杂事实或复合事实。法庭量刑时根据张三受贿125万这个事实，它由两个事实合成：张三一次受贿67万，另一次受贿58万。张三受贿125万似乎是由一次受贿67万另一次受贿58万这两个原子事实构成的复合事实。在一个可类比的意义上，张三偷了李四的钱似乎是由他拿了李四的钱，他拿钱未得到李四允许等等一批原子事实构成的。

我们不要被125万由67万和58万相加误导，也不要被分子原子的比喻误导。一个大数由几个小数相加而得，一个事实却不一定由几个小事实相加而得。

张三可以承认他的确拿了李四的钱，但那是得到李四允许的。这时，我们所要确定的事实是李四是否曾表示允许。然而，张三也可能承认他的确没得到李四的许可，但他和李四一直是极好的哥们儿，两人之间的钱一直是互相随意取用的。要确定张三所说是否属实，法庭就将转而调查完全不同的另一批事实。也可能，张三声称，李四把钱放在他那里并未告知,他取用这笔钱时根本不知道他拿的是李四的钱。于是我们就需要把眼光转向另一些事实。

这类事情的实际经过,与原子事实类型的基础主义假说全不相似。张三偷了李四的钱这一指控需要事实支持,但这是一种论证关系,而不是发条、钟针、钟壳构成一只钟或原子组成分子那样的关系。

证人以为她看到道尔腿上流出血来,然而事实上,那是他倒在裤子上的红指甲油。证人的确是看错了。不过,这个错误不是通过把她看见他腿上流出血来加以分解可以发现的。你怎么分解?无论你怎样分解证人看到的整个过程,你都分析不出那是指甲油而不是血。看到指甲油,并不是"认为看到流血"的一个组成部分。而且,证人以为她看到了血迹并不是要点,那可能真是血迹——如果凶手倒在裤子上的不是指甲油而是他事先装在小瓶子里的血呢?证人的错误并不在于她轻率地把她看见的红色液体判断为血——她即使看得再仔细一点儿也没用,再有判断力也没用,如果说证人错了,她错在整体理解——她把整个场景自然而然地理解为杰奎琳向道尔开了一枪而他的腿上中弹流出血来,而这里实际发生的却不是自然而然的事情,而是一个 set up。要揭示这并不是实际上发生的事情,波罗并不能靠把哪个复杂事实分解成较为简单的事实,例如把道尔腿上流出血来分解为他裤子上出现了一片红渍以及这片红渍是血。波罗不是靠分解,实际上他根本没有这个机会来分解了。他通过找出**另外一些事实**来表明实际发生的是怎样一回事情。

第九节　假象与事实

我们在回过头来叙述此事时说，证人以为他看到了血迹，实际上他只看到了一片指甲油渍，这不能理解为，他当时做出了错误的判断，仿佛他判断那片红渍是血迹。你看见刀刺进猪肋下，流出红色的液体，按我们通常的说法，你看见猪流血，而不是判断猪流血。你的瓷猪不小心磕碎了一小片，流出红色的液体，那你可能需要判断一下那是什么东西，是怎么回事。在下述情况下我们才会说到判断：侦查员找到一张揉过的纸巾，上面有一片红渍，他需要判断那是不是血。当然，他可以把这张纸巾拿到实验室里去化验，化验可说是一种分解，但这是另一回事。

证人并不是判断那是血，倒是波罗判断那不是血。

这里要做的，不是把复杂事实分解为原子事实，而是区别假象与事实。

女佣路易斯看上去在对波罗说话，但她事实上是在对凶手说话。我们怎么发现"事实上"？靠把她对波罗说话时的录像带分解为一些片断吗？张三假装擦窗户，事实上是在躲避追捕，这时候，张三擦窗户是个事实吗？

除了理论家，没有人会说，路易斯事实上是在对波罗说话，张三事实上在擦窗户。但我们也不能说：张三擦窗户不是个事实。张三擦窗户到底是不是个事实？

我们说，擦窗户是个伪装。"剥去伪装"是个隐喻，我们不可误以为面前有两样现成的东西，一个是 bare fact，一个是伪装，仿佛有一个裸体，外面披了件大衣。若说"赤裸裸的事实"，张三在擦窗户似乎才是那个赤裸裸的事实。

这里的情况比李四打了张三，张三随后还击打了李四稍微复杂一些，但我们仍然可以从截取的角度来看待眼下的事例。张三的假装不是在擦窗户这件事情里面，而是在这件事情的前因后果中。确定事实，是为了进行某种论证，张三擦窗户这件事情却和前前后后的事情没什么联系，截取这样一个"事实"，什么都说明不了。这就表明这种截取是无意义的，或者干脆说，是错误的截取。

当然，我们也能设想某些情况，在其中我们需要去确定张三擦窗户是不是一个事实，他是否假装擦窗户反倒无足轻重，例如，我们现在要确定玻璃上留下的是不是张三的指纹。

第十节　确定事实的办法多种多样

在维特根斯坦-罗素传统中，事实是独立的和原子事实这两个主张紧密相连：既然事实是独立的，我们就只能从一个事实内部来区分复杂事实和简单事实，而不是从事实之间的关系来区分不同种类的事实。这种对终极可靠的渴望，希望一劳永逸、在外部确定什么是事实。上述讨论则部分在于表明，确定事实是个复杂的过程，只在极边缘的例子中在极边缘的意义上（两笔受贿合成一笔之类）是通过把一件事情分解为更小的部分来完成。在讨论一个说法是不是事实的时候，我们并没有一套机械的程序把一件大的事情分解成为较小的事情。"什么是真正可靠的事实"没有一个一般的答案——没有外部的标志可以用来鉴定什么是事实什么不是事实。法庭有法庭确立事实的办法——在不同案例里通过不同方式搜集事实;量子力学有量子力学确立事实的办法。在不同场合,我们会根据特定的确定事实的方式怀疑事实是否真是这样,但我们无法一般地怀疑,正如没有一般的确定事实的办法。要知道这个梨的颜色,我看它一眼。要知道梨的滋味,我吃它一口。要知道这个字的确切读音,我查字典。没有一种单一的办法来确定事实。很多事实需要艰苦的辨析才能确定,很多事实需要细致耐心的观察才能确定,很多事实是通过复杂的实验确立的。在实际生活中,在各门科学中,人们在漫长的世纪里不断努力发展确定各种各样事实的各种各样的程序和办法,这些努力绝不是一个哲学家在书房里的冥思苦想所能代替的。

要之,则是**周边情况**[①]。不管周边情况如何,67万加58万总是等于125万,这些原子结合在一起总是构成这个分子,却并没有固定的细小行为总是构成偷窃或谋杀。谋杀意图依赖于形形色色的周边情况才能确定。张三的杀人意图是谋杀的构成部分,但这一部分并不是脱离了整个行为过程被确定的,他后来杀人了,这反过来是谋杀意图的证据。

第十一节 "终极不可怀疑的事实"和 "没有事实"

人们希图发现确立事实的抽象程序,旨在发现抽象意义上终极

---

① 参见第五章第十八节。

不可怀疑的事实。然而，没有终极不可怀疑的事实。《后汉书·张衡传》里记载了地动仪预报的陇西地震，这个故事我们都很熟悉，说当时京师没有震感，而地动仪陇西方向的珠子掉了出来。方舟子查了历史资料，陇西确实发生过一次地震，但历史记载中说那次地震京师不仅有震感，还造成了房屋倒塌和人员伤亡。他怀疑后汉书里的故事是为了说明地动仪的神奇而编造出来的。

无法发现抽象意义上终极不可怀疑的事实，那就干脆否认有事实这回事。什么都可以否认，所要坚持的只有抽象性。

没有终极事实不是没有事实，就像没有终极高温不是没有高温。否定《周礼》为周公所著，怀疑地动仪真能报告地震，依然依赖于引述事实，依赖于引述其他历史资料。

第十二节　有待解释的事实

我们受骗，不是因为我们一无所知，而是因为我们已经知道很多事实，并且理解这些事实。

第一章第三十节说到我们的自然理解本来是寻常事实培养起来的，小孩子学习，先要把很多事情接受下来，先要"死记硬背"，他知道了麻雀是鸟、乌鸦是鸟、鸵鸟是鸟，也就明白了它们为什么是鸟的道理。在理解之前，我们先已把很多事情接受下来。我们知道这些事情。知道和接受亲缘。

日出日落，春去秋来，万事自然而然发生、发展、过去。忽然，一个美好的诗人用斧头砍死了他的爱妻，这个事件像晴天霹雳一样落到头顶，不可索解。天空出现一颗新星，打乱了天文学家对月上世界的寻常理解。它们不像一般意义上的经验，蕴含着理解，相反，事实硬生生摆在那里，陌生而顽梗，不可理解，索求解释。这类事件是一种突出意义上的事实，尤其突出了"事实"的令人不快令人烦恼。我们前面说到事实，主要就它作为证据而言，即，它是用来解释的，现在这种意义上的事实相反，它有待解释，它向理解提出挑战。

反思之际，我们会把现实与合理性/可理解性[①]区分开来，现实中有些事情不合理，合理的未见得就会成为现实。这种突兀独立向理解提出挑战的事实，反过来让我们回忆起，现实并不像康德的现象那样杂乱无章，现实合乎情理。一般现实并不与理解相隔阂，若不是这些突兀的事件，世界原是蛮合道理的。现实与道理交织在一起，实际情况套着道理，道理套着实际情况。乃至于，我们会持续地怀疑一个不合情理的事实究竟是不是"事实"，怀疑自己是否看错了，听错了，不相信自己的研究，怀疑自己是否在做梦。

保护我们理解的完整性重要，抑或面对事实重要？哲学-科学态度是这样一种态度——只要那是个事实，即使它打乱了我们的世界图画，即使我们不理解，也不能否认它。冥顽不灵的事实迫使我们重新思考。真正的理论几乎总是在解释这些突兀事实的努力中产生的。所有星星都在大空同步前进，只有几颗星星步调不一致，为解释这个恼人的事实，天文学家不得不放弃一个好好的匀速旋转天球模型，殚尽心力去构建复杂的新模型，并通过这些心力带来了天文学的进步与革命。真正的伦理学总是先把死亡这个事实接受

---

① 合理性与可理解性是相近而非相同的概念，这一点后面另谈。

下来,再来思考人生还能够有什么意义。

第十三节　突兀事实与平淡事实的相互转换

在探究更深的道理之际,平淡无奇的事实可能忽然变得意义重大,也就是,我们发现它是具有解释力的事实。每一本侦探小说中都充满了这样的例子。桌上放着一个几乎倒空了的指甲油瓶,这是个平淡无奇的事实,但它可能吸引有经验的波罗的注意力。我们用平淡无奇的事实来解释一个困惑的时候,感到惊喜,正像一位诗人用平平常常的语词把平平常常的事情说得神采飞扬。

但反过来,新理论使寻常事实变成突兀事实。垂直抛起一物会落到脚下而不是落到西边,这是寻常不过的事实,等出现了地球自转说,它就成了一个有待解释的事实。它是反对日心说的一个证据。我们现在接受了日心说,接受了现代科学围绕日心说对周边世界的一系列现象的刻画:惯性、大气层、空气阻力等等,在这个整体刻画中,垂直抛起一物落到脚下再次消隐为寻常不过的事实。一个事实是否能成为证据,依赖于我们对更广大的现实的一般理解。

解释与事实就这样交替循环。并非"没有事实,只有解释",而是,哲学理论所称的事实是削平了的事实,不是我们所说的事实。反过来,那些削平了的事实根本无须解释。

第十四节　事实是独立的还是互相联系的?

尚未得到解释的事实,突兀的、未能与其他事实建立起联系的事实，体现了事实一词的一个典型含义。"没道理"的事实是典型的事实。它们像死神一样，不可置信而又不得不信。孤零零的、突兀的事实突出了事实的确凿无疑的含义。我们平常的确信并不是这种确凿无疑，我们相信一件事情，因为它合情合理。"确凿"这个词最适用于孤零零的事实。它与"自然"／"必然"形成对照，自然在于合乎情理，必然在于能从逻辑上推出，事实的确凿性却是：尽管没有来历，尽管不合情理，但事情千真万确就是如此。

那么，事实是偶然的，"事实真理"是偶然真理？"事实真理是偶然的"这个提法与事实互相独立的提法相连。你从这个三角形等腰推知它的底角相等，因为两者具有必然联系。你不能从任何什么推知雪是白的或树叶是绿的，它们孤零零地散落着，你只能一个一个地了解它们。"事实真理是偶然的"于是意味着：它就是那样子，没什么道理。

维特根斯坦他们的主导思想是：事实必须是独立的。而事实的独立性与"事实真理是偶然的"紧密相连。"雪是白的"经常被引来作为事实陈述的一个例子。我们从一个三角形等腰能够推出它底角相等，但我们不能从什么推出雪是白的。雪是白的是个偶然的事实，换言之，雪和白色只是偶然地联系在一起，"只是事实上"连在一起。

我们关注事实，不正是要用事实证明点儿什么吗？我们根据事实得出结论，推论出曾发生另一件事情等等，而整个论证过程，不就是要看到事实之间的联系吗？这个指挥官的无能和这场战斗的失败，我们会说，这两个事实之间存在着明显的联系，甚至说：它们之间存在着必然的联系。树叶是绿的当然跟雪是白的没什么联系，但它跟树叶进行光合作用这个事实有相当的联系。

第十五节　同一个事实的不同说法

事实用语言陈述出来。一种语言里，任何一个词，除了纯粹的名称，都与某些别的词相联系，否则它就不属于这种语言。那么，"事实用语言陈述出来"似乎已经表明，没有什么事实与其他事实完全没有联系——不跟其他任何句子相关联的符号串不是一种语言中的一个句子。

有时，两个句子的联系强到它们可以互换。张三比李四高3公分意味着李四比张三矮3公分。张三比李四高3公分跟李四比张三矮3公分是一个事实抑或两个事实？我们倾向于说这是**同一个事实的两种说法**。两个可以互换的句子所陈述的事实，适用于"同一个事实的两种说法"这个表达式。

扩展开来，张三一次受贿67万，另一次受贿58万，这是两个独立的事实，张三共受贿125万不是第三个事实。这个人姓张是个事实，这个人不姓王不是另一个事实。我们可以从张三一次受贿67万一次受贿58万算出他共受贿125万，可以从这个人姓张推出他不姓王。

推理推得远了，有时像是获得了一个新的事实。我们从一方剩单车另一方剩士象全推论出这是和局。有时候，侦探想明白整个案情不是因为找到了新的事实，而是发现：哦，我怎么这么傻，李四不就是张三的儿子吗？

第十六节　是不是同一个事实的边缘情况

　　索绪尔1887年30岁跟索绪尔生于1857年是两个事实抑或同一个事实的两种说法？B是A的姑姑是一事实，C是B的母亲是一事实；C是A的奶奶是第三个事实抑或是前两个事实的不同说法？李四是张三的妻子，李四是女性是另一个事实吗？这个人姓张是个事实，他儿子姓张是另一个事实吗？有一次我们到饭馆去吃饭，我说：服务员，少一份餐具。服务员回答说：哦，多一位客人。

　　杯子里只剩半杯水了，杯子里还有半杯水呢；这里是同一个事实的两种说法吗？显然，这与张三比李四高3公分和李四比张三矮3公分不同。一幅简图，一时看是鸭子，一时看是兔子；我们面对的是同一个事实吗？她嫁给了一个老男人还是嫁给了成绩斐然的物理学家？他们抓捕的是人权斗士抑或扰乱社会秩序的煽动家？曾国藩是"屡战屡败"还是"屡败屡战"？那么，盲人摸象呢？这里有形形色色而又互相联系的事例，有的可说是同一个事实的两种说法，有的可说是同一件事情的不同描述，有的可说是同一件事情不同的视角，有的可说是同一样东西的不同部分，有的可说是同一个事实的不同评价，等等。哲学家倾向于在最高的程度上把所有这些事例都归入同一个解说之下，于是我们有了perspectivism，有了意向还原，有了"没有事实只有解释"这样的断语。

　　本书在不同的联系中阐释这些事例。我这里要说的是，"人权斗士"和"煽动家"这类用语显然不是典型的事实说话方式。

第十七节　事实独立是指不依附于特定立场

从张三比李四高 3 公分可以推出李四比张三矮 3 公分，这种关系是一种数理–逻辑关系。我们用 entailment 来谈论这种联系。67 万 +58 万 =125 万是个数学命题，不能叫作事实。我们不把"y = f[φ(x)]= F(x)"称作事实。"事实互相独立"是说，事实在逻辑上互相独立，事实之间没有这种逻辑推导关系。我们从一个事实的存在不能推导出另一个事实的存在。张三一次受贿 67 万，另一次受贿 58 万，这两个事实各自独立，不能从一个推出另外一个。你不能从雪推知它是白的，不像你知道了这是三角形就知道它的内角之和等于两个直角。《美诺篇》里的家童通过"回忆"达致几何学定理，但他无法通过回忆知道特洛伊木马里钻出来了多少希腊战士。前一种知识是推理的、依乎道理的、连成一片的，后一种是事实知识。

第十八节　雪和白有联系

然而，你不能从这个指挥官是个饭桶推知这场战斗必败无疑吗？我们不能从下了一夜的雪推知世界变成白茫茫一片吗？"下了一夜雪，早上推开门来，外面黑压压一片"不是个很奇怪的句子吗？这个手袋是在大卖场买的和这个手袋便宜这两个事实似乎并不完全互相独立。

这个指挥官的无能和这场战斗的失败不像张三比李四高 3 公分和李四比张三矮 3 公分那样是逻辑上等价的，也不像这场战斗的失败和指挥官的老婆姓李这两个事实那样互相独立。

第十九节　概念联系就是事物的一般联系

雪和白色，大卖场和便宜，无能与失败，它们是事实上有联系抑或逻辑上或概念上有联系？我们从这个指挥官是个饭桶推想这场战斗凶多吉少，从这个手袋在大卖场买来推想它便宜，这些推论和推想达不到"逻辑必然性"，但它们似乎也并非只是偶然联系在一起。北京很偶然会在六月下雪，冬天下雪就不那么偶然，虽然一月份也并不必然下雪。国安与皇马这场比赛，国安输掉是"必然"的；结果皇马"出人意料"地输掉了这场球。

雪是白的和昨天北部山区下了雪都被称作事实命题。但它们是两个相当不同的命题，雪是白的是一般情况（至少在环境未被严重污染之前），若要把这称作事实，这是个**一般事实**。昨天北部山区下了雪则是个个别事实。哲学家把凡不是必然的都叫作偶然的，这不只和我们平常的说法相悖，而且造成极大的论理混乱。在通常的论证中，重要的区分不是纯逻辑和纯事实，而是**个别事实**和**一般事实**。

无能与失败、雪与白色、冬天与下雪、大卖场与便宜，它们标示着事物的一般联系。这些一般联系体现在语词中，就是语义联系，也就是我们通常所说的概念联系。什么叫作概念联系？概念联系原本来自世界的一般情况和事情的自然进程，不妨说，**概念联系就是事物的一般联系**。

事实并不是互相没有联系的。我们把事实从特殊经验剥离出来，是为了建立事实之间的一般联系。

除了逻辑上必然的，并非都是偶然的。除了逻辑上可推导的，并非都是作为事实互相独立的。除了必然的联系，还有自然的联系。逻辑上的必然联系与事实间完全的互相独立是两个极端，中间是广阔的各式各样的联系。

第二十节　确立一个事实属于哪种一般事实

我们能够从这个指挥官是个饭桶推想这场战斗凶多吉少，依赖于无能和失败的一般联系，也就是说，依赖于无能和失败的语义联系。

确定事实包括，确定这个事实是属于哪个事实类型，即它属于哪种一般事实，以便做出推论。你受贿250万，作为个别事实，当然不同于他受贿250万的个别事实，但我们要确立的是一般地受贿250万这个事实。

如果我们不可能从一个事实做出任何推论，我们还确立事实干什么呢？

第二十一节　经验推理百密一疏，还需要证据

我从凶手始终没有离开过这所房子推断凶器在这所房子里。凶器找到了，凶手始终没有离开过这所房子这个事实和凶器在这所房子里这个事实之间有明显的联系。但不是必然联系。经验推理

百密一疏。法庭不接受推断，你要拿出事实来，拿出凶器在屋子里的事实来。波罗已经把事情的前因后果讲得头头是道，但凶手仍然可以辩驳说他只是在推论，那只是个理论。等船员从水里捞出了手枪等等，他的理论才能为陪审团所接受。

第二十二节　事实对理论中立

我们通过推论得出一个结论，依据某种理论得到一个结论，支持该结论的事实必须独立于该推论，包括独立于该推论用以为理据的事实。

事实对理论中立。一件事实越独立，就是说，越是与它所要证明的理论、立场和好恶无关，其证明效力就越大。用越互相无关的事实来作证，证据越有力。

两种材料间愈没有关系，两种方法间愈没有关系，两个证人愈没有联系，甚至愈加敌对，它们的验证力就愈强。这是因为，验证不是从结论所由的推论来的，而是就结论本身而言的。

第二十三节　事实在情境中说话

推论都需要另行提出证据吗？手枪上有你的指纹，我们得出结论说，你握过这把手枪。你还能拿出什么证据来呢？换言之，手枪上有你的指纹和你握过这把手枪，是经验推论关系抑或是同一个事实的两种说法？

摆事实讲道理，摆出事实还用不用讲道理？有时候，事实和结论连得那么紧，这里有一个烟头和曾有一个人到过这里，手枪上有你的指纹和你握过这把手枪，事实俱在，什么都不用多说了。此所谓让事实说话。

事实是怎么开口说话的？[①] 事实里面有什么精灵吗？没有。在事实中寻找说话的精灵，就像在语词中寻找意义。**事实在情境中说话**。在有录音设备之前，里屋传出说话声音，说明里屋有人，现在也许说明里屋的电视开着。从前，确定了他不在现场的事实即可得出他不是凶手的结论，有了遥控技术，这个结论就不成立。事实之能够告诉我们一些什么，因为事实镶嵌在生活世界之中。只有在适当的语境里，事实才能说出些什么。孤零零的事实哑然无语。

第二十四节　事实的说话方式

我们有时侧重从我们的感受和评价说到一件事情，有时侧重从事情本身是什么样子说。比较一下这两个句子，即可大致看出这种区别。

> 这只手镯真漂亮，可是太贵了。
> 这只手镯是翡翠的，4000元。

漂亮不漂亮，往往因人而异，贵还是不贵，要看说话人的钱包

[①] "事实是怎么开口说话的"是一套问题中的一个。你怎么用下雨了来建议带伞、关窗、别出门了？一件事情怎么就解释了另一件事情？一个语词是怎么有意义的？

有多大。这只手镯是不是翡翠的，可以用科学方法加以鉴定，它标价4000元，对张三李四都是4000元，无论他们是贫是富。不妨说，这只手镯本身是4000元。

有些话，差不多只是在评价：她太可爱了，可爱得难以形容；该犯一贯思想反动，反党反社会主义，影响极其恶劣。有些话，差不多只是谈自己的感受：昨天晚上的事儿太可怕了，我现在想起来还觉得浑身发抖。有些话，只是在表达意愿或态度：你一定给我守住！是，保证完成任务！我写首诗，"秋天真美，啊，我好爱秋天"，你有把握没人把我当诗人。这种写法，技术含量太低，而且失之笼统。评价、感叹多了，我们难免着急，他说了半天，没有多少事实内容——"你别老是太贵了太贵了，你就说是多少钱吧！"

不过，评价不一定都用这种幼稚的方式。的确，有些语词明目张胆进行评价，如无耻、恐怖分子、娼妓、大师，有些语词则有点儿微妙或相当微妙地进行评价，如残废、战士、宣传、讲道理。有些小词儿善于在不经意间包含评价：杯子里只剩半杯水了，杯子里还有半杯水呢；连他都会这个，他连这个都会。有些结构也含着评价：曾国藩是"屡战屡败"还是"屡败屡战"？语词的评价意味还可能随环境变化，共产党员是个光荣称号，但有一阵子美国把共产党员和纳粹党员并列为不准入境。单单叙事，也可能做了评判：《左传》里有一段写来了彗星，接着心宿在黄昏出现，是火灾之兆，裨灶要求子产禳灾，子产不从，后来果然发生火灾，于是裨灶再次要求子产祈禳，子产仍然拒绝，故事结尾只说了一句"亦不复火"，不着一字评判，却也裁夺了孰是孰非。

"天上一轮月亮，月亮很美"，在这句话里，事实和评价分得清清楚楚，前半句是陈述，后半句是评价。但一般说来，评价性/描述性的两分是就话语的两个方向而言，并不是要把语词、话语区分为两个大类。我们平常说话，既不是单纯评价，也不是干巴巴陈述事实。通常，我们说起一件事情，我们的态度、对事情的评价等等连同事实一道说出来。"这孩子挺用功的"，"他头上的癞疮疤越发亮起来"，"他偷了我的钱"，这些话是在描述呢还是在品评呢？单说形容词吧，慷慨的、节俭的、吝啬的、骄傲的、干净、肮脏、敏捷、明亮，以及成百上千的类似语词，它们既在评价，也在描述。慷慨和节俭都做出了正面的评价，它们是在褒扬不同的品质。

形容词只是比较显著一点儿，其他种类的语词照样把描述和评价连在一起，小偷和战士既是命名，也是评价。

借伯纳德·威廉斯的用语，我们要说，单纯用于评价的语词是薄瘠的，而我们平常所用的语词则是厚实的，即，它们既含有描述又含有评价。威廉斯主要从伦理学上来讨论"厚实概念"和"薄瘠概念"，不过，伦理学并没有给语词划出一条界线，本来，干净、肮脏这些词既用在非道德的论述中，也用在道德论述中。

我不是说，它们包含一半事实一半评价，而是说事实和评价混在一起。水汪汪的大眼睛或似烟非烟的眼神并不是眼睛尺寸、亮度等等再加上评价。在我们的自然态度和自然话语中，事和情直接连在一起，并非先有一事，然后我们寻找它的意义，赋予它意义。事情连着我们的处境、感受、欲望、目标向我们呈现。

我们的语言有种种设施，供我们用来品评，表达赞同和反对，表达感受，说理，陈述事实。我们有感叹词、"主观色彩"浓烈的形容词——他灰溜溜走了；他恶狠狠瞪了我一眼。单用于评价的语词没有多少事实内容，它主要表达说话人的指向、方向。

我们也有侧重于陈说事情的所谓中性的或比较中性的语词，如颜色词、形状词。实体性名词多半属于这一类，专名更是突出的一类。

为了特定的目的，我们需要把事情中某些部分从原始事境中切割开来，需要把它们从自己的感受分离开来。（从自己的感受分离开来和从原始事境中切割开来是同一事的两个方面，原始事境的统一性是由我们的感受维系的。）病人家属的焦急是原始事境的一部分，女儿病了，父母焦急、痛苦、手足无措，这不是医生要听的，他要知道的是发病的种种事实。在作战室里，指挥官不需要情报员报告他对敌情的感受，他只要事实。法庭要求证人尽可能屏蔽自己的态度和看法，只陈述事实。同样，烹调手册、病历、考古报告也不必写得充满感情。做科学报告，进行学术讨论，浸透着自己的感受来叙述事情不一定是个优点，我们倒需要把自己的感受从事情中分离出来，尤其要避免使用感情色彩评价色彩浓重的语词。相应地，我们需要采用**事实的说话方式**。

事实态度的要点原在于切断某一事情与实际情境（生活世界）的联系，使之获得独立的性格。事实的说话方式要求减少评价，减少话语的蕴含。日常话语带着感受和评价，一听就知道它的指向。"贵"和"便宜"携带自己的指向，"太贵""真便宜"更突出了这种指向——"这只手镯太贵了"几乎在说：不买。"这只手镯4000元"则对买还是不买沉默不语。

第二十五节　减少语义联系

在说理、论证、证明的场合，我们需要事实的说话方式。第七章第十二节说到，双方发生争论，各自倾向于把事情描述成支持自己心爱的观点，而争论若意在求得结果，双方就得努力把事情本身跟各自对它的感受割开，靠事实说话。我们避免用说话方式来支持某一造的结论，而采用事实的说话方式。贵携带说话人的评判，**贵还是不贵，与说话人密切相关**，对一个顾客贵，对另一个顾客却很便宜。这只手镯4000元，则仿佛与说话人脱离了关系，这只手镯对张三李四都是4000元，无论他们是贫是富；不妨说，它本身是4000元。这个手袋是在大卖场买的和这个手袋便宜这两个事实有联系，这借助于大卖场和便宜这两个词，它们有一种语义联系。这个手袋40元和这个手袋是在紫竹院路66号买的，你就看不出它们之间的联系了。平常说话的遣词造句充满了形形色色的概念联系，挨骂与郁闷，雪与白，等等，而事实的说话方式所要求的，正是改用尽可能少具概念联系的方式来言说。他们抓捕的是人权斗士抑或扰乱社会秩序的煽动家？"人权斗士"和"煽动家"这类用语不是典型的事实说话方式。事实说话方式努力把评价与事实分离开来，从而得以把不同的描述转变为不同立场都能接受的陈述，以期不同立场之间能够有效地展开讨论。

按照甲方的叙述，张三偷了李四的钱，这个描述不被乙方接受为事实；双方共同接受的事实是：张三未经李四允许就从李四家里拿走了1000元。这个事实可以被解释为张三偷了李四的钱，但也容许其他的解释,例如,张三和李四是极好的哥们儿,你用我的我用你的一向不用事先打招呼。我们总是为了某个目的才去搜集事实,目的不同,所关注的事实也不同;但事实还是事实——事实必须能够为不同的解释和理论接受为事实,你的对手也可以利用这些事实。我们为什么要切断某一事情与情境的联系?为了敞开这件事情引向其他结论的可能性。事实说话方式把原本与某种理解和解释密不可分的情况从这种理解和解释中割离开来,成为各种可能理解和解释的公共材料。

有时候,我们抱怨日常叙事不够客观,有时候,我们反过来抱怨事实话语太客观了,干巴巴冷冰冰的。的确,事实话语是干巴巴冷冰冰的。我们从一种植物中提炼出某种药剂,那种植物原是有滋有味的,这种药却什么好滋味都没了,只剩下赤裸裸的苦味。我们本来生活在一个意义和价值的世界里面,但我们就像有时需要药物一样需要干巴巴的事实——不仅科学和法庭需要事实,生活本身需要硬邦邦的东西。

第二十六节 转向事实的说话方式
不是"换个说法"

转向事实的说话方式当然不只是"换个说法",这只手镯4000元并非这只手镯真贵的另一种说法。中性的、事实的说话方式体现着一种姿态的转变:从置身事境之中脱身而出。事实的话语方式当然不能代替搜集事实、确定事实的诸多艰苦努力,而这种种努力,观察、调查、实验,则都须采用事实的说话方式。

专注于事实与事实的说话方式配套,相辅相成。这两个方面都需要相当的训练。即使我们的评价不是人云亦云而是从自己的具体经验形成的,当被问及这个评价确切基于哪些事实,我们仍可能穷于应对——现实并不是作为事实被经验到的,把我们的经验以事实方式重新呈现是一种技能。

这里所说的事实说话方式,与逻辑实证主义所说的**观察语句**不尽相同。通过经验语句和观察语句这些概念,逻辑经验主义者是希望建立一种科学的语言,而科学是处理事实的,但这里所说的事实话语要比观察语句宽泛得多。首先,事实话语固然是科学的特色,但远不仅出现在科学中。其次,这只手镯4000元是个事实命题,但它并不意味着说话人观察到标签上写的是4000元,也不能还原为这样的语句。观察语句的提法过多地把感觉经验论掺进了对科学工作的考察,这一点后世的科学哲学已多有批评,这里略过不表。逻辑经验主义希望通过感觉经验论统一科学语言,实际上,**各门科学并无统一的事实说话方式**。在特定学科中,事实跟该学科的逻辑配套,事实是根据该学科的要求陈述的。在法庭上,在医院里,在各门科学中,我们有特定类型的事实,相应地,我们发展出特定类型的陈述事实的系统方式。

第二十七节 "成绩差"和"70分"哪个给出更多信息?

单纯的评价不提供什么信息,这倒不意味着,评价越少提供的信息越多。"这孩子期末考试的成绩差"和"这孩子期末考试得了

70分"哪个给出更多消息?"成绩差"这话不够精确,不过,它把成绩所连的情境一起说出来了。由于不够精确,听者可能问:你就说他得了多少分吧!但你说他得了70分,听者也可能反过来问:你说在班里是成绩好的还是差的吧。"这只手镯太贵"没告诉我们它到底卖多少钱,反过来,"这只手镯4000元"没告诉我们它算贵还算便宜。你到一个新地方,想知道那里的情况,你愿听到介绍者只列出事实还是愿他连带自己的印象、评价来介绍?后一种方式并非事实加评价,仿佛除了介绍事实之外向你介绍了他本人,的确,这种方式会让你对介绍人本人有所了解,但要点在于,它往往使你能够适当地了解"客观情况"。

一般说来,事实说话方式是相对而言的。柳宗元的游记里有事实,但大体属于"美文",与之相比,徐霞客的游记更偏于事实的说话方式。法庭是个讲究事实的地方,但法官又各有各的风格,丹宁勋爵在《家庭故事》里说到,有的法官态度冷漠地引述干巴巴的事实,而丹宁法官自己则宁愿采用莎士比亚式的有情节的、"让人一目了然"的方式来复述案情,解释判决。

的确,两种方式各有千秋。我们读到"该犯置客观事实于不顾,大肆歪曲、污蔑、诋毁国家,煽动境内外民众与政府对立、对抗",难免觉得太过空泛,只有判断,没有事实。该犯置哪些客观事实于不顾?他用了哪些恶毒话语"大肆污蔑"?哪些民众被煽动了?何时?这些被煽动的民众在什么地方用什么方式来对抗政府?但反过来,光列举事实,也会让人摸不着头脑——

该人从某年某月到某年某月,到某县某县共二十四个县,调查了某某某等四百十二人,做了详细笔记,记录并推算了所调查地区大饥荒时期的死亡数字。

这时,我们又想知道,这些干巴巴的事实说明了什么?说明该人反动透顶,影响极其恶劣呢,还是说明该人对历史富有责任感,工作认真勤恳呢?"以事实为据"并非只罗列事实,事实还得说出些什么。

据卡西尔观察:"几乎没有一个句子——数学的纯形式的句子或许例外——不带有某种情感或情绪的色彩。"① 我们通常是有所感地了解一事、知道一事、言说一事。事情连着我们的处境、感受、欲望、目标向我们呈现。不妨说,一件事情不只是个事实,它还有情,我们说事情,古人甚至更爱说情事。一般说来,在我们的自然态度和自然话语中,事和情直接连在一起,并非先有一事,然后我们寻找它的意义,赋予它意义。杜威说:"从经验上讲,事物是痛苦的、悲惨的、美丽的、幽默的、安定的、烦扰的、舒适的、恼人的、贫乏的、粗鲁的、抚慰的、壮丽的、可怕的。它们本身直接就是这样。"② 生活世界中的事情自然地具有意义。水汪汪的大眼睛直接具有意义,眼睛尺寸和亮度则否。并非先有一个实实在在的事实世界,人们主观任意地在事实上涂抹"感情色彩"。

近年来,"信息"成为流行词,以前,我们更多使用"消息"。消息偏向于带有意义的信息,信息则更多与纯粹事实连在一起。用

---

① 恩斯特·卡西尔:《人论》,甘阳译,上海译文出版社,2004年,第41页。
② 约翰·杜威:《经验与自然》,傅统先译,商务印书馆,2015年,第103页。

语变化反映了生活的变化，今天，我们到处索要信息，听到的消息却越来越稀少。

第二十八节　印象有时比事实还重要

我不记得手镯的价钱，只记得它很贵；我忘了张三说了些什么，但还记得那些话让我做出了那个重要决定；我记得张三是个不诚实的人，但已经忘了我从哪些事例得到这个印象。对我来说，这些印象和看法也许比事实更重要。

我千真万确知道她是我妻子，但有可能我无法提供大家都能接受的证明。但日复一日的印象汇集而成的看法，可以强到合理地与强硬的事实对峙。1996年，台湾空军作战司令部营区厕所发现遭奸杀的五岁谢姓女童尸体，调查发现现场的一张卫生纸上面沾有女童血迹及营区士兵江国庆的精液。主要根据这一重要证据，江国庆被判死刑并执行。其父江支安从不认可这一判决，十几年奔走伸冤。十四年后，复查证据确认真凶为许荣洲。（现在认定的情节是，江国庆到厕所自慰，精液喷到垃圾桶里的卫生纸上，而女童血迹也喷到这张卫生纸上。"这一几乎不可能的巧合，让江国庆冤死。"）这不是绝无仅有的例子，二十年的养育有可能让父母对儿女了解得真真切切，说破大天，儿子绝不可能做出奸杀这样的事情，这不一定只是感情用事。

麻烦在于，我们的看法多半来自无数弥散细弱的线索，无论挑选出哪些作为理据，都显得不够有力。于是，如前面曾说到过，在需要提供证据的时候，我们多半并不是从自己的经验中析取事实，而是去搜集、寻找、发现那些更鲜明地支持结论的事实。如果必要，我们还去设计实验，专门生产事实。

第二十九节　理论上行与事实下行

事实说话方式要求尽可能从特定语境中脱离开来，这并不意味着，孤立的事实自己能够说话，而是意味着，我们把语境转变为标准化的语境。

生活中每一件事情都与其他事情交织在一起，一件事情的指向和意义多半很明显，我们很难把事情的意义分离出来，单独谈论事情的意义。张三考取了北大，这件事的意义是什么？李四中了头奖，这件事的意义是什么？生活有什么意义？实际情况包含着它的意义，它的价值。而在形形色色的专业领域中，事实一步步从语境中分离出来，确立事实、搜集事实、通过实验来生产事实，成为一项很大程度上独立的工作。事实和它们所讲述的道理分得越来越清楚，摆事实和讲道理就成了两件事情，理论成为事实之间的外部联系。我们可以把这个进程称作**事实下行**和**理论上行**。

在法庭上，证人提供事实，不加判断，反过来，陪审团不得自己去搜集事实，他们只管根据法庭认可的事实做出评判。广义的科学，从历史学到物理学，逐渐把搜集事实、确定事实与对事实的解释区分开来。一位研究者"为事实而事实"，埋头确定曹雪芹的生卒年月，无论红学研究怎样使用和解释这个事实。实验物理学和理论物理学成为大致可以分开的工作。一方面，事实仿佛不再蕴含道理，另一方面，理论本身成为一个独立的系统，仿佛无论事实是什么样子,理论本身都成立。法学,历史学,化学,各有各的理论,它们确定事实的方式和陈述事实的方式与理论配套,也各自不同。一门高度专业化发展的学科,不仅理论复杂深奥,它所陈述的事实我们外行不知道是些什么事实。生物学家发现甲基转移酶亚单元具有把目标核糖定位到活性点内的功能,我不仅不知道这些个事有什么意义,我甚至不知道它是个什么事实。各门学科的事实要开口说话,也是需要"语境"的,只不过,这里的"语境"不再是日常语境,而是一门学科的理论。我们通过营建理论获得了某种标准化的语境。

第三十节 "事实判断"与"价值判断"

事实/价值的两分是当代人最广泛接受的一对反思范畴,无论在学院里,还是在日常伦理中,我们到处听到这个两分,听到人们谈论事实判断和价值判断——"这是银元"是个事实判断,"银元是好东西"是个价值判断。这个区分有时是有益的,但往往推广过甚,似乎我们面对两个世界,一个是事实世界,另一个是价值世界;事实世界是基本的,或者说,真正的世界由事实组成,事实本身没有价值,是我们"赋予事实以价值"。萨缪尔·亚力山大说:"美的对象并不是实际上的原貌,而是心灵将其自身的解释引入这一对象,并把那些它实际上并不具有的特征归之于它。"[1]我们把浮游无据的价值粘贴到事实之上,投射到事实之上。然而,我们是怎么赋

---

[1] 萨缪尔·亚力山大:《艺术、价值与自然》,韩东晖等译,华夏出版社,2000年,第76页。

予事实以价值的？用海德格尔的话问："价值附着在物上的这个'附着'在存在论上意味着什么？"① 价值的黏性有多强？我们能把比如仁慈这种价值粘贴到乌干达的食人总统伊迪·阿明身上吗？下面的讨论，我想，会揭示事实/价值的广泛两分中包含着多重迷误。

在有些领域，有些场合，我们需要从证据和结论的关系来看待世界。典型的是法庭和科学研究。可是如前面说到的，在日常生活中，我们并不总是在提供证据，所以，事实和价值通常是连在一起的。"他跳进火海去救战友"，"他骗走了他妹妹的钱"，这些话是在陈述事实抑或做出价值评判？

而且，即使我们所说的单单是个事实而不涉及价值，例如"这是银元"，把它叫作"事实判断"也不太妥当。前面讨论过判断这个词，大意是，给定的事实提供了线索却还不足以确立结论，我们才需要判断，已知情况足以确立结论，我们就不再说那是判断。依此，"这是银元"通常只是在陈述事实，而不是在"做出判断"。有时候，我们需要判断某事是不是一个事实，例如，判断这是不是银元，这时，我们根据这个物体的比重、振动等事实来判断。"事实判断"也许说的是这种情况？但这时看不出它与价值判断有什么区别，判断这位先生是否仁慈不也是根据事实来判断吗？事实是判断的证据，无论判断一事是不是事实还是判断一事是好是坏；就此而言，事实和判断不是并列关系，而是两个层次的事情。因此，"事实判断"不是一个良好的用语。英语里倒是也有 fact judgment 这个短语，用得很少，按照一个主要字典解释，这个短语的意思是：the findings

---

① 海德格尔：《存在与时间》，陈嘉映、王庆节译，商务印书馆，2019 年，第 143 页。

of a jury on issues of fact submitted to it for decision; can be used in formulating a judgment。换言之，它差不多是个缩写，意思大致是找出那些可依以做出判断、裁决的事实，找出相关事实。

第三十一节　判断不是偏好

上文说到，为了特定的目的，我们可能采用事实的说话方式，把什么是事实、什么是你的判断区分开来。例如，我们不说杯子里只剩半杯水了或杯子里还有半杯水呢，而说杯子里有半杯水。例如，把情报所陈述和我们依据情报做出的判断区分开来。但这并不意味着，在根据特定情报做出判断之际，只有这份情报是客观事实，而"判断因素"则是指战员贴到事实之上的价值。这份情报并不是所有的事实，你我并不是把各自的偏好贴到这份情报上，所以你主张进攻而我主张防守，你我是把现有的情报跟其他情况联系起来，这份同样的情报被置于与其他事实的不同联系之中。

根据同样的事实，你我可能做出不同判断。检视同一块化石，你判断是鸟，我判断是恐龙；根据同样的情报，你主张进攻，我主张按兵不动。但做出不同判断并不意味着你我把自己偏好的价值贴到事实之上，而是把同一个事实跟不同的情况联系起来。在根据特定情报做出判断之际，这份情报并不是所有的事实，做出不同判断也并非各张偏好，而是把这份情报置于与其他事实的不同联系之中。如果我只是由于偏好做出一种选择，例如我总是选择尾号是3的旅馆房间，那么我根本不是在做出判断。

第三十二节　工具性价值与价值本身

　　事实是判断和论证的理据,它因此已经有了价值,我们也的确经常说到"获得了有价值的情报","发现了具有重大价值的事实"。那么,为什么人们会说事实本身并无价值呢?我想,这个说法包含两种不同的意思,一种比较宽泛,一种比较具体。

　　先说宽泛的那一种。一样东西有价值,可以是这样东西本身具有价值,也可能是因为它有助于我们获得本身就有价值的东西,也就是说,它具有"工具价值"。人们说事实本身并无价值,可能是说它只具有工具价值。弓箭因为能够用来射鸟射兔而有价值,改用火枪来打猎了,弓箭就没价值了,或只剩下博物馆收藏的价值。弄清楚敌军配置的事实,只是为了决定我军应该采取何种攻防策略;弄清楚男方是否有房,只是为了决定我是否嫁给他。除了这种工具价值,事实就没有别的价值了。

　　什么东西本身具有价值呢?这份情报让指战员决定了攻防策略,但攻防策略也不是最终目的,它仍然只有工具价值,为了战胜敌军。战胜敌军呢?似乎也不是我们的最终目的。想来想去,并不容易找出脱离了其他所有东西而本身就有价值的东西。也许,诚实就是这样的价值,诚实之为善好,不在于它带来善好,它本身就是善好。然而,我们教导孩子应当诚实时,可能会告诉他诚实带来的种种好处,甚至有句西谚,Honesty is best policy。上帝的信众因上帝本身而信上帝、爱上帝,但若上帝不是个空名,他总还是"有作用"的,也许他是正义,惩恶赏善,也许他是安慰,慰藉我的苦难,也许他有助于我们理解世界的秩序。在我们这个世俗社会，快乐最常被选出来作为价值本身。虽然一般说来快乐并不服务于别的目的，但快乐并不是一个孤立的终点，我们总是通过这种途径那种途径得到快乐了，而我们通过何种途径获得快乐，跟快乐是不是一种价值大有干系。滑一下午雪归来洗个热水澡很快乐，这跟躲在高架桥下注射一针麻醉剂获得快乐颇有区别，跟虐待小动物获得快乐区别更大。我想，很多人不会乐意把后两种快乐视作"本身具有价值"。

第三十三节　墨迹作为赤裸裸的事实

我们可以泛泛区分"作为工具而有价值"和"本身具有价值"，不过，这不能换成说，工具本身没有价值。银元的价值是工具性的——它有价值，因为我们可以用它来买东西。那么，银元本身并没有价值，是我们赋予了它价值？当然，银元在一个商业系统才有价值，然而，商业系统不是给银元贴上了价值，它造就了银元之所是，造就了银元之为银元，离开商业系统，那东西甚至不是银元，而是一块孤零零的圆形的上面刻着点儿什么道道的银子。

我问你借了钱，证据是，这里是有我签字的借条。可这里有我的借条是不是事实呢？赤裸裸的事实是：这里有一张纸，纸上有如此这般的一些钢笔墨迹。在不识字的人眼里，纸上是些墨迹。不会下围棋的人只看到一些白子放在一些地方，一些黑子放在一些地方，他看不到棋形，就像一个幼儿看不见借钱。这当然不意味着，只有那个不识字的人，那个不会下棋的人，那个幼儿，才能看到事实。正相反，他们看不到事实。前面曾引用亚力山大的看法，依这种看法,美不是西施的原貌,是"心灵将其自身的解释引入这一对象"。心灵自身的解释从何而来?当然,需要一个人类社会,西施才有所谓美或不美,鱼和雁只会看到一个惊扰它们的物体。这是否意味着鱼和雁才能看到事实?

签名当然只在一定的社会建制中才有意义,才有价值,但这是说,只有在一个特定的社会建制中,签名才是签名。你在草稿纸上写下你的名字,那不是签名。

第三十四节 价值中立

不过,以上涉及的是终极价值和工具价值的一般题目,不单单限于事实有没有价值或有何种价值,我们可暂不置论,留待系统阐论道德-伦理问题的时候再来讨论。在较为具体的意义上,人们把事实和价值分离开来,大概是要说明,无论你持有何种价值观,事实还是那个事实。

上面说到,在日常生活中,我们通常并不把也不必把天下的事情分成事实和自己的感受。然而,为了特定的目的,我们需要把事实和自己的感受分离开来。

我们需要事实,因为事实不依附于特定的解释,也就是说,它的理据价值不单单属于某一种判断、某一种论证。就像我有一个祖传的翡翠手镯,它对我有特殊的价值,这种价值不为当铺老板所认,在那里,它折合成十个银元,这十个银元在谁手里都有同等的价值。我们要把世上的某些东西确立为事实,就像我们要有能够到处流通的银元一样。这时候,"事实本身没有价值"这话所说的就是:事实对不同立场不同价值观是中立的，即所谓"价值中立"。

并没有两个世界，一个事实世界，一个价值世界，我们也不掌握把价值贴到事实上的魔法。我们原本并不生活在赤裸裸的事实当中，然后在这些事实上增添上价值或感情色彩。有价值的世界是我们的原生世界。我们若不是一开始就生活在一个有价值的世界之中，那么，凭我们再怎么努力，也无法把价值附加到事实上去，无法从事实"跳到"结论。问题不在于怎么把价值贴到事实上去，而在于我们如何从生活世界中剥离出不含价值的事实来——为了特定的目的，我们有时需要把一些事情从流变不息而又充满爱恨情仇的世界中切割出来，确立为事实，在这些情况下，在特定的意义上，事实与价值相分离。

第三十五节　所知与知者相连

哲学当然关注事情是怎样的，为了强调，也不妨说，哲学关注事情本身是怎样的。前面曾引亚里士多德对哲学-科学的界说："从事物对我们是怎样的到事物本身是怎样的"。亦如前提到，亚里士多德所称的"事物本身"并不是近代意义上的事实。伽达默尔所做的解说较为节制：哲学-科学排除"单属于主体的证据"[1]，而不是要达到"纯粹的客观性"。若把"事情本身"理解为事物本身无所谓冷热、无所谓红蓝、无所谓美丑，事物本身只有温度、波长、形状，那么，

---

[1] Hans-Georg Gadamer, *Reason in the Age of Science*, Trans. by Frederick G. Lawrence, the MIT Press, 1983, pp.1-2. 我们可以补充说，哲学也不关心单属于客体方面的事实。

哲学关心的就不是"事情本身",而应当说,哲学总是联系于我们怎样看待这些事物来关注这些事物。冷热、红蓝、美丑,这些语词与对象化语言有别,它们属于有我的语言——在这种语言里,**看到的东西与看者相连,所知与知者相连**。

区分事物本身与狭义的事实或"纯粹客观的东西",对我们具有头等的重要性。海德格尔区分 Faktizität(实际性、生存实际)和 Tatsächlichkeit(事实性),大意在此——至于这两个德文词是否适合标识这种区别,另当别论。海德格尔所谓生存实际,可说是我们所经验的实际情况。经验并不是主观的东西,但我们始终是连着主体性说到经验的。大小冷热慷慨吝啬不是单属于主体的东西,但它们也与人有关,不是"纯粹客观的东西"。

人原是自然的一部分,我在这里不是说,自然界除了包括种种其他事物之外还包括人,而是说,我们总是也只能是从事物对我们的现象开始来认识事物。人不是和世界相对的东西,而是世界在其上成像的层面。哲学作为说理和论证,当然要排除"单属于主体"的东西。亚里士多德的物理学采取的是以物观物的态度,这里的"物",不是纯粹客观的东西,而是在人的层面上成像的东西;例如,在那里,静止和运动是我们所经验到的静止和运动,而不是用计量语言刻画的静止和运动。

在(广义的)物理学那里,我们把所探索的事物对象化,这些对象本身中不包含我们对它们的感受和理解——即使我们研究的对象是感觉或思想。在感觉的生理-心理学中,我们检查光子对视网膜的刺激等等,而我们平常所说的看到、感到等等消失了。伽利略区分第一性的质和第二性的质,旨在明确对象化性质与非对象化性质，并明确物理学只关涉对象化性质。当然，这种洞见也只有那个时代的物理学家需要，后世的物理学家不再需要，对他们来说，这一点是理所当然的。物理学家并不跳出物理学来对物理学的工作方式进行反思，或曰，他们并不对物理学进行总体反思，他们在物理学范围内反思物理学方法，以期把物理学做得更好。总体地反思物理学方式，澄清物理学方式与其他思考方式的关系，是哲学工作。

第三十六节　社会科学

社会研究也经历了相似的对象化过程。从前，例如在马基雅维利那时，政治理论家通过自己的经验和饱览群书了解社会生活，从这些内容中摸索社会生活的道理。今天，人们四出观察和调查，尤其热衷于调查那些我们极少亲知的社会。社会事实这个概念由社会学的创建人涂尔干提出，这不是偶然的，他特立**社会事实**这个概念，明确要求把社会学从哲学分离开来。除了科学发展的一般趋势之外，社会生活本身也在改变。过去，我们对社会生活、法律、政治、经济的理解、交流、争论，基于我们较为稳定的共同生活中的经验。如今，社会生活高速变化，共同经验瓦解，于是我们要了解社会，需要依赖专家来搜集、确定事实。社会科学将使用模式和理论对资料性质的社会事实加以解释。用梅洛-庞蒂的一句话来说，在社会科学里，社会"通过事实被间接化了"[①]。

对社会生活的对象化研究，以及对感觉、语言等等的对象化研究，与关于中子星和中微子的研究也有重要的区别。我们今天只能

---

① 梅洛-庞蒂：《哲学赞词》，杨大春译，商务印书馆，2000 年，第 82 页。

用一种方式来系统研究中子星和中微子，这些研究与我们对这些事物的感受毫无关系，但对感觉、语言、社会制度等等，我们做不到这一点，因为这些事物本身依乎我们的感受和理解才存在。我们必须联系于我们平常怎样看到和感到，才能系统研究感觉，必须联系于我们对语言的默会理解，才能系统研究语言，必须联系于社会制度对我们的作用，才能对它进行系统思考。在这些领域，对象化研究始终是辅助性的。这是社会科学"落后于"自然科学的根本缘故。如果我们以对象化的充分程度来衡量学科的"先进性"，社会科学将始终落后下去。然而，社会科学有着不同的目标，布鲁斯说，在社会科学这里，"说明的观念不止于确认社会行为的常规样式。它还要求我们有所理解"，而说到理解，他接着说："社会科学家一开始就有巨大优势——他们与研究对象共享同样的生理和心理，在文化上也共享很多东西。"[①] 在这里谈论优势，大概只是修辞，如上所言，理解行星为什么逆行与理解明成祖为什么定都北京是两种不同类型的理解，我们是否与火星共享些什么完全在问题之外。

虽然社会-政治研究不可能获得自然科学那样的科学性，但事实-理论的工作方式兴起，则是大势所趋。霍姆斯大法官甚至认为，以理性的态度来研究法律，现在（即他那个时代），其方式依然是通过书本和书写，这类研究在将来将属于统计学和经济学。

与对象化研究相对照，我们可以把哲学式的思考称作"非对象化之思"。"非对象化的"在两点上优于"反身性的"。一、它提示，对象化的思想是次生的思想，明理才是原初的思想，思想要保持其

---

① S. 布鲁斯：《社会学的意识》，蒋虹译，译林出版社，2010年，第15—16页。

为思想,那么,不管它行至多远,都须保持它原本的明理之旨。二、它更鲜明地把哲学区别于科学类型的对象性认识。

然而,也许,要体现哲思是原生之思,不如像海德格尔那样,在"思"前面什么限定词都不加,就说 Denken,并在这样的意义上说"科学不思"——对象化的认识不是思想。以计量语言为代表的"事实语言"当然需要我们来思考才能发展出来,但这些思考的目标恰在于造就一种语言,使用这种语言,我们不必再联系于自己特定的看法、思想和状态来陈述事实,例如,使用计量语言来陈述温度,与我们自己的体温和感觉无关,使得关于温度的知识成为无我之知。需要很大的智慧才能制造出图灵机,但它可以自动运算,不再需要我们来思考。

第三十七节　穷理尽性

哲学探究事物之所以如此的道理,尝试贯通这些道理,一开始就不是出于纯粹求知识的冲动,而是通过求知领会人生的意义,解答"什么生活是良好的生活——我应当怎样生活"。要是不知道人这样做那样做的道理,我们就无法理解人类行为,要是不区分有道理的行为和没道理的行为,我们就无法判别是非曲直。穷理章曾说明,道理不是客观规律,仿佛现成地摆在一个与我们无关的世界里。道理内在地连通我们和世界。[①] 所谓贯通者,归根到底是穷理尽性,

---

[①] 无论就世界这个词的原意来说,还是就它作为 kosmos 的对应者来说,我们也许更该说:唯我们可以理相通的才是世界。参见海德格尔的 Welt 概念。不过,我们难以避免地会采用世界与我们这样的表达式。

是物我的贯通。朱熹所称"一旦豁然贯通，众物之表里精粗无不到，吾心之全体大用无不明"即明此理。

穷理活动上穷碧落下穷黄泉，却始终维系于苏格拉底在德尔菲领取的神谕：认识你自己。在这个核心处，今天的哲学与古代哲学仍一脉相传。并不因为有了科学，山川草木就成了一些只可由科学加以研究的机制；斗转星移、春华秋实，仍然是我们了悟道理的源泉。我知道阿波罗驾着太阳周行天空是个神话，我知道月亮上没有桂树婆娑，但太阳和月亮不仅是我们的物理能源和光源，它们曾经是并仍然是我们精神的能源和光源。苍茫原野上皓月初升，没谁不为之动容。没有两套真理，但有层层叠叠的真理，它们的性质或许不尽相同，物理学真理，物理学家不在了，它们还在，诗的真理，诗人死了，我们身上的诗人死了，那真理便消失了。

我们从山川草木那里悟到的，是草木的道理，也是人的道理。实际上，"认识你自己"或"反身而诚"从来不是要把自己同世界及他人隔离开来，把眼光盯牢自己的肚脐眼；我们只有在广阔天地中才能达到真实的自我认识。

连同我们的所感进行探究，常被称为"反身性的认识"。不过，我们并非一开始有一种关于对象本身的"直接"认识，此后再进行反思，于是获得了反身性的认识。我们对世界的本然理解就是反身性的认识。此后，若有需要有可能，我们把自己悬置起来，从而使所要认识的事物转变为纯粹对象性的东西。

科学提供对事物的机制解释，哲学不提供。若说哲学也提供解释，那是另外一种意义上的解释，诠释学意义上的解释。"哲学解释"旨在有所理解地把各种现象加以贯通，我们不妨像斯宾格勒称之为"最高意义上的形态学"①。机制解释并不能取代形态学。因为,除非我们变成机器人,否则我们就总生活在一个有感受的世界中,我们索求对这个感知到的世界的理解,而这里,**我们无可救药地需要这些直接的感受才能理解**。明理总是有感之知。

人类生活不可能离开说理,只不过,有了科学作为参照,哲学获得了更加明确的自我意识。我们今天不再能够用假想的"高贵野蛮人"来论证自由的价值,不再能用星体的圆形轨道是最完美的形态来论证自律的必要,但这并不意味着自由和自律只是一些没道理的偏好,而只意味着我们必须为自由和自律提供更加切实的论证。

不过,我们不能由此认为,如果没有科学的榜样,哲学就会保持为反身性之思,实际上,穷理从第一天就有对象化自身即变成教条的危险,思想需要不间断的努力保持其自身为反身性之思。实证科学确立以后,哲学模仿实证科学,模仿理论结构、建构理论的程序等等,更加重了对象化思想的危险。

哲学问道穷理。理就是真理,犹如钱就是真钱。然而,哲学并不像科学那样寻求对象化的真理。"真理"不是某种东西的名称,我们最好把它理解为成就动词,真理是此际的最高成就,不是一旦发现就永恒不变的东西。问道穷理总是有针对性的,这就是所谓问题感。问题在哪里,就在哪里求道。并没有一套真理,在天上或在圣人的书里平铺放着。天理并不写在天上,而是写在天人之际;所需通者,古今之变,而非致万世太平的灵丹妙药。

---

① 奥·斯宾格勒:《西方的没落》,吴琼译,黑龙江教育出版社,1988年,第一卷,第94页。

道可道非常道。对于思想者而言，没有定于一尊的至道。渴求一尊至道的人，须得把眼光转向信仰。思想的求道者须始终培育承受不确定的勇气，一如信仰者须始终培育承受确定性的勇气。

没有终极真理做保证，所有的道理不都断了根基吗？我们不知道终极的冷有多冷，终极的热有多热，但我们知冷知热。我们没见过终极真理是什么样子，这完全不意味着我们不能分辨真道理伪道理，不能确切地分辨真伪。拒绝定于一尊的终极真理，并不意味着没有真理。只不过，我们不能承认有在深入真理的努力外部提供识辨真理的标准。

今天，不少人慨叹，我们正在丧失辨别真伪的能力。这不是因为大一统的绝对真理消遁。曾经误认有绝对真理的时代何尝更富有辨别真伪的能力？不敞开思想对话的空间，真理就无从临现。当然，大一统观念的瓦解，并不自动地带来思想的自由对话。观念的舞台上，演出着五花八门的主义：个人主义、民族主义、民粹主义、宗教原教旨主义、科学主义，更不消说消费主义。唱都在唱，但没有互相聆听，热闹之余，我们这个时代始终没有培育起厚重的意义。在没有绝对标准的世界中寻求贯通之理，辨别虚幻与真实，对于思想者来说，还是一件刚开始学习的课业。

本书所引著作名称缩写表

维特根斯坦著作名称缩写表（按著作缩写字母顺序排列）

BB: *The Blue and the Brown Books*, Happer Torchbooks, 1958.

BF: *Remarks on Colour*, Blackwell, 1977.

KMS: Anthony Kenny, ed. *The Wittgenstein Reader*, Blackwell, 1994.

LC: *Lectures and Conversations on Aesthetics, Psychology and Religious Belief*, Blackwell, 1966.

LPP: *Wittgenstein's Lectures on Philosophical Psychology, 1946-47*, University of Chicago Press, 1988.

LW I: *Last Writings on the Philosophy of Psychology*, vol. I, Blackwell, 1982.

LWL I: *Wittgenstein's Lectures, Cambridge 1930-1932*, Blackwell, 1982.

LWL II: *Wittgenstein's Lectures, Cambridge 1932-1935*, Blackwell, 1979.

OC: *On Certainty*, Blackwell, 1969.

PG: *Philosophische Grammatik*, Blackwell, 1969.

PO: *Philosophical Occasions*, Hackett Publishing Company, Inc., 1993.

RPP I: *Bemerkungen ueber die Philosophie der Psychologie*, Vol. 1, Blackwell, 1980.

TLP: *Tractatus Logico-Philosophicus*, Routledge and Kegan Paul, 1961.

PU:《哲学研究》，上海人民出版社，2005年。

Z: *Zettel*, Basil Blackwell, 1967.

二手著作名称缩写表（以作者字母顺序排列）

Baker & Hacker: Gordon Baker and Peter Hacker, *Wittgenstein: Rules, Grammar, and Necessity*, 1985.

Forster: Michael N. Forster, *Wittgenstein on the Arbitrariness of Grammar*, Princeton University Press, 2004.

Garver: Newton Garver, "Philosophy as Grammar", in Sluge, *Routledge Philosophy Guidebook to Wittgenstein and the Philosophical Investigations*, Marie. Routledge, 1997.

Glock: Hans-Johann Glock, *A Wittgenstein Dictionary*, Wiley-Blackwell, 1996.

Hallett: Garth L. Hallett, *A Companion to Wittgenstein's Philosophical Investigations*, Cornell University Press, 1977.

图书在版编目(CIP)数据

说理/陈嘉映著.—北京:商务印书馆,2023
(陈嘉映著译作品集;第5卷)
ISBN 978-7-100-22227-3

Ⅰ.①说… Ⅱ.①陈… Ⅲ.①哲学—研究 Ⅳ.①B

中国国家版本馆 CIP 数据核字(2023)第 052102 号

权利保留,侵权必究。

陈嘉映著译作品集
第 5 卷
说理
陈嘉映 著

商 务 印 书 馆 出 版
(北京王府井大街 36 号 邮政编码 100710)
商 务 印 书 馆 发 行
北京市十月印刷有限公司印刷
ISBN 978-7-100-22227-3

2023 年 6 月第 1 版　　开本 710×1000　1/16
2023 年 6 月北京第 1 次印刷　印张 25
定价:132.00 元

陈嘉映著译作品集

第 1 卷　海德格尔哲学概论
第 2 卷　《存在与时间》述略
第 3 卷　简明语言哲学
第 4 卷　哲学·科学·常识
第 5 卷　说理
第 6 卷　何为良好生活：行之于途而应于心
第 7 卷　少年行
第 8 卷　思远道
第 9 卷　语言深处
第 10 卷　行止于象之间
第 11 卷　个殊者相应和
第 12 卷　穷于为薪
第 13 卷　存在与时间
第 14 卷　哲学研究
第 15 卷　维特根斯坦选读
第 16 卷　哲学中的语言学
第 17 卷　感觉与可感物
第 18 卷　伦理学与哲学的限度